锦天城法律文库

Research on the Taxation Legal System of
Cross-Border M&A

Principles, Regulations and Classic Cases

跨境并购税收法律制度研究
原理、规制与经典案例

申林平 顾涛 著

北京大学出版社
PEKING UNIVERSITY PRESS

图书在版编目(CIP)数据

跨境并购税收法律制度研究:原理、规制与经典案例/申林平,顾涛著.—北京:北京大学出版社,2020.11
ISBN 978-7-301-31834-8

Ⅰ.①跨… Ⅱ.①申… ②顾… Ⅲ.①企业兼并—跨国兼并—税法—研究—世界 Ⅳ.①D912.204

中国版本图书馆 CIP 数据核字(2020)第 224152 号

书　　　名	跨境并购税收法律制度研究——原理、规制与经典案例 KUAJING BINGGOU SHUISHOU FALÜ ZHIDU YANJIU ——YUANLI、GUIZHI YU JINGDIAN ANLI
著作责任者	申林平　顾　涛　著
责 任 编 辑	朱　彦
标 准 书 号	ISBN 978-7-301-31834-8
出 版 发 行	北京大学出版社
地　　　址	北京市海淀区成府路 205 号　100871
网　　　址	http://www.pup.cn　新浪微博:@北京大学出版社
电 子 信 箱	sdyy_2005@126.com
电　　　话	邮购部 010-62752015　发行部 010-62750672　编辑部 021-62071998
印 刷 者	河北滦县鑫华书刊印刷厂
经 销 者	新华书店
	730 毫米×980 毫米　16 开本　16.75 印张　301 千字 2020 年 11 月第 1 版　2020 年 11 月第 1 次印刷
定　　　价	68.00 元

未经许可,不得以任何方式复制或抄袭本书之部分或全部内容。
版权所有,侵权必究
举报电话:010-62752024　电子信箱:fd@pup.pku.edu.cn
图书如有印装质量问题,请与出版部联系,电话:010-62756370

序

近年来,国家鼓励企业"走出去"。随着"一带一路"倡议的提出,越来越多的中国企业开展跨境并购业务。在国家政策的支持和指引下,通过跨境并购,中国企业能够迅速发挥规模化效应,升级现代化公司治理结构,掌控全球价值链高端,形成全球知名的品牌效应,配置全球优势资源。这样,既可以增强企业对抗各种不确定的经济和非经济风险的能力,又可以将企业打造成世界一流企业,部分企业甚至一跃成为行业里的世界巨头。

跨境并购税收法律制度是跨境并购相关业务中的核心业务,是跨境并购项目顺利启动和实施过程中至关重要的考量因素。熟悉跨境并购税收法律制度,既能够保障企业顺利开展跨境并购业务,又能够帮助企业充分享受税收优惠政策,节省巨额经营成本,避免税收法律争端。目前,关于跨境并购税收法律制度的研究尚不能满足实际发展的需求,企业开展跨境并购急需理论指引和实践操作经验。

从学术层面来讲,跨境并购税收法律制度研究具有开创性的理论价值。目前,跨境并购税收法律理论和实务经验总结处于研究的初始阶段,尚未形成系统的理论体系和研究成果,亟须形成科学规范的指导书目,为跨境并购提供便捷、有效、权威的法律指导。本书因应跨境并购税收实践的现实需求,充分研究国内外相关科研文献,参考了美国联邦税法、经济合作与发展组织(OECD)出台的"税基侵蚀和利润转移"(BEPS)行动计划等,比较提炼国内外法律理论,归纳梳理与跨境并购相关的税收法律体系和现行法律规定,总结跨境并购税收的法律意见和建议,为跨境并购提供理论支持和税收法律指引。科学规范的税收法律理论有利于"走出去"企业开展并购交易,并且可以节省大量财务成本。本书所作研究兼具理论创新和制度创新的价值,将会推动跨境并购税收法律制度研究朝精细化方向纵深发展,为创设一个独立的税收法律制度研究门类做出贡献。

从实操层面来讲,本书旨在从跨境并购税收法律制度这一角度入手,服务于中国企业"走出去"的发展战略。随着经济全球化和国际市场一体化趋势的发展，国家经济以供给侧结构性改革为主线，在以"一带一路"建设为统领的大背景下，开创对外开放新局面。特别是习近平总书记在中共十九大报告中明确提出："要以'一带一路'建设为重点，坚持引进来和走出去并重，遵循共商共建共享原则，加强创新能力开放合作，形成陆海内外联动、东西双向互济的开放格局。"财政部、商务部和国家税务总局等监管部门出台了大量政策文件，进一步引导和规范企业境外投资方向，鼓励企业"走出去"，促进企业合理有序开展境外投资活动，防范和应对境外投资风险，推动境外投资持续健康发展，实现与投资目的国互利共赢、共同发展。本书作者梳理了跨境并购的架构设计、税收风险点、风控措施以及合理合法的税收筹划办法等，提出对"走出去"企业有指导价值和规范意义的税收法律建议。可以说，本书填补了中国国际税收领域跨境并购研究的空白，在宏观层面对于推动中国"一带一路"建设，扩大境外投资规模，促进中国企业"走出去"，融入世界经济，有重大的理论价值和现实意义；在微观层面对于企业加强税收风险防范，提高企业的税收遵从度，提升企业在经济全球化下的税收竞争力，提供了宝贵的实操经验和法律指引。

崔晓静

武汉大学法学院教授、博士生导师

2020年6月于武汉珞珈山

目录 /CONTENTS

第一章 跨境并购税收法律理论概述 // 001
 第一节 跨境并购的基本概念 // 001
 第二节 跨境并购的动因理论和效应分析 // 009
 第三节 跨境并购税收的法律概念释义 // 016

第二章 跨境并购税收法律制度研究 // 027
 第一节 跨境并购中的税收法律制度概述 // 027
 第二节 跨境并购涉及的企业所得税规制研究 // 030
 第三节 中国企业跨境并购所得税处理研究 // 041

第三章 从BEPS行动计划看跨境并购税收法律规制 // 053
 第一节 BEPS行动计划对于国际税收的规制 // 054
 第二节 BEPS行动计划关于反避税的规制 // 061
 第三节 BEPS第6项行动计划对跨境并购的影响 // 064
 第四节 BEPS第7项行动计划对跨境并购的影响 // 068

第四章 中国与"一带一路"沿线国家跨境并购税收法律规制比较研究 // 074
 第一节 中国与"一带一路"沿线国家所得税比较研究 // 074
 第二节 中国与"一带一路"沿线国家签订的国际税收协定比较研究 // 080
 第三节 中国与"一带一路"沿线国家税收协定优惠政策研究 // 083

第五章 美国联邦税法对跨境并购的税收法律规制研究 // 093
 第一节 企业并购重组所得税理论的比较研究 // 093

第二节 企业并购含义及类型比较研究 // 099
第三节 企业免税并购适用要件的比较 // 104
第四节 美国税改对跨境并购的税收影响 // 108

第六章 跨境并购过程涉及的税收架构研究 // 111
第一节 跨境并购相关架构设计 // 111
第二节 跨境并购税收案例法律分析 // 116

第七章 跨境并购采用协议控制结构涉及的税收法律研究 // 122
第一节 协议控制结构与跨境并购 // 122
第二节 终止协议控制结构概述 // 127
第三节 终止协议控制结构的税收法律研究 // 135
第四节 终止协议控制结构经典案例之税收法律研究 // 142

第八章 跨境并购融资支付涉及的税收法律研究 // 147
第一节 跨境并购支付方式的税收法律研究 // 147
第二节 跨境并购融资方式的税收法律研究 // 153

第九章 跨境并购税收筹划理论研究 // 162
第一节 跨境并购税收筹划原理 // 162
第二节 跨境并购税收政策要点和筹划办法 // 164
第三节 中国企业跨境并购税收筹划的主要策略 // 169

第十章 跨境并购税收筹划经典案例研究 // 176
第一节 闻泰科技并购安世集团案例研究 // 176
第二节 炼石有色跨境并购税收筹划案例研究 // 186

第十一章 跨境并购税收风险防控研究 // 202
第一节 跨境并购税收风险研究 // 202
第二节 跨境并购税收风险控制策略 // 208
第三节 跨境并购税收风险案例分析 // 217

第十二章 跨境并购税收法律制度存在的问题和完善建议 // 221
第一节 跨境并购税收法律制度存在的问题 // 221
第二节 跨境并购税收法律制度的完善建议 // 227

结　语 // 236

附录一　跨境并购法律法规 // 237
　　一、企业所得税 // 237
　　二、个人所得税 // 243
　　三、增值税、印花税 // 247
　　四、其他法律 // 247

附录二　财政部 国家税务总局关于企业重组业务企业所得税处理若干问题的通知 // 250

主要参考文献 // 256

第一章
跨境并购税收法律理论概述

跨境并购是企业发展到一定阶段后进一步扩大生产经营规模、实施全球战略的重要举措,主要是通过兼并重组境外企业的方式达成经营目标。兼并重组是企业加强资源整合、实现快速发展、提高竞争力的有效措施,是化解产能严重过剩矛盾、调整优化产业结构、提高发展质量和效益的重要途径。跨境并购涉及经济学、管理学和法学等多学科知识,其中的税收问题专业性很强,直接关乎跨境并购的成本。对跨境并购的相关概念进行界定,是后续进行深入研究的基础。本章主要介绍跨境并购税收法律制度的基本内涵,以便于后续进行深入的理论研究和实践经验介绍。

第一节 跨境并购的基本概念

关于国内并购的研究有大量文献,而关于跨境并购的研究则较少。已有的研究表明,跨境并购与国内并购存在系统性差异。比如,跨境并购与国内并购的决策因素存在质的不同,关键原因就是跨境并购中存在着特定的"国家或地区因素"。一般来讲,跨境并购的规模大于国内并购,而且目标公司多为上市公司;同时,跨境并购有更大的不确定性,失败的风险更高,而且文化及制度差异会带来更高的交易成本。

一、与并购相关的概念释义

(一)并购的概念释义

并购(mergers & acquisitions,简称"M&A")是"兼并"与"收购"的合称。并购从内涵上可以分为狭义的并购和广义的并购。狭义的并购是指一家公司为获得另一家公司(即目标公司)的部分或全部控制权,利用自身可支配的现金、证券及实物资产,或以承担目标公司债务的形式为对价,购买目标公司的股权或其他资产,导致目标公司经营性资产发生实质性变化,或使其控制性股东发生变化甚或丧失法人资格等行为,包括兼并、合并、收购等公司扩张性重组行为。广义的并购等同于公司重组,除了包括狭义的并购之外,还包括公司收缩等其他类型的公司重组行为。①

(二) 兼并的概念释义

《布莱克法律词典》对"merger"的定义是:一个组织(特别是一个公司)终止存续并被另一个组织吸收,后者继续保留前者的名称和人格,并且获得其资产和负债。②《元照英美法词典》对"merger"的定义是:(公司的)吸收合并;兼并,指两个公司依法合并为一个公司,其中一公司继续存在,另一公司消灭。被兼并者丧失法律人格,作为商业实体不复存在;兼并者则保留其名称、人格并获得被兼并者的资产、义务、特许权及其他权利。③《企业兼并有关财务问题的暂行规定》第2条第1款规定:"本规定所称'兼并',指一个企业通过购买等有偿方式取得其他企业的产权,使其失去法人资格或虽然保留法人资格但变更投资主体的一种行为。"《关于企业兼并的暂行办法》第1条规定:"本办法所称企业兼并,是指一个企业购买其他企业的产权,使其他企业失去法人资格或改变法人实体的一种行为。不通过购买方式实行的企业之间的合并,不属本办法规范。"因此,兼并是指被兼并公司丧失其法律主体资格,而兼并公司成为被兼并公司的全部或部分税收属性的承继者的一种公司重组方式。

(三) 收购的概念释义

收购(acquisition)是指一家公司通过购买另一家公司的股权或资产,获得该家公司全部或部分资产的实际控制权的行为。通常情况下,收购分为股权收购和资产收购。《财政部 国家税务总局关于企业重组业务企业所得税处理若干问题的通知》(财税〔2009〕59号,以下简称"59号文")第1条第3项规定:"股权收购,是指一家企业(以下称为收购企业)购买另一家企业(以下称为被收购企业)的股权,以实现对被收购企业控制的交易。收购企业支付对价的形式包

---

① 参见雷霆:《美国公司并购重组业务所得税制研究——原理、制度及案例》,中国法制出版社2014年版,第3页。

② See Bryan A. Garner (ed.), *Black's Law Dictionary* (8th edition), West Publishing Co., 2007, p.1009.

③ 参见薛波主编:《元照英美法词典》,法律出版社2003年版,第911页。

括股权支付、非股权支付或两者的组合。"第 4 项规定:"资产收购,是指一家企业(以下称为受让企业)购买另一家企业(以下称为转让企业)实质经营性资产的交易。受让企业支付对价的形式包括股权支付、非股权支付或两者的组合。"

(四)收购方式的相关概念

收购资产是指收购方公司(acquiring company)收购目标公司(acquired company)的全部或主要资产,并入收购方公司,从而在事实上取得该公司控制权的市场交易行为。如果一家公司仅仅购买了另一家公司的一台或几台机械设备或仪器,而对另一家公司的生产活动和法律地位不产生较大的影响,则只能视为一般资产的买卖行为。如果收购方购买了被收购方的全部或主要资产,使被收购方的法律地位消失,这种交易行为便是资产收购。由于在收购目标公司资产时并未收购其股权,因此收购方无须承担其债务。

收购股权是指收购方全部或部分收购目标公司的股权,并承担该公司相应的债权债务的行为。当所获取的股权达到一定的比例之后,收购方就可以取得目标公司的控制权,使目标公司成为自己能对其实施控制权的全资子公司或控股子公司。收购对象一般是股票在证券交易所挂牌交易的上市公司。股权是一种财产权利,在股份公司中通过股票形式将实物财产权利虚拟化,以便于转让、流通。这种财产权利的证券化使资源的流通更为便捷,同时大大地节省了进行财产权利交易的成本。现代公司制度的特点在于,将公司财产分成众多的等份,从而形成不同等份的财产权利。不同的权利主体根据其所拥有财产权利份额的多少,对公司的经营决策施加影响力。

(五)合并的概念释义

根据《中华人民共和国公司法》(以下简称《公司法》)[①]第 172 条的规定,公司合并可以采取吸收合并或者新设合并。吸收合并是指一个公司吸收其他公司,被吸收的公司解散。新设合并是指两个以上公司合并设立一个新的公司,合并各方解散并不再保留独立法人人格。59 号文第 1 条规定:"本通知所称企业重组,是指企业在日常经营活动以外发生的法律结构或经济结构重大改变的交易,包括企业法律形式改变、债务重组、股权收购、资产收购、合并、分立等。……(五)合并,是指一家或多家企业(以下称为被合并企业)将其全部资产和负债转让给另一家现存或新设企业(以下称为合并企业),被合并企业股东

---

① 本书所称《公司法》,是指根据 2018 年 10 月 26 日第十三届全国人民代表大会常务委员会第六次会议《关于修改〈中华人民共和国公司法〉的决定》第四次修正的《公司法》。

换取合并企业的股权或非股权支付,实现两个或两个以上企业的依法合并。……"

二、跨境并购的相关概念释义

在国际投资领域,广义的投资既包括国际直接投资(international direct investment)或外国直接投资(foreign direct investment,FDI),也包括国际间接投资(international indirect investment)或外国间接投资(foreign indirect investment)。跨国公司通常采用的跨境并购(cross-border M&A)和绿地投资(green-field investment)或新建投资均属外国直接投资。在20世纪80年代中期以前,跨国公司对外直接投资仍然以绿地投资为主。从20世纪80年代中期开始,跨国并购逐渐取代绿地投资,成为外国直接投资的主要方式。1994年,跨境并购首次超过了绿地投资,在全球跨国投资中占据了多数份额。到1999年,全球对外直接投资的80%都是通过跨境并购实现的。[①] 在变幻莫测、机会稍纵即逝的全球市场,选择跨境并购还是绿地投资并没有标准答案。在博鳌亚洲论坛2019年年会之"绿地投资,还是跨境并购?"分论坛上,境内外专家普遍认为,不同行业、不同背景的企业,处于不同的发展阶段,在选择绿地投资还是跨境并购时,所采用的方式是不一样的。不管是绿地投资还是跨境并购,都不是一蹴而就的事情。尤其是绿地投资,要融入或熟悉一个国家的文化、政策、法规等并非易事。因此,在开展对外投资中,应审慎选择合适的方式,不能仅凭一时冲动就作决定,对于资金、税收、外汇、文化等差异都应提前做好预案。

(一) 外国直接投资和外国间接投资的概念释义

联合国贸易和发展会议(UNCTAD)将"外国直接投资"定义为:一国(地区)的居民实体(对外直接投资者或母公司)在其本国(地区)以外的另一国(地区)的企业(直接投资企业、分支机构或国外分支机构)中建立长期关系,享有持久利益,并对其进行控制的投资。[②] 外国间接投资,是指仅以其持有的能提供收入的股票或证券进行投资,对企业既不参与经营管理,也不享有控制或支配权。二者的主要区别是:外国直接投资的对象主要是实体(公司、资产等),其关键在于对该实体的管理及控制[③];外国间接投资的对象则主要是证券或贷款[④],

---

[①] 参见叶建木:《跨国并购:驱动、风险与规制》,经济管理出版社2008年版,第20页。
[②] 参见毕马威全球中国业务发展中心:《中国对外投资情况》,载《金融发展评论》2013年第8期。
[③] 参见李贵英:《国际投资法专论——国际投资争端之解决》,元照出版有限公司2004年版,第3页。
[④] 参见曾华群主编:《国际投资法学》,北京大学出版社1999年版,第4页。

其关键在于投资于有价证券或债券，无意管理或控制所投资的实体。

（二）绿地投资的概念释义

绿地投资又称"创建投资"或"新建投资"，是指跨国公司等投资主体在东道国境内，依照东道国的法律，建立部分或全部资产所有权归外国投资者所有的企业。绿地投资会直接导致东道国生产能力、产出和就业的增长。

（三）跨境并购的概念释义

在国际经济法研究中，跨境并购包括跨境兼并和跨境收购，是指并购企业为了达到某种目标，通过一定的渠道和支付手段，将被并购企业的所有资产或足以行使经营管理权的股份购买下来，从而对另一国或地区的企业经营管理实施实际的或完全的控制行为。跨境并购在中国包括外资并购（外资对中国企业的并购）和海外并购（中国企业对海外企业的并购）。按照联合国贸易和发展会议的定义，跨境收购特指收购境内企业的股权达10%以上，使境内企业的资产和经营的控制权转移到境外企业。[①]

跨境并购是跨国公司常用的一种资本输出方式，通常发生在两个或两个以上国家或地区的企业之间，涉及两个或两个以上国家或地区的法律制度和市场状况。并购形式包括跨国性企业直接向目标企业投资，以及通过目标国所在地的子公司进行并购。支付手段包括支付现金、从金融机构贷款、以股换股和发行债券等。收购形式有两种：收购人以主体名义直接收购，或者为了规避和隔离投资风险而通过在第三国尤其是离岸法域设立离岸公司（特殊目的公司）进行间接收购。跨境并购一般涉及两个或两个以上国家或地区的企业，其中并购方被称为"母国企业"，被并购方被称为"目标企业"。[②] 这里的跨境并购，既包括中国企业并购境外企业，也包括境外企业并购中国企业。

（四）绿地投资与跨境并购的区别

绿地投资和跨境并购是两种不同的海外投资方式。马塔（Mata）、波特盖尔（Portugal）认为，绿地投资是一种更加依赖所有权优势（ownership advantage）的长期投资行为；而跨境并购通常涉及对所需资产的购买，当企业在国际市场遭遇挫折或者进行国际化战略调整的时候，这种资产很容易被转

---

① 低于10%则被认为属于金融投资（financial investment 或 portfolio investment），不作为外国直接投资。

② 参见谢恩玉：《中资企业跨国并购风险分析及应对措施》，载《国有资产管理》2018年第2期。

卖,从而使并购企业的"退出门槛"更低。① 巴克利(Buckley)等人认为,相较于绿地投资,跨境并购是一种更有效和快速进入成熟且有竞争力的发达国家市场的策略。跨境并购中,收购企业与被收购企业之间存在博弈与策略性互动,对企业的并购决策、并购结果具有决定性影响。这是二者的一个重要区别。②

三、跨境并购的类型

(一) 按照并购双方的行业关系分类

1. 横向跨境并购

横向跨境并购,是指两个以上国家或地区生产或销售相同或相似产品的企业之间的并购。其目的是扩大世界市场的份额,增加企业的国际竞争力,直至获得垄断地位,以攫取高额垄断利润。在横向跨境并购中,由于并购双方有相同的行业背景和经历,因此比较容易实现并购整合。横向跨境并购是跨境并购中经常采用的方式,也是早期最重要的并购方式。

学界对企业横向并购动因的研究主要以成本最小化和利润最大化为核心思想。比较有代表性的企业横向并购理论是规模经济理论。该理论认为,企业通过横向并购,可以提高生产效率和研发能力,从而实现降低成本和利润最大化的目标。该理论的假设前提是,企业在跨境并购之前的规模水平和经营能力都不足以使其实现规模经济。通过横向跨境并购,可以实现企业的规模经济,甚至可以形成垄断。

2. 纵向跨境并购

纵向跨境并购,是指两个以上国家或地区生产同一或相似产品但处于不同生产阶段的企业之间的并购,主要集中在连续性加工制造业以及与此相联系的原材料、运输、销售等行业。其目的通常是稳定和扩大原材料的供应来源或产品的销售渠道,从而减少竞争对手的原材料供应或产品的销售。通过纵向跨境并购,双方获得自然的协同效应,可以保证原材料及零配件及时供应,降低交易成本,还能充分地利用专用设备,加强生产过程中各环节的配合,从而加快生产流程,缩短生产周期,节省运输、仓储、能源及销售成本等。并购双方一般是原材料供应者或产品购买者,所以对彼此的生产状况比较熟悉,并购后容易整合。

---

① See José Mata and Pedro Portugal, Closure and Divestiture by Foreign Entrants: The Impact of Entry and Post-Entry Strategies, *Strategic Management*, Vol. 21, No. 5, 2000.

② See Peter J. Buckley, *et al.*, Host-Home Country Linkages and Host-Home Country Specific Advantages as Determinants of Foreign Acquisitions by Indian Firms, *International Business Review*, Vol. 21, No. 5, 2012.

纵向跨境并购是 20 世纪 20 年代西方第二次企业并购浪潮的主要形式。

新制度经济学为分析经济社会问题提供了一个全新的视角。企业纵向并购的交易费用理论正是从新制度经济学角度展开的。该理论的核心思想在于，企业之所以进行并购，是由于并购是减少交易成本的一种手段。企业并购后，通过内部组织内化了原本由于市场缺陷带来的交易成本。当市场上存在较高的交易费用时，市场就不再是资源配置和协调经济活动的有效方式，而通过并购的方式将交易内部化，可以实现资源配置成本的降低。处于生产链之上的企业通过纵向并购，使部分生产或者经营活动在企业内部实现，从而有效摆脱了纵向并购之前需要通过市场机制购买生产要素或者进行销售活动所带来的高成本。另外，西方学者还提出了纵向并购的技术创新说。其核心思想在于，通过纵向并购，可以使许多行业把相互关联的生产环节密切地衔接起来，节约技术成本。正是这种技术上的经济性，驱动了企业间的纵向并购。尤其在钢铁等热加工作业所在行业中，通过纵向作业联合生产，常常会降低工艺处理成本或其他成本，而且技术经济效益是非常可观的。

3. 混合跨境并购

混合跨境并购，是指两个以上国家或地区处于不同行业的企业之间的并购，企业之间在生产和职能上无任何联系。其目的是实现企业的全球发展战略和多元化经营战略，规避单一行业经营的风险，分散投资，实现资源互补、优化组合，扩大市场活动的范围，增强企业在世界市场上的整体竞争实力。混合跨境并购是近年来大型跨国公司经常采用的一种并购方式。

混合并购也称"多角化并购"。对企业混合并购与资源配置的解释较多，归纳起来可以并入两类：(1) 资源利用理论，即企业进行混合并购是为了更有效地利用其资源；(2) 混合并购能降低整个企业的风险。①

(二) 按照涉及被并购方的范围分类

1. 整体跨境并购

整体跨境并购，是指资产和产权的整体转让，是资产或产权的权益体系不可分割的并购方式。其目的是通过资本迅速集中，增强企业实力，扩大生产规模，提高市场竞争力。整体跨境并购有利于加快资金、资源集中的速度，迅速提高规模水平与效益。但是，实施整体跨境并购会在一定程度上限制资金紧缺者的潜在购买行为。

---

① 参见陶攀：《中国企业跨境并购的动因及影响研究》，对外经济贸易大学 2014 年博士学位论文。

2. 部分跨境并购

部分跨境并购,是指将被并购方的资产和产权分割为若干部分进行交易,从而实现并购的行为。它一般包括三种形式:(1)对被并购方部分实物资产进行并购;(2)将产权划分为若干份等额价值进行产权交易;(3)将经营权分成几个部分(如营销权、商标权、专利权等)进行产权转让。部分跨境并购的优势在于,可以扩大并购的范围,增强并购的灵活性,规避大规模整体并购的资金缺口;有利于被并购方设备的更新换代,将不需要的厂房、生产设备等转让出去,从而更容易调整存量结构。

(三)按照并购方对目标企业并购的态度分类

1. 善意跨境并购

善意跨境并购,是指并购方事先与目标企业协商,征得其同意,并通过谈判就收购条件达成一致意见,从而完成并购活动的并购方式。这种方式使并购双方能够充分交流、沟通信息,目标企业主动向并购方提供必要的资料,从而有利于降低并购的风险与成本,并可以避免因目标企业抗拒而带来的额外支出。但是,它可能使并购方不得不牺牲自身的部分利益,以换取目标企业的合作,而且漫长的协商、谈判过程可能使并购行为丧失其部分价值。

2. 敌意跨境并购

敌意跨境并购,是指并购方事先不与目标企业协商,突然直接向目标企业股东开出价格或收购要约,或者在收购目标企业股权时虽遭到目标企业的抗拒,但仍强行收购的并购行为。其优点在于,并购方完全处于主动地位,不用被动权衡各方利益,而且并购行动节奏快、时间短,可以有效控制并购成本。但是,它通常无法从目标企业获取内部实际运营、财务状况等重要资料,给估价带来困难,并会招致目标企业抗拒甚至设置各种障碍,从而使风险较大,要求并购方制订严密的并购行动计划并严格保密,然后快速实施。此外,由于敌意跨境并购往往容易导致股市的不良波动,甚至影响企业发展的正常秩序,因此各国政府一般对此予以限制。

(四)按照并购企业和目标企业是否接触分类

1. 直接跨境并购

直接跨境并购,是指并购企业根据自身的战略规划直接向目标企业提出所有权要求,或者目标企业因经营不善以及遇到难以克服的困难而向并购企业主动提出转让所有权,双方经磋商达成协议,完成所有权的转移。这种并购方式又被称为"协议跨境并购",易得到目标企业的理解,有利于降低并购行为的风险与成本，但是谈判过程中的契约成本较高。善意跨境并购一般采取这种方式。

2. 间接跨境并购

间接跨境并购，是指并购企业在没有向目标企业发出并购请求的情况下，通过在证券市场收购目标企业的股票，取得对目标企业的控制权。与直接跨境并购相比，间接跨境并购受法律规定的制约较大，并且受到证券市场规则的严格限制，风险较大，成功的概率也相对低一些。但是，间接跨境并购的自主性较强，可以"速战速决"。实践中，敌意跨境并购多采取这种方式。

第二节 跨境并购的动因理论和效应分析

近年来，中国企业跨境并购发展迅速。对中国企业跨境并购的动因和效应进行分析，有利于全面明确中国企业跨境并购的关键性驱动因素，为"走出去"企业跨境并购在区位选择、产业进入以及资源配置等方面提供理论支持和实证经验。

一、跨境并购动因的文献综述

国际文献总结了企业进行国际直接投资的三种主要动机，包括获取资源、获取战略资产和获取市场。近年来，有研究者利用不完全契约理论工具，分析了东道国的制度质量水平对跨国公司投资决策的影响。[1] 这几个方面的发现都来源于欧美发达国家的实践经验，从实质上讲，也总结了发达国家企业海外投资的核心模式和驱动因素。

关于中国企业跨境并购的动因，可以归纳为以下三个方面：

（一）竞争驱动

改革开放以来，中国各行各业得到迅速发展，市场上存在大量的机会，企业间的竞争相对较小。在中国加入世界贸易组织（WTO）以后，中国企业不仅要面对国内企业的竞争，还要面对跨国公司的竞争。跨国公司以其技术和管理的优势进入中国市场，使得中国的竞争环境发生急剧变化。中国企业不得不寻求新的市场，以在激烈的竞争中生存下来。通过海外并购开拓国际市场为越来越

---

[1] See Pol Antràs, Firms, Contracts, and Trade Structure, *Quarterly Journal of Economics*, Vol. 118, No. 4, 2003; Pol Antràs and Elhanan Helpman, Global Sourcing, *Journal of Political Economy*, Vol. 112, No. 3, 2004.

多的中国企业所接受。这时进行海外并购的企业可以分为两类：一类主动进行海外并购，这类企业在国内具有相对优势，希望通过海外并购开拓国际市场，获得更高的利润。另一类被动进行海外并购，这类企业在国内面临着严重的生存问题，如果不通过海外并购开拓国际市场，就会破产。

（二）获取战略性资产

中国企业进行海外并购的动机之一就是获得战略性资产。这里的"战略性资产"既包括各种自然资源等有形资产，也包括技术、管理经验、人力资本和品牌等无形资产。随着经济的迅速发展，中国的能源消耗量也迅速上升，国内的能源不能满足经济发展的需要，而大规模进口能源和矿产资源的风险又比较高。因此，政府开始大力支持国有企业在海外收购相关企业，以保证中国对能源和矿产的需求，同时获得国外企业在这些领域的核心技术和管理经验。民营企业进行海外并购更多是想获得各种无形的战略资产，这些企业希望借此提高自己的品牌影响力，获得国外的核心技术，学习国外的管理经验，迅速打开国际市场，从而获得高额的利润回报。

（三）政府政策引导

随着改革的深化，市场在资源配置中的作用越来越大，而政府在经济发展中作用也不容小觑，政府政策对企业的行为有很大的影响。2000年，九届全国人大三次会议把"走出去"战略提高到国家战略层面。中国企业在这种背景下越来越多地走向海外市场，海外并购作为"走出去"的重要途径得到政府的大力支持。近年来，随着"一带一路"倡议和"中国制造2025"战略规划的提出，中国的政策环境更加有利于企业"走出去"，进行海外并购，开拓海外市场。[①]

二、从税收法律角度分析跨境并购的动因

（一）税率差异所带来的利益

世界上各个国家和地区的税制存在较大差别，税率也有高有低。有些国家的税率较高，如瑞典、丹麦；而有的国家的税率则较低，如新加坡。[②] 这种税率上的差别给企业选择并购地进行税收筹划创造了很大的空间，形成了国际上利用避税港进行跨境并购的习惯做法。尤其对于身处高税率国家的企业而言，跨

---

① 参见吴刚：《浅析中国企业海外并购的发展前景》，载《经济研究导刊》2016年第13期。
② 参见邓远军：《公司并购税收问题研究》，中国税务出版社2008年版，第204页。

境并购处于低税率国家的企业能够极大地节税并降低成本。

（二）亏损结转所带来的利益

亏损结转，是指当一企业在某一纳税年度出现亏损时，该企业可以免缴当年所得税，其亏损可以向后递延，以抵消以后几年的盈余。当一企业由于在某年严重亏损或连续几年不盈利而拥有相当数量的累积亏损时，该企业作为目标企业被并购后，并购企业可以依据目标企业所在国的税法，利用目标企业可用的亏损结转减少应纳税额。

（三）计税基础改变所带来的利益

目标企业资产价值的改变是促使并购企业进行并购活动的一个强有力的动机。资产折旧的提取可以在税前扣除而减少企业利润，从而减轻企业的纳税义务。按照会计惯例，折旧的提取以资产的历史成本为依据。但是，如果资产当前的市场价值大大超过其历史成本，则完全可以通过并购交易将资产重新估值，并在新的计税基础上计提折旧，从而创造出更大的节税空间。

（四）融资产生利息扣除所带来的利益

在很多国家的税收规定中，利息支出一般允许在税前扣除，于是杠杆收购大行其道，小规模投资者主要通过大量的债务融资收购公众公司的股票或资产，进行"空手套白狼"的资本运作，从而带来大量的节税收益。但是，由于利息支出在减少企业纳税额的同时，大大削减了政府的财政收入，因而许多国家都制定了资本弱化规定，对融资比例作出规定。

此外，很多国家为了吸引外资，对于某些行业、地区的投资会给予税收优惠，这在某种程度上也会影响到企业对目标企业的选择，从而为并购企业带来税收利益。[①]

三、税收对企业并购影响的文献综述

（一）境外关于税收对企业并购影响的文献综述

税收对企业并购影响的理论研究始于20世纪50年代。莫迪格利安尼（Modigliani）和米勒（Miller）于1958年提出MM理论，为研究税收对资本结构的影响打开了崭新的理论视角。60年代至70年代，乔根森（Jorgenson）、桑德

---

① 参见向英：《我国海外并购的企业所得税问题研究》，上海交通大学2012年硕士学位论文。

默(Sandmo)、霍尔(Hall)和乔根森(Jorgenson)等人构建了新古典投资模型——标准资本成本模型,用于研究税收政策与投资行为之间的关系。根据该模型,资本成本是用边际融资、折旧等成本要素减去资本利得、节税(tax savings)等收益要素,企业应采取最优资本积累,以获得资本净值的最大化。赫夫鲍尔(Hufbauer)、奥尔巴克(Auerbach)和塞缪尔(Samuel)等人在此基础上,利用该模型分析了企业投资行为,认为投资是预期收益率、价格和税收的函数。埃克博(Eckbo)指出,在企业并购行为中,财务税盾(tax shield)的效应会变得更加突出。企业出于税收最小化之目的考虑,可以使用杠杆融资增加债务比例,通过资产增值带来折旧增加,由经营性收益变为权益性收益,利用税法递延亏损条款等,达到合理避税的目的。[①]

实证研究同样表明税收对企业并购具有深刻影响。奥尔巴克(Auerbach)、莱舒斯(Reishus)在对1970—1980年美国318家上市公司的并购案例进行研究后指出,未使用抵免限额与经营性亏损在并购交易中至关重要,收购企业主要用抵亏来减免纳税义务;而资产溢价的减税作用则并不明显,主要原因是政府已经采取相应的限制措施。[②] 海恩(Hayn)研究了不同类型的并购中税收因素和非税收因素的作用,他以640家目标企业为样本进行的研究表明,抵税收益对企业并购具有显著影响。[③]

(二)境外关于企业所得税对跨境并购影响的文献综述

在前述研究的基础上,相关学者针对企业所得税对跨境并购的影响进行了更深一层理论和实证的研究探讨。费尔德斯坦(Feldstein)、哈特曼(Hartman)研究指出,出于国内收入最大化考虑,一国政府对本国居民企业来源于全球的所得征税,会造成跨国公司面临双重征税风险。[④] 乔瓦尼(Giovanni)认为,在不考虑双重征税的前提下,一国跨境并购的资本流入量与该国法定企业所得税税率呈负相关。这些研究一致发现,跨境并购所产生的任何可能的正收益主要由被收购企业获得。[⑤] 赫伊津哈(Huizinga)等人发现,国际税收的存在削减了跨

---

① See B. E. Eckbo, Horizontal Mergers, Collusion, and Stockholder Wealth, *Journal of Financial Economics*, Vol.11, No.1-4, 1983.

② See Alan J. Auerbach and David Reishus, The Effects of Taxation on the Merger Decision, NBER Working Paper No. 2192, 1987.

③ See Carla Hayn, Tax Attributes as Determinants of Shareholder Gains in Corporate Acquisitions, *Journal of Financial Economics*, Vol.23, No.1, 1989.

④ See Martin Feldstein and David Hartman, The Optimal Taxation of Foreign Source Investment Income, *Quarterly Journal of Economics*, Vol.93, No.4, 1979.

⑤ See G. Mandelker, Risk and Return: The Case of Merging Firms, *Journal of Financial Economics*, Vol.1, No.4, 1974. 这是较早证明被兼并企业会获得溢价的一篇文章。

境并购活动产生的净收益,减少的部分主要由目标企业的原股东承担。额外的企业所得税税负不仅会打击海外资本的投资热情,还可能引发国际逃避税,继而造成税制结构扭曲。①

在现实的经济社会中,跨国公司可能采取多种方法降低全球税负,包括:利用财务杠杆进行债务融资,将利润由高税国转移到低税国,在避税地建立多级导管公司等。然而,这些逃避税机制同样会产生可观的经济成本,并且反映在税前会计利润中。赫伊津哈、沃盖特(Voget)、瓦格纳(Wagner)研究发现,任何旨在规避额外国际税收成本的行为(如转让定价、资本弱化)都无法实质降低企业所承担的经济负担。理论上,跨国公司期待在边际收益等于边际成本的点上作出避税安排是不可行或者是成本非常高昂的。②

国际税收的竞争和协作同样会对跨境并购交易产生深远影响。然而,德弗罗(Devereux)调查发现,虽然之前早有学者对税收竞争与资本流动的理论和实证问题进行了深入研究,但是这些研究的结论大部分建立在外国直接投资采取绿地投资的假设前提下,针对税收竞争对跨境并购影响效用的研究文献则较为有限。③ 布克维斯基(Bucovetsky)、哈夫勒(Haufler)建立了理论模型,指出一国政府应当向跨国公司提供税收优惠以提高本国在税收竞争中的产出,继而增加税收总收入。④ 贝克尔(Becker)、菲斯特(Fuest)在一个跨境并购与绿地投资互为替代形式的模型下,证明了前者的存在加剧了国际税收竞争。⑤ 但是,该模型忽略了居住国企业所得税。更进一步,他们提出了跨境并购形式下的税收竞争模型,得到了最优资本配置效率下的税制结构。⑥

(三)境内关于税收对跨境并购影响的文献综述

随着中国资本市场逐渐兴起并蓬勃发展,国际资本流动的税收问题成为学术热点,而专门针对跨境并购形式的研究则较为有限。在理论方面,胡坚、姚露

---

① See Huizinga, et al., Capital Gains Taxation and the Cost of Capital: Evidence from Unanticipated Cross-Border Transfers of Tax Bases, CEPR Discussion Papers 9151.

② Ibid.

③ See Michael Devereux, The Impact of Taxation on the Location of Capital, Firms and Profit: A Survey of Empirical Evidence, Oxford University Centre for Business Taxation, WP07/02, 2007.

④ See Sam Bucovetsky and Andreas Haufler, Tax Competition When Firms Choose Their Organizational Form: Should Tax Loopholes for Multinationals Be Closed?, *Journal of International Economics*, Vol. 74, No. 1, 2008.

⑤ See Johannes Becker and Clemens Fuest, Tax Competition—Greenfield Investment Versus Mergers and Acquisitions, CESifo Working Paper Series No. 2247, 2008.

⑥ See Johannes Becker and Clemens Fuest, Source Versus Residence Based Taxation with International Mergers and Acquisitions, *Journal of Public Economics*, Vol. 95, No. 1-2.

认为,在国际资本流动中,理想的税收应符合中性原则,以真正实现税制的国际统一、资本的自由流动和平等竞争。① 张青构建了不同目标下的国际税收模型,其中全球收入最大化模型要求使用抵免法减除国际重复征税,而国民收入最大化模型则要求使用扣除法。针对中国的最优税收政策为:立足资本输出,应采取国民收入最大化战略;而立足资本输入,则应采取普遍接纳与特殊鼓励相结合的政策。② 王镭从公平和效率原则出发,建立分析框架,发现涉外企业所得税制在吸引外国投资、促进对外投资、开展国际税收协调以及符合WTO规则四个方面存在问题,提出了改革和完善中国企业对外投资所得税收制度的基本思路。③ 李维萍从税制因素对公司并购激励的实效性以及税收协同效应的影响角度进行了详细阐述,强调"实质重于形式"的原则,以堵假借资产重组之名而行偷逃税之实的漏洞。④ 王逸重点研究了跨国直接投资的所得税激励问题,认为母国影响跨国直接投资的税收因素包括以下四个方面:(1)减除国际重复征税的方法;(2)对东道国给予税收激励的处理;(3)与东道国之间的相对税率;(4)对汇回利润的税务处理。通过建立母国与投资者之间的博弈模型,她认为发展中国家对本国企业的跨国直接投资给予税收激励,有利于提高企业收益和国家的整体净福利。⑤

李宗卉、曹小春从实证角度考察了母国税收制度对东道国税收优惠政策的影响,通过对实行抵免法的美国以及实行免税法和税收饶让的其他发达国家1990—2004年在中国的直接投资进行实证分析,并未发现两者在投资的积极性方面存在显著差异。⑥ 尹音频、高瑜运用国内生产总值(GDP)、汇率、利率、进出口额以及包括税收在内的政策等因素构建实证模型,并利用中国1984—1995年的对外直接投资额,验证了政策工具的正向推动作用。⑦ 刘蓉、黄洪和钟立韬从企业利润最大化、母国福利最大化以及东道国福利最大化的三维视角建立了跨国投资模型,并在中国经验数据的基础上,利用协整理论和误差修正模型进行了实证检验,得出对外直接投资与母国的间接税税率、税收优惠呈正

---

① 参见胡坚、姚露:《国际资本流动的理想税收中性原则》,载《税务与经济》1996年第4期。
② 参见张青:《最优资本流动的税收政策分析》,载《涉外税务》2003年第2期。
③ 参见王镭:《国际投资中的涉外企业所得税收问题研究》,中国社会科学院研究生院2003年博士学位论文。
④ 参见李维萍:《公司并购的税收协同效应及观点分析》,载《涉外税务》2007年第5期。
⑤ 参见王逸:《鼓励海外直接投资税收政策的研究述评》,载《扬州大学税务学院学报》2009年第1期。
⑥ 参见李宗卉、曹小春:《母国税制对东道国税收优惠政策的影响——基于美国对华直接投资的研究》,载《国际经贸探索》2007年第6期。
⑦ 参见尹音频、高瑜:《中国对外直接投资宏观政策效应的实证分析与思考》,载《山东经济》2009年第5期。

相关,而与东道国的间接税税率、直接税税率呈负相关的结论。① 张妍利用 Logit 模型对企业并购的税收影响效应进行了实证研究,得出企业具有通过并购获得潜在税收收益动机的结论,而且这种动机在通过并购亏损企业获得抵减效应方面尤为明显。②

四、跨境并购的协同效应研究

弗雷德·韦斯顿(Fred Weston)等人针对19世纪以来西方市场经济国家先后掀起的五次并购浪潮进行了研究,总结出"协同效应理论"(Synergy Effect Theory)、"信息信号理论"(Information and Signal Theory)、"代理问题理论"(Agency Problem Theory)、"自由现金流量假说"(Free Cash Flow Hypothesis)、"市场势力理论"(Market Power Theory)等并购动因理论。③ 其中,以协同效应理论的影响最为深远。

管理协同效应理论认为,管理能力强的公司可以通过收购另一家管理效率低的公司,使其过剩的管理资源得以充分利用,将被收购公司的非管理性组织成本与收购公司过剩的管理成本有机组合在一起,达到管理协同,提高企业价值,对整个社会来说也是一项帕累托(Pareto)改进。

经营协同效应理论认为,同一行业内的企业在均未达到最优生产水平时,可以通过横向并购实现规模经济。规模经济效益在企业慢慢成长到最佳规模点的过程中出现。通过实现规模经济,可以达到降低成本、提高技术开发能力和生产效率的目的。经营协同效应理论从规模经济的角度解释了并购动机问题。这种经营协同效应可能源于生产制造或者研发方面的资源共享。通过垂直兼并,同样可以获得纵向一体化后的经营协同效应,主要是因为降低了生产经营环节之间的沟通与谈判成本。有学者研究发现,同一行业内的企业基于经营协同效应实施并购的可能性更大。市场交易是有代价的,获取信息、谈判、签约是有成本的。通过形成一个组织,并允许某个权威(企业家)支配资源,就能节约某些市场运行成本。企业之间的并购也是为了减少交易成本,变较高的外部交易成本为较低的内部管理成本。④

财务协同效应理论认为,有大量内部现金和少量投资机会的企业与有投资机会但缺乏内部资金的企业合并,可能获得较低的内部融资成本优势。换言

---

① 参见刘蓉、黄洪、钟立韬:《对外直接投资与我国税制优化》,载《涉外税务》2009年第11期。
② 参见张妍:《税收特征对企业并购行为影响的实证研究》,载《商业研究》2009年第7期。
③ 参见〔美〕格雷格·N.格雷戈里奥、卡琳·L.纽豪瑟编:《企业并购:逻辑与趋势》,巴曙松、周沅帆、黄碧艳、王华译,北京大学出版社2009年版,第1页。
④ 参见程蔚、夏亚非:《论跨国并购的税收动因》,载《时代经贸》2008年第S1期。

之，对收购企业而言，如果目标企业的现金持有水平较高，则可以通过并购有效降低资本成本。此外，财务协同效应还表现在企业通过并购提高负债能力上。当收购企业和目标企业的资本结构存在显著差异时，可以说明双方通过并购实现财务协同效应的可能性较大。

税收利得也是财务协同效应的实现方式之一，盈利的企业可以与一个有累积税收损失和税收减免的企业进行并购，获得一定的税收优惠和节税收益，从而实现合法避税的目的。这具体体现在以下三个方面：

第一，利用经营性损失。拥有过多账面盈余的企业可以通过并购另一家盈余状况不佳甚至亏损的企业减少税务支出，前提是拥有应税收入的企业已经抵消了以前年度未使用的税收亏损。

第二，改变投资组合。一家效益颇佳、股价高涨的企业的股东希望通过改变投资组合规避潜在风险，如果采取出售股权的方式，则可能要支付巨额的资本利得税；而如果采取收购的方式，则既可实现企业多元化经营，又可在避免承担高额税负的同时降低投资风险。

第三，利用折旧税盾①。如果并购企业采用"购买法"进行合并会计处理，那么根据会计准则，目标企业的资产应按购买日的公允价值进行重新估计。在通货膨胀等因素引起资产增值的情况下，这些资产的折旧或摊销基础也将增加。根据部分国家税法的规定，这部分费用可以冲抵应税利润，从而给企业带来不菲的节税收益。②

第三节 跨境并购税收的法律概念释义

由于跨境并购企业双方涉及不同的国家或地区，而在税收管理领域，企业的身份认定与实际税负有直接关系，因此进行跨境并购税收研究，应熟悉国际上对于企业身份认定的标准和相关税法规定，从而确定企业的身份问题，再根据不同的身份查找相应的税收征管规范。

一、法人居民的法律概念

法人是与自然人相对应的民事主体。作为依法成立、有必要的财产和组织

---

① 由于折旧费用要列入营业收益的计算过程而扣抵所得税款，因此这一现象被称为"折旧税盾"（depreciation tax shield），可以视作可减税部分形成的现金流入。参见 http://dict.youdao.com/w/%E6%8A%98%E6%97%A7%E7%A8%8E%E7%9B%BE/，最后访问时间：2019年8月29日。

② 参见张雨婷：《企业所得税对跨境并购的影响研究——基于中国上市公司入境并购交易视角》，厦门大学2014年硕士学位论文。

机构、能够独立享有民事权利和承担民事义务的社会组织,法人的活动范围更广泛,经济内容更丰富。①

《中华人民共和国企业所得税法》(2018年修正,以下简称《企业所得税法》)第2条规定:"企业分为居民企业和非居民企业。本法所称居民企业,是指依法在中国境内成立,或者依照外国(地区)法律成立但实际管理机构在中国境内的企业。本法所称非居民企业,是指依照外国(地区)法律成立且实际管理机构不在中国境内,但在中国境内设立机构、场所的,或者在中国境内未设立机构、场所,但有来源于中国境内所得的企业。"该法采取注册登记地标准和实际管理机构地标准相结合的办法,对居民企业和非居民企业作了明确界定。

二、法人居民身份的各国立法标准

(一)注册登记地标准

依照注册登记地标准,凡按本国法律在本国注册成立的法人,就是本国的法人居民,应向本国承担无限纳税义务。一个公司的注册地有时也被称为"法律住所"(legal domicile)。主张以注册登记地标准判定法人居民身份的观点认为,法人是模拟自然人而由法律赋予其人格的实体,但是对法人不能像对自然人那样以其吃饭、睡觉的地方作为其居住地;由于一个组织只有依法注册成立才能取得法人资格,因此法人的居住国应当是其注册成立的国家。② 比如,美国采用注册登记地标准。美国公司所得税的纳税义务人分为本国公司与外国公司。本国公司,是指根据任何一州法律成立并向州政府登记注册的公司。不论公司机构设在国内还是国外,也不论其股权归属于美国人还是外国人,都应在美国承担无限纳税义务。外国公司,是指根据外国法律成立并向外国政府登记注册的公司。不论公司设在何处,也不论其股权归属,即使其股权的一部分甚至全部属于美国人或美国公司,也是外国公司。③ 通常情况下,外国公司仅需就源自美国的所得承担纳税义务。采用此标准的还有墨西哥、荷兰、瑞典等国。

注册登记地标准的优点在于,对居民身份比较容易确认和识别,可以有效防止公司通过某些行为变更自己的居民身份。公司法人要改变注册地点,就必

---

① 参见刘剑文主编:《国际税法学》(第二版),北京大学出版社2004年版,第81页。
② 参见朱青编著:《国际税收》(第七版),中国人民大学出版社2016年版,第35页。
③ 参见董庆铮主编:《外国税制》,中国财政经济出版社1993年版,第91页。

须先进行清算,这时要就公司资产的增值部分(资本利得)缴纳所得税,还需获注册成立国的同意并办理相关的变更手续,这就限制了公司任意向国外迁移。但是,这一标准也存在一定的局限性:(1)当某些公司的登记注册地和实际经营管理地不一致时,公司可以脱离注册国而选择在另一个国家经营,从而使注册国难以对其进行有效的监督和税务管理;(2)纳税人可以通过选择注册地进行避税。

(二)实际管理机构所在地标准

一个法人的管理机构设在本国,无论其在哪个国家注册成立,都是本国的法人居民。公司的管理机构所在地有时也被称为"财政住所"(fiscal domicile)。法人的管理机构又有管理和控制的中心机构与实际(有效)管理机构两层含义。实践中,有的国家根据管理和控制的中心机构判定法人的居民身份,如澳大利亚、加拿大、德国、爱尔兰、新西兰、挪威、新加坡、英国等;有的国家根据实际管理机构判定法人的居民身份,如比利时、丹麦、南非、葡萄牙、西班牙等。一般来说,管理和控制的中心机构是指公司的最高权力机构,它负责公司政策的制定和对公司经营活动的控制。公司权力包括公司的财权、公司财产的取得和处置权、公司经营活动的决策制定权以及公司高级管理人员的任免权。上述权力的使用地应为掌有这些权力的人的居住地或他们经常开会的地点。由于公司董事往往掌握着上述重要权力,因此许多国家(如澳大利亚、加拿大、爱尔兰、新西兰、英国等)根据公司董事或主要董事的居住地或公司董事会召开的地点确定公司管理和控制的中心机构所在地。此外,有的国家还根据股东大会召开的地点或公司账簿的保管地点认定公司管理和控制的中心机构所在地。

关于实际管理机构的定义,目前没有统一的结论。在有的国家(如丹麦、荷兰、西班牙等),实际管理机构是指公司日常业务的管理机构,它负责公司经营决策的执行和具体的运营管理。在另一些国家(如瑞士等),实际管理机构是指公司的决策机构,它与管理和控制的中心机构实际上是同一概念。2017年《OECD税收协定范本及注释》第四章第24条指出,实际管理机构应考虑各种因素,如董事会或同等机构通常举行会议的地方,首席执行官和其他高级管理人员通常从事其活动的地方,高级人员进行日常管理的地方,公司总部所在地,哪个国家或地区的法律管辖该法人的法律身份,会计记录在哪里保存等。2017年《联合国关于发达国家与发展中国家间双重征税的协定范本》关于实际管机构的定义与 2017 年《OECD 税收协定范本及注释》相同。①

（三）总机构所在地标准

按照总机构所在地标准，以法人是否在本国设有总机构认定其居民身份。在本国设有总机构的法人为居民企业，负无限纳税义务，否则为非居民企业，只承担有限纳税义务。总机构实际上就是法人的总公司、总厂或总店，是负责管理和控制法人的全部日常经营业务活动并统一核算法人盈亏的中心机构。总机构所在地标准强调的是法人组织结构主体的重要性，而实际管理机构地标准确定的是法人权力中心（即法人的实际权力机构和人物）的重要性。② 日本、新西兰等国采用总机构所在地标准。③

（四）控股权标准

控股权标准，也称"资本控制标准""表决权（投票权）标准"，是指以控制一公司表决权股东的居民身份为依据，确定该公司的居民身份。如果法人的表决权为本国居民股东所掌握，则该公司就是本国的法人居民。澳大利亚、新西兰等国采用控股权标准。④ 这些国家采用这一标准的原因是，法人只不过是覆盖在一群成员（股东）身上的面纱，它使这些成员（股东）联合起来，凝聚成一个法人。所以，法人与被其联合起来的股东实际上不可分割，法人股东的居住地就是法人的居住地。⑤

（五）主要经营活动所在地标准

主要经营活动所在地标准，也称"主要生产经营地标准"，是指公司的主要生产经营地点位于哪一国，公司就属于哪一国的居民公司。⑥ 按照主要经营活动所在地标准，一个法人的主要经营活动如在本国境内，则为本国的法人居民。

---

① United Nations Model Double Taxation Convention Between Developed and Developing Countries: 2017 Update, Commentary on Chapter II Definitions, Commentary on the Paragraphs of Article 4: "Such as where the meetings of the person's board of directors or equivalent body are usually held, where the chief executive officer and other senior executives usually carry on their activities, where the senior day-to-day management of the person is carried on, where the person's headquarters are located, which country's laws govern the legal status of the person, where its accounting records are kept."
② 参见朱青编著：《国际税收》（第九版），中国人民大学出版社 2018 年版，第 43 页。
③ 参见 IBFD Tax Research Platform 在线数据库。
④ 同上。
⑤ 参见刘剑文主编：《国际税法学》（第二版），北京大学出版社 2004 年版，第 84 页。
⑥ 参见《世界税制现状与趋势》课题组编著：《世界税制现状与趋势（2015）》，中国税务出版社 2016 年版，第 99 页。

主要经营活动所在地的确定通常以公司生产经营业务数量的大小为依据,若公司占最大比例的贸易额和利润额是在本国境内实现的,则为本国的居民公司。①

在上述五个标准中,各国常用的标准是注册登记地标准和实际管理机构地标准,较少采用其他三个标准。

判定居民公司与非居民公司的目的是,区分公司纳税人是就全球所得还是境内所得征税。大多数国家或地区的公司所得税制对于征税范围都规定,居民公司(在境内成立的公司)需要就其来源于境内和境外的所得纳税,非居民公司仅就其来源于境内的所得纳税。少数国家或地区规定居民公司和非居民公司都仅就其来源于境内的所得纳税。

目前,世界各国对居民公司的判定原则基本上没有较大的差异,仅是具体的标准不同。大部分国家都以注册登记地或实际管理机构所在地作为判定公司居民身份的主要标准。在税法中,一些国家只采用一种标准确定法人的国籍,如美国、俄罗斯、巴西等国采用注册登记地标准,马来西亚、墨西哥、新加坡等国采用实际管理机构所在地标准。许多国家兼采注册登记地标准与实际管理机构所在地标准,即凡符合其中一个标准的法人便是本国的居民法人,如英国、法国、德国等国。还有一些国家采用两种以上的标准,如澳大利亚、新西兰等国,扩大了本国居民管辖权的范围。

表 1-1　部分国家企业所得税居民身份判定标准比较

国家	注册登记地	实际管理机构所在地	总机构所在地	控股权	主要经营活动所在地
美国	√				
英国	√	√			
法国	√	√			
德国	√	√			
加拿大	√	√			
澳大利亚	√	√		√	
俄罗斯	√				
日本			√		
印度	√	√			

---

① 参见刘剑文主编:《国际税法》,北京大学出版社 1999 年版,第 44 页。

(续表)

国家	注册登记地	实际管理机构所在地	总机构所在地	控股权	主要经营活动所在地
巴西	√				
比利时	√	√			
丹麦	√	√			
希腊	√	√			
爱尔兰	√				√
意大利	√	√			
韩国		√			
卢森堡	√	√			
马来西亚		√			
墨西哥		√			
荷兰	√	√			
新西兰	√	√	√	√	
挪威	√	√			
葡萄牙	√	√			
新加坡		√			
西班牙	√	√			
瑞士	√	√			
泰国	√				

资料来源：根据 IBFD Tax Research Platform 在线数据库整理。

三、税收管辖权的相关概念

地域管辖权，又称"来源地管辖权"，即一国要对来源于本国境内的所得行使征税权。

居民管辖权，即一国要对本国税法中规定的居民（包括自然人和法人）取得的所得行使征税权。

公民管辖权，即一国要对拥有本国国籍的公民取得的所得行使征税权。[①]

税收管辖权属于国家主权，每个主权国家都有权根据国情选择适合自己的税收管辖权类型。从目前各国的税制来看，企业所得税管辖权的实施主要有以下两种情况：

（一）同时实行地域管辖权和居民管辖权

一国要对以下三类所得行使征税权，即本国居民的境内所得、本国居民的

---

① 参见朱青编著：《国际税收》（第九版），中国人民大学出版社2018年版，第26页。

境外所得以及外国居民的境内所得。对本国居民的境内和境外所得征税依据的是居民管辖权,而对外国居民的境内所得征税依据的是地域管辖权。中国和世界上大多数国家都采取这种地域管辖权和居民管辖权并行的做法。

(二)实行单一的地域管辖权

实行单一的地域管辖权意味着一国只对纳税人来源于本国境内的所得行使征税权,其中包括本国居民的境内所得和外国居民的境内所得,但是对本国居民的境外所得不行使征税权。目前,实行单一的地域管辖权的国家主要有阿根廷、乌拉圭、巴拿马、哥斯达黎加、肯尼亚、赞比亚、马来西亚等。①

(三)中国对跨境并购企业的税收管辖权

根据《企业所得税法》第 3 条②和《中华人民共和国企业所得税法实施条例》(以下简称《企业所得税法实施条例》)第 7 条第 3 款③的规定,在涉及中国境内企业跨境股权并购的交易类型(见表1-2)中,除第三种交易类型外,中国税务当局对其余五种交易类型均具有管辖权。(此处不考虑各方均为非居民企业,被收购企业直接或间接持有中国居民企业股权的情形。)

表 1-2 中国境内企业跨境股权并购交易类型

交易类型	转让方居民身份	受让方居民身份	目标企业居民身份
1	非居民企业	非居民企业	居民企业
2	非居民企业	居民企业	居民企业
3	非居民企业	居民企业	非居民企业
4	居民企业	非居民企业	居民企业
5	居民企业	非居民企业	非居民企业
6	居民企业	居民企业	非居民企业

---

① 参见朱青编著:《国际税收》(第九版),中国人民大学出版社 2018 年版,第 26 页。
② 《企业所得税法》第 3 条规定:"居民企业应当就其来源于中国境内、境外的所得缴纳企业所得税。非居民企业在中国境内设立机构、场所的,应当就其所设机构、场所取得的来源于中国境内的所得,以及发生在中国境外但与其所设机构、场所有实际联系的所得,缴纳企业所得税。非居民企业在中国境内未设立机构、场所的,或者虽设立机构、场所但取得的所得与其所设机构、场所没有实际联系的,应当就其来源于中国境内的所得缴纳企业所得税。"
③ 《企业所得税法实施条例》第 7 条第 3 项规定,"转让财产所得,不动产转让所得按照不动产所在地确定,动产转让所得按照转让动产的企业或者机构、场所所在地确定,权益性投资资产转让所得按照被投资企业所在地确定"。

四、跨境并购涉及的相关所得税概念

应纳税所得额一般包括经营所得、投资所得和资本利得等。很多国家将企业分为居民企业和非居民企业，二者应纳税所得额的范围有所区别。一般而言，一国居民企业的应纳税所得额的范围包括来源于该国境内和境外的所得。居民纳税人就其来源于世界范围内的所得向居住国纳税的义务又被称为"无限纳税义务"。按照属地管辖原则，一国非居民企业的应纳税所得额的范围只包括来源于该国境内的所得。这种纳税义务又被称为"有限的纳税义务"。

国家税务总局于2015年2月3日发布《国家税务总局关于非居民企业间接转让财产企业所得税若干问题的公告》（国家税务总局公告2015年第7号，以下简称"7号公告"）。7号公告第1条第2、3款规定："本公告所称中国居民企业股权等财产，是指非居民企业直接持有，且转让取得的所得按照中国税法规定，应在中国缴纳企业所得税的中国境内机构、场所财产，中国境内不动产，在中国居民企业的权益性投资资产等（以下称中国应税财产）。间接转让中国应税财产，是指非居民企业通过转让直接或间接持有中国应税财产的境外企业（不含境外注册中国居民企业，以下称境外企业）股权及其他类似权益（以下称股权），产生与直接转让中国应税财产相同或相近实质结果的交易，包括非居民企业重组引起境外企业股东发生变化的情形。间接转让中国应税财产的非居民企业称股权转让方。"

国家税务总局于2017年10月17日发布《国家税务总局关于非居民企业所得税源泉扣缴有关问题的公告》（国家税务总局公告2017年第37号，以下简称"37号公告"）。37号公告第3条规定："……股权转让收入减除股权净值后的余额为股权转让所得应纳税所得额。股权转让收入是指股权转让人转让股权所收取的对价，包括货币形式和非货币形式的各种收入。股权净值是指取得该股权的计税基础。股权的计税基础是股权转让人投资入股时向中国居民企业实际支付的出资成本，或购买该项股权时向该股权的原转让人实际支付的股权受让成本。股权在持有期间发生减值或者增值，按照国务院财政、税务主管部门规定可以确认损益的，股权净值应进行相应调整。企业在计算股权转让所得时，不得扣除被投资企业未分配利润等股东留存收益中按该项股权所可能分配的金额。……"

投资所得，是指因拥有一定的产权而取得的收益，又称"消极投资所得"，主要包括股息、利息、特许权使用费、租金和财产转让所得等。财产转让所得是财产所有人转让其拥有的财产而取得的所得，在数量上等于出让财产取得的毛收入减去财产购入价格以后的余额。①

源泉扣缴,是指以所得取得者为纳税义务人,以所得支付者为扣缴义务人,扣缴义务人应在每次支付有关所得款项时代为扣缴所得取得者应纳的税款。这种以源泉扣缴的方式征收的所得税具有估定预征的性质,因此又被称为"预提所得税",简称"预提税"(withholding tax)。②

财产收益,是指在转移财产所有权的情况下所获取的收益。③

五、跨境并购的相关国际税收概念

税收抵免,是指为了避免国际重复征税,居住国政府对其居民企业来自内外的所得一律汇总纳税,但允许抵扣该居民企业在国外已缴纳的税额。

直接控制,是指居民企业直接持有外国企业20%以上股权。

间接控制,是指居民企业以间接持股方式持有外国企业20%以上股权。

税额抵免,是指按照税法规定可直接冲抵应纳税额的一种税收优惠措施。

支付人,是指依照有关法律规定或者合同约定对非居民企业直接负有支付相关款项义务的单位或者个人。

支付包括现金支付、汇拨支付、转账支付和权益兑付等货币支付和非货币支付。

特别纳税调整,是指税务机关出于反避税目的而对纳税人特定纳税事项所作的税务调整。调整措施主要有:转让定价、资本弱化、避税港避税以及针对其他避税情况所作的税务调整。

关联业务往来,是指具有关联关系的企业或者个人之间发生的转移资源或者业务的经济业务事项。其中,关联关系存在于具有下列关系之一的企业或者个人之间:(1)在资金、经营、购销等方面,存在直接或者间接的拥有或者控制关系;(2)直接或者间接地同为第三者所拥有或者控制;(3)在利益上具有相关联的其他关系。

独立交易原则,是指没有关联关系的交易各方按照公平成交价格和营业常规进行业务往来遵循的原则。独立交易原则也称"公平独立原则""公平交易原则""正常交易原则"等。

合理方法包括:(1)可比非受控价格法,是指按照没有关联关系的交易各方进行相同或者类似业务往来的价格进行定价的方法;(2)再销售价格法,是

---

① 参见朱青编著:《国际税收》(第九版),中国人民大学出版社2018年版,第47页。
② 参见刘剑文主编:《国际税法学》,北京大学出版社2004年版,第126页。
③ 同上书,第137页。

指按照从关联方购进商品再销售给没有关联关系的交易方的价格,减除相同或者类似业务的销售毛利进行定价的方法;(3)成本加成法,是指按照成本加合理的费用和利润进行定价的方法;(4)交易净利润法,是指按照没有关联关系的交易各方进行相同或者类似业务往来取得的净利润水平确定利润的方法;(5)利润分割法,是指将企业与其关联方的合并利润或者亏损在各方之间采用合理标准进行分配的方法;(6)其他符合独立交易原则的方法。

预约定价安排是企业与税务机关就企业未来年度关联交易的定价原则和计算方法所达成的一致安排,是纳税人与其关联方在交易发生前向税务机关提出申请,主管税务机关和纳税人之间通过事先制定一系列合理的标准,解决未来和确定一个固定时期内关联交易的定价及相应的税收问题,是国际通行的一种转让定价调整方法。预约定价安排通常经过预备会谈、谈签意向、分析评估、正式申请、协商签署和监控执行六个阶段,分单边、双边和多边三种类型。

控制包括:(1)居民企业或者中国居民直接或者间接单一持有外国企业10%以上有表决权股份,且由其共同持有该外国企业50%以上股份;(2)居民企业,或者居民企业和中国居民持股比例没有达到(1)规定的标准,但在股份、资金、经营、购销等方面对该外国企业构成实质控制。

债权性投资,是指企业直接或者间接从关联方获得的,需要偿还本金和支付利息或者需要以其他具有支付利息性质的方式予以补偿的融资。企业间接从关联方获得的债权性投资包括:(1)关联方通过无关联第三方提供的债权性投资;(2)无关联第三方提供的、由关联方担保且负有连带责任的债权性投资;(3)其他间接从关联方获得的具有负债实质的债权性投资。

权益性投资,是指企业接受的不需要偿还本金和支付利息,投资人对企业净资产拥有所得权的投资。

转让财产收入,是指企业转让固定资产、生物资产、无形资产、股权、债权等财产取得的收入。当企业获得已实现经济利益或潜在的经济利益的控制权,与交易相关的经济利益能够流入企业,相关的收入和成本能够合理地计量时,应当确认转让财产收入。

债务重组,是指在债务人发生财务困难的情况下,债权人按照其与债务人达成的协议或者法院的裁定作出让步的事项。债务重组的方式主要包括以资产清偿债务、将债务转为资本、修改其他债务条件(如减少债务本金、减少债务利息等)以及这三种方式的组合等。在债务重组中,债权人往往对债务人的偿债义务作出一定程度的让步,这部分让步的金额应当作为债务人的收入。

货币性资产,是指企业持有的货币资金和将以固定或可确定的金额收取的资产,包括现金、银行存款、应收账款和应收票据以及准备持有至到期的债券投资等。

非货币性资产,是指货币性资产以外的资产。

非货币性资产交换,是指交易双方主要以存货、固定资产、无形资产和长期股权投资等非货币性资产进行的交换。非货币性资产交换必须同时满足两个条件才能作为收入:(1)该项交换具有商业实质;(2)换入资产或换出资产的公允价值能够可靠计量。

公允价值,是指在公平交易中,熟悉情况的交易双方自愿进行资产交换或者债务清偿的金额。

资本弱化,是指企业通过加大借贷款(债权性投资)而减少股份资本(权益性投资)比例的方式增加税前扣除,以降低企业税负的一种行为。

"特殊目的公司系指中国境内公司或自然人为实现以其实际拥有的境内公司权益在境外上市而直接或间接控制的境外公司。"[1]

国际税收协定,是指有关国家之间签订的旨在协调彼此间税收权益分配关系和实现国际税务行政协助的书面协议。[2]

---

[1] 《关于外国投资者并购境内企业的规定》(中华人民共和国商务部令2009年第6号)第39条第1款。

[2] 参见廖益新主编:《国际税法学》,高等教育出版社2008年版,第60页。

第二章
跨境并购税收法律制度研究

跨境并购税收主要涉及的是企业所得税,较少涉及增值税,所以我们对于增值税进行概述,下文将围绕跨境并购涉及的企业所得税进行详细阐述。2018年启动的个人所得税改革增加了反避税条款,在新修正的《中华人民共和国个人所得税法》(以下简称《个人所得税法》)自2019年1月1日起施行之后,跨境并购可能涉及个人所得税反避税规制。由于新修正的《个人所得税法》实施时间较短,目前我们尚未发现相关反避税案例,下文将对个人所得税反避税进行较为前沿的理论分析和实务探讨。

第一节 跨境并购中的税收法律制度概述

一、境内税法的基本政策规定

(一)增值税

2016年,营业税改征增值税(简称"营改增")改革全面推开。同年5月,国家税务总局根据《跨境应税行为适用增值税零税率和免税政策的规定》和《营业税改征增值税跨境应税服务增值税免税管理办法(试行)》(国家税务总局公告2014年第49号),发布了《营业税改征增值税跨境应税行为增值税免税管理办法(试行)》,在免征增值税的跨境应税行为中增加了新纳入试点的建筑服务、金融服务、生活服务等,并明确了申报办理的具体办法。

2017年10月30日,国务院第191次常务会议通过《国务院关于废止〈中华人民共和国营业税暂行条例〉和修改〈中华人民共和国增值税暂行条例〉的决定》(国务院令第691号),标志着实施六十多年的营业税正式退出历史舞台。《中华人民共和国增值税暂行条例》(2017年第二次修订)第1条规定:"在中华人民共和国境内销售货物或者加工、修理修配劳务(以下简称劳务),销售服务、无形资产、不动产以及进口货物的单位和个人,为增值税的纳税人,应当依照本条例缴纳增值税。"第 18 条规定:"中华人民共和国境外的单位或者个人在境内销售劳务,在境内未设有经营机构的,以其境内代理人为扣缴义务人;在境内没有代理人的,以购买方为扣缴义务人。"

(二)企业所得税

《企业所得税法》第 2 条第 3 款规定:"本法所称非居民企业,是指依照外国(地区)法律成立且实际管理机构不在中国境内,但在中国境内设立机构、场所的,或者在中国境内未设立机构、场所,但有来源于中国境内所得的企业。"《企业所得税法》第 3 条、第 4 条、第 23 条、第 26 条、第 37 条以及《企业所得税法实施条例》第 7 条、第 91 条对非居民企业取得的来源于中国境内的转让财产所得、权益性投资所得、利息所得的计税依据、税率和纳税地点等作了规定。另外,37 号公告第 2 条规定:"企业所得税法实施条例第一百零四条规定的支付人自行委托代理人或指定其他第三方代为支付相关款项,或者因担保合同或法律规定等原因由第三方保证人或担保人支付相关款项的,仍由委托人、指定人或被保证人、被担保人承担扣缴义务。"财政部、国家税务总局 2009 年发布的 59 号文对企业并购重组规定了一般税务处理规则和特殊税务处理规则。

(三)个人所得税

《个人所得税法》第 1 条规定:"在中国境内有住所,或者无住所而一个纳税年度内在中国境内居住累计满一百八十三天的个人,为居民个人。居民个人从中国境内和境外取得的所得,依照本法规定缴纳个人所得税。在中国境内无住所又不居住,或者无住所而一个纳税年度内在中国境内居住累计不满一百八十三天的个人,为非居民个人。非居民个人从中国境内取得的所得,依照本法规定缴纳个人所得税。……"国家税务总局 2014 年 12 月 7 日发布的《股权转让所得个人所得税管理办法(试行)》第 4 条第 1 款规定:"个人转让股权,以股权转让收入减除股权原值和合理费用后的余额为应纳税所得额,按'财产转让所得'缴纳个人所得税。"第 5 条规定:"个人股权转让所得个人所得税,以股权转让方为纳税人,以受让方为扣缴义务人。"根据《国家税务总局关于个人投资者收购企业股权后将原盈余积累转增股本个人所得税问题的公告》(国家税务总局公告 2013 年第 23 号)第 1 条的规定,"1 名或多名个人投资者以股权收购方式取得被收购企业 100%股权,股权收购前,被收购企业原账面金额中的'资本公积、盈余公积、未分配利润'等盈余积累未转增股本,而在股权交易时将其一并计入股权转让价格并履行了所得税纳税义务。股权收购后,企业将原账面金额中的盈余积累向个人投资者(新股东,下同)转增股本",有关个人所得税问题区分不同情形处理。

二、国际税收协定的基本政策规定

为避免对所得和财产双重征税以及防止偷漏税,同时为中国"走出去"企业提供良好的国际贸易税收制度保障,中国与经常性的贸易往来国家和地区签订了双边税收协定,还加入多边税务条约。根据公开资料统计,自1983年9月中国与日本首签避免双重征税协定以来,截至2018年12月12日,中国已对外正式签订4个多边税收条约,分别是《多边税收征管互助公约》《金融账户涉税信息自动交换多边主管当局间协议》《实施税收协定相关措施以防止税基侵蚀和利润转移的多边公约》《转让定价国别报告多边主管当局间协议》;107个避免双重征税协定,其中绝大多数已生效;内地与香港、澳门两个特别行政区签订了避免双重征税安排,大陆与台湾签署了避免双重征税协议(尚未生效)。[①]

企业开展跨境并购交易涉及不同的国家和地区,在并购过程中不仅受到国内不同税收法律法规的约束,还受到国际税收协定的约束。《企业所得税法》第58条规定:"中华人民共和国政府同外国政府订立的有关税收的协定与本法有不同规定的,依照协定的规定办理。"《中华人民共和国税收征收管理法》(以下简称《税收征收管理法》)第91条规定:"中华人民共和国同外国缔结的有关税收的条约、协定同本法有不同规定的,依照条约、协定的规定办理。"因此,中国企业在进行跨境并购过程中,应优先适用国际双边税收协定;如果税收协定未作规定,则适用国内税法。

中国企业跨境并购中往往会涉及股息、利息和财产转让等税收事项。对中国签订的国际双边税收协定中的相关条款进行归纳和比较,可以发现:

第一,相关税收协定对股息、利息的概念进行了范围限定,并规定了股息来源国征税的限制税率,大致采取两种模式,一是不区分直接投资和间接投资,适用单一预提税率;二是按照参与分配股息公司的股份比例(通常为25%或以上)区分直接投资和间接投资,分别适用预提税率。直接投资税率低于间接投资税率,采取两种模式预提税率大部分与《企业所得税法》规定的10%相同,总体为5%—15%;同时,规定了利息来源国征税的限制税率,通常也为10%,部

[①] 参见国家税务总局:《税收条约》,http://www.chinatax.gov.cn/n810341/n810770/index.html,最后访问时间:2020年1月10日。

分协定规定了较低税率。比如,2007年修订的《中华人民共和国政府和新加坡共和国政府关于对所得避免双重征税和防止偷漏税的协定》(以下简称《中国—新加坡税收协定》)第10条第2款规定:"然而,这些股息也可以在支付股息的公司是其居民的缔约国,按照该缔约国法律征税。但是,如果股息受益所有人是缔约国另一方居民,则所征税款:(一)在受益所有人是公司(合伙企业除外),并直接拥有支付股息公司至少百分之二十五资本的情况下,不应超过股息总额的百分之五;(二)在其他情况下,不应超过股息总额的百分之十。……"关于利息条款,根据《中国—新加坡税收协定》第11条第1款,发生于缔约国一方而支付给缔约国另一方居民的利息,可以在该缔约国另一方征税。这些利息也可以在该利息发生的缔约国,按照该缔约国的法律征税。但是,如果收款人是该利息受益所有人,则所征税收不应超过:(1)对银行或金融机构取得的利息,不应超过利息总额的7%;(2)在其他情况下,不应超过利息总额的10%。

第二,中国对财产收益没有单独设立税种或税率征税,将企业转让的财产收益并入营业利润,征收企业所得税。中国在对外签订的税收协定中,对以转让股份的形式转让公司财产所取得的收益如何行使地域管辖权作了限定。一般规定是:对于转让公司股权取得的财产收益,依参股比例划分来源国与居民国的征税权,即仅在参股超过一定比例的情况下(通常为25%),来源国才有征税权;参股未达到规定比例的,来源国无征税权,仍由居民国独占征税权。比如,《中国—新加坡税收协定》第13条第4款规定:"缔约国一方居民转让股份取得的收益,如果股份价值的百分之五十以上直接或间接由位于缔约国另一方的不动产构成,可以在缔约国另一方征税。"第5款规定:"除第四款外,缔约国一方居民转让其在缔约国另一方居民公司或其他法人资本中的股份、参股或其他权利取得的收益,如果该收益人在转让行为前的十二个月内,曾经直接或间接参与该公司或其他法人至少百分之二十五的资本,可以在该缔约国另一方征税。"

第二节 跨境并购涉及的企业所得税规制研究

跨境并购的本质是一系列复杂的市场交易,往往会涉及繁杂的会计、税收和法律等因素,因此相应政策和规则的制定已成为各国普遍关注的重点。企业所得税在企业并购过程中扮演着不容忽视的重要角色,尤其当并购双方分别受到不同税收法律规制时,如何进行处理和协调,更是关系到企业国际竞争力和各国税收管辖权的重要问题。

一、跨境并购涉及的企业所得税相关原理

由于税收涉及征纳双方的金钱利益,税法的规定往往比较细致,这造成中国税制纷繁复杂。根据跨境并购的交易类型、阶段,可以进行各种划分,相应地,交易企业双方面临的税收问题也多种多样。例如,按标的形式划分,资产并购和股权并购的税目有所差别;按并购阶段划分,交易过程中和并购后经营中的税目也各不相同。因此,本节并非旨在厘清跨境并购各环节企业的税务处理过程,而是化繁为简,按照国际税收的分类方式,将最能够体现跨境并购特点的所得税按照来源国企业所得税和居住国企业所得税的规律进行归纳总结,找出跨境并购企业所得税法的法理依据。

来源国企业所得税,是指参与跨境并购的交易双方在目标企业所在国必须承担纳税义务的税收,取决于东道国对外国投资的征税规定。中国企业开展跨境并购,既可以在国外设立分支机构,以非居民的形式开展并购经营活动;也可以设立子公司,以居民的形式并购、经营。无论采取何种形式,企业均会被东道国课以企业所得税。分支机构作为东道国的非居民,在东道国承担有限纳税义务,东道国仅就其来源于本国的所得课税,此类所得遵循国际税收的"常设机构原则"(permanent establishment principle)。子公司作为东道国的居民,承担无限纳税义务,东道国就其来源于全球的所得征税。母公司不是东道国的居民,因此仅就其来源于该国的所得纳税。在正常情况下,对子公司或关联企业支付的股息、利息、租金、特许权使用费等,东道国根据源泉扣缴征税原则收缴预提税[①]。

然而,跨国企业在东道国承担的企业所得税实际税率是由法定税率、税收激励和税收管理三者共同决定的。一般而言,东道国针对跨境并购的外国企业的税收激励类型包括减税免税、税收抵免、再投资退税、亏损结转、税收递延、加速折旧等。税收管理则体现在东道国的反避税态度方面。在跨国投资活动中,企业通常采取转移定价、资本弱化以及滥用税收协定等避税手段以实现利润最大化。一些国家实现较为严格的反避税规制措施,而另一些国家则采取较为温和的态度。各国对于跨境并购中避税行为的不同管理手段,会直接影响跨境并购涉及的国际税负。

居住国企业所得税,是指参与跨境并购的交易双方在并购企业所在国必须

---

① 预提税,是指预先扣缴的所得税。它不是一个税种,而是人们对这种源泉扣缴的所得税的习惯叫法。根据《企业所得税法》第3条和《企业所得税法实施条例》第91条的规定,外国企业在中国境内未设立机构、场所,而取得来源于中国境内的利润(股息、红利)、利息、租金、特许权使用费和其他所得,或者虽设立机构、场所,但上述所得与其机构、场所没有实际联系的,应当缴纳10%的企业所得税。

承担纳税义务的税收。根据林达尔(Lindahl)的"税收价格理论",居民企业由于享受了母国所提供的公共产品和服务,因此必须就其来源于世界各地的所得缴纳企业所得税,具体包括转让财产所得(资本利得)、股息红利等权益性投资所得、生产经营所得、租金所得、利息所得、特许权使用费所得等。当然,跨国企业的实际税负不同于母国企业所得税之法定税率,必须结合税收优惠措施和税收征管水平综合考量。

随着资本全球流动的范围和影响力逐步扩大,居住国与来源国税收之间的竞争和矛盾变得日益突出,各国政府在制定税收政策时要在"居住国原则"(residence principle)与"来源国原则"(source principle)之间进行权衡。根据居住国原则,一国可以对被认定为居民纳税人的企业实行税收管辖权,而不论其生产经营活动发生地是否在本国;而按照来源国原则,只有经营活动发生地被认定为所得来源地,该国政府才能据此对非居民纳税人实行税收管辖权。目前,大多数国家均采取对居民企业适用居住国原则,而对非居民企业适用来源国原则的税收制度,最大化地争夺税基,提高本国税收收入。当同一笔所得被纳入两个以上拥有税收管辖权的国家之征税范围时,即产生双重征税。

双重征税会给跨国企业带来额外的税收负担,违背税收中性原则。当税收管辖权的来源国原则与居住国原则发生冲突时,很多国家制定了避免双重征税的税收减免政策。例如,一些国家实行单一地域或来源地税收管辖权,对来自跨国公司的境外所得适用免税法;为在承认来源国税收优先地位的同时,保留居住国对跨国企业境外所得的征税权,包括中国在内的世界上许多国家的税法中规定了外国税收抵免制度,即在对居民企业的境外所得征税时,允许其用在国外已纳的税款冲抵在本国应纳的税款。按照抵免对象,该制度又可以分为直接抵免和间接抵免。对于在海外设立子公司的跨国企业而言,直接抵免针对的是来源国对分配给母公司的股息所征收的预提税;间接抵免针对的是子公司按持股比重汇回海外母公司的税后利润中应向来源国缴纳的所得税款。实践中,各国为保证本国税收利益,都有限额抵免的规定。此外,避免双重征税的方法还有扣除法,即母国政府对居民企业的境外所得征税时,允许将其在境外已纳税款作为费用在应税所得中扣除,由此也可以部分消除双重征税。

在税务操作过程中,具体适用哪种避免双重征税的方法,取决于国家间签订的税收协定。税收协定属于国际法的范畴。根据"条约必须信守"的原则以及国际通行惯例,当税收协定与国内税法不一致时,原则上,税收协定优先于国内税法适用。① 因此,在居住国与东道国签订了税收协定的情况下,按照"协定优先"的原则,对来源于对方国家的某些所得免于征税或按优惠税率征税,对被投资企业享受的税收优惠给予税收"饶让抵免"(tax sparing),均会影响企业跨境并购所承担的实际税负。饶让抵免,是指在税收协定条款中明确规定,居住国政府不仅对已经在来源国缴纳的所得税税额给予税收抵免,而且对来源国为了鼓励外国资本进行投资而予以减免的那部分税收视同已经缴纳,同样给予抵免的特殊制度。税收饶让抵免实际上是对资本输入国的税收优惠,因此多属发达国家单方面对发展中国家减免税所承担的协定义务。在中国签订的税收协定中,关于饶让抵免额度的规定较少。

此外,税收协定还是国家间进行税收关系协调的载体,包括税收制度协调和税收管理协调。税收制度协调,是指相关国家通过谈判,就各自的税基、税率、征税范围等达成协议,并根据协议内容确定对对方国家的纳税人进行征税的制度和办法。税收管理协调,是指相关国家通过建立国际税收情报交换、国际税收征管互助等机制,以防范和打击跨国公司的国际逃避税行为。相关税收制度和管理的协调统一,有利于营造较为公开、透明的国际税收环境,对企业从事跨境并购活动具有重要意义。

二、中国跨境并购的法律规制历程

中国企业的并购活动是伴随着经济体制改革的推进而逐步活跃起来的。1984年10月,中共十二届三中全会提出"所有权与经营权适当分离"的改革原则,拉开了中国企业兼并、重组的序幕。以1984年中银集团和华润集团联合收购香港康力投资有限公司为标志,中国企业正式踏上了跨境并购的征程。② 1987年10月,中共十三大报告指出:"一些小型全民所有制企业的产权,可以有偿转让给集体或个人。"1989年2月,国家体改委、财政部、国家国有资产管理局联合发布《关于出售国有小型企业产权的暂行办法》,国家体改委、国家计委、财政部、国家国有资产管理局联合发布《关于企业兼并的暂行办法》,促成了中国企业的第一次并购浪潮。

从20世纪90年代开始,随着改革开放的深化和社会主义市场经济的发展,产权交易的政治环境日益宽松。1993年11月,中共十四届三中全会通过《中共中央关于建立社会主义市场经济体制若干问题的决定》,明确指出要理顺

---

① 参见崔晓静:《中国与"一带一路"国家税收协定优惠安排与适用争议研究》,载《中国法学》2017年第2期。
② 参见李伟:《企业跨国并购问题研究综述》,载《经济研究参考》2018年第30期。

产权关系,实现产权的流动和重组。中共十五大报告进一步明确了企业优胜劣汰的竞争机制,采取改组、联合、兼并等形式。上述社会主义市场经济改革的政策措施使中国企业的并购活动开始走上规范化、制度化和法制化轨道,并引发了第二次并购浪潮。

20 世纪末 21 世纪初,国际经济一体化浪潮席卷全球,中国资本市场迅速发展,一系列并购法规也相应出台,如《上市公司收购管理办法》《指导外商投资方向规定》《关于外国投资者并购境内企业的规定》等,掀起了第三次并购浪潮。上市公司间的并购活动日益频繁,外资并购中国企业和中国企业跨境并购活动不断涌现,促进了中国经济与世界经济进一步接轨,中国日益融入经济全球化的浪潮之中。自 2020 年 1 月 1 日起施行的《中华人民共和国外商投资法》(以下简称《外商投资法》)及其实施条例,鼓励和促进外商投资,保护外商投资合法权益,规范外商投资管理,持续优化外商投资环境,推进更高水平对外开放。

三、中国跨境并购所得税立法研究

中国对企业跨境并购涉及的所得税进行系统立法始于 20 世纪 90 年代,至今已有二十余年历史。1991 年全国人民代表大会发布的《中华人民共和国外商投资企业和外国企业所得税法》(以下简称《外商投资企业和外国企业所得税法》)、国务院发布的《中华人民共和国外商投资企业和外国企业所得税法实施细则》中,就有涉及外资企业在境内进行合并、分立等投资活动的条款。1997 年,国家税务总局专门针对外资企业下发了《国家税务总局关于外商投资企业和外国企业转让股权所得税处理问题的通知》(国税函〔1997〕207 号),明确规定"外商投资企业将其持有的中国境内、境外企业的股权,转让给与其直接拥有或者间接拥有或被同一人拥有 100% 股权关系的公司,包括转让给具有上述股权关系的境内投资公司的,可按股权成本价转让,由于不产生股权转让收益或损失,不计征企业所得税"。2001 年修正的《税收征收管理法》关于企业并购的规定中重点关注关联交易,依然只适用于内资企业。2007 年《企业所得税法》第六章"特别纳税调整"专门规定了预约定价制度、资本弱化、反避税港制度等反避税措施,对跨国公司利用税收优惠进行非正常交易和投资活动进行了规制。2009 年国家税务总局印发的《特别纳税调整实施办法(试行)》则对《企业所得税法》和《企业所得税法实施条例》中转让定价、预约定价安排、成本分摊协议、受控外国企业、资本弱化、一般反避税等特别纳税调整事项的具体实施方法作了更加细致的规定。随着中国企业的并购行为越来越多,加上加入 WTO 之后跨境并购交易越来越多,关于跨境并购的税收政策零散分布在不同的税收法规中,具体政策不够详细,在执行中出现了对同样的情况作不同处理的现象。

WTO作为多边贸易体制的代表,遵守的基本原则主要是:非歧视性、公平竞争、贸易自由化、透明和可预见性、鼓励发展和经济改革等。财政部和国家税务总局于2009年联合发布了规范企业投资、重组所得税的纲领性文件59号文,彻底结束了此前关于跨境并购税收法律法规杂乱无序的状态,立法技术和理念逐渐走向成熟,开始与国际税收法治理念接轨。59号文第5条(一般规定)与第7条(境外收购)对免税政策作了规定。① 目前,中国已经基本形成一个较为完整的企业并购所得税法律法规框架(见表2-1)。但是,由于中国资本市场起步较晚,企业改革和对外开放仍在逐步推进中,相关税收处理规则仍在不断完善和修订中。

表 2-1 中国企业并购所得税法律法规汇总

序号	名称	施(执)行时间	法律效力
1	《中华人民共和国外商投资企业和外国企业所得税法》	1991年7月	人大立法
2	《中华人民共和国外商投资企业和外国企业所得税法实施细则》	1991年7月	国务院法规
3	《关联企业间业务往来税务管理实施办法》	1993年1月	部门规章
4	《国家税务总局关于外商投资企业和外国企业转让股权所得税处理问题的通知》	1997年4月	部门规章
5	《关联企业间业务往来税务管理规程(试行)》	1998年4月	部门规章
6	《企业改组改制中若干所得税业务问题的暂行规定》	1998年6月	部门规章
7	《国家税务总局关于企业股权投资业务若干所得税问题的通知》	2000年6月	部门规章
8	《国家税务总局关于企业合并分立业务有关所得税问题的通知》	2000年6月	部门规章

---

① 59号文第5条规定:"企业重组同时符合下列条件的,适用特殊性税务处理规定:(一)具有合理的商业目的,且不以减少、免除或者推迟缴纳税款为主要目的。(二)被收购、合并或分立部分的资产或股权比例符合本通知规定的比例。(三)企业重组后的连续12个月内不改变重组资产原来的实质性经营活动。(四)重组交易对价中涉及股权支付金额符合本通知规定比例。(五)企业重组中取得股权支付的原主要股东,在重组后连续12个月内,不得转让所取得的股权。"

第7条规定:"企业发生涉及中国境内与境外之间(包括港澳台地区)的股权和资产收购交易,除应符合本通知第五条规定的条件外,还应同时符合下列条件,才可选择适用特殊性税务处理规定:(一)非居民企业向其100%直接控股的另一非居民企业转让其拥有的居民企业股权,没有因此造成以后该项股权转让所得预提税负担变化,且转让方非居民企业向主管税务机关书面承诺在3年(含3年)内不转让其拥有受让方非居民企业的股权;(二)非居民企业向与其具有100%直接控股关系的居民企业转让其拥有的另一居民企业股权;(三)居民企业以其拥有的资产或股权向其100%直接控股的非居民企业进行投资;(四)财政部、国家税务总局核准的其他情形。"

（续表）

序号	名称	施（执）行时间	法律效力
9	《国家税务总局关于外国投资者并购境内企业股权有关税收问题的通知》	2003年1月	部门规章
10	《关于关联企业间业务往来预约定价实施规则（试行）》	2004年9月	部门规章
11	《财政部 国家税务总局关于享受企业所得税优惠政策的新办企业认定标准的通知》	2006年1月	部门规章
12	《国家税务总局关于缴纳企业所得税的新办企业认定标准执行口径等问题的补充通知》	2006年7月	部门规章
13	《中华人民共和国企业所得税法》	2008年1月	人大立法
14	《中华人民共和国企业所得税法实施条例》	2008年1月	行政法规
15	《特别纳税调整实施办法（试行）》	2008年1月	部门规章
16	《财政部 国家税务总局关于企业重组业务企业所得税处理若干问题的通知》	2008年1月	部门规章
17	《国家税务总局关于境外注册中资控股企业依据实际管理机构标准认定为居民企业有关问题的通知》	2008年1月	部门规章
18	《财政部 国家税务总局关于企业境外所得税收抵免有关问题的通知》	2008年1月	部门规章
19	《国家税务总局关于加强非居民企业股权转让所得企业所得税管理的通知》	2008年1月	部门规章
20	《财政部 国家税务总局关于企业清算业务企业所得税处理若干问题的通知》	2008年1月	部门规章
21	《财政部 国家税务总局关于企业关联方利息支出税前扣除标准有关税收政策问题的通知》	2008年9月	部门规章
22	《国家税务总局关于印发〈非居民企业所得税源泉扣缴管理暂行办法〉的通知》	2009年1月	部门规章
23	《国家税务总局关于简化判定中国居民股东控制外国企业所在国实际税负的通知》	2009年1月	部门规章
24	《国家税务总局关于印发〈中华人民共和国企业清算所得税申报表〉的通知》	2009年7月	部门规章
25	《国家税务总局关于如何理解和认定税收协定中"受益所有人"的通知》	2009年10月	部门规章
26	《国家税务总局关于企业清算所得税有关问题的通知》	2009年12月	部门规章
27	《企业境外所得税收抵免操作指南》	2010年1月	部门规章
28	《企业重组业务企业所得税管理办法》	2010年1月	部门规章

(续表)

序号	名称	施（执）行时间	法律效力
29	《国家税务总局关于企业股权投资损失所得税处理问题的公告》	2010年1月	部门规章
30	《国家税务总局关于非居民企业所得税管理若干问题的公告》	2011年4月	部门规章
31	《国家税务总局关于发布〈税收协定相互协商程序实施办法〉的公告》	2013年11月	部门规章
32	《国家税务总局关于非居民企业股权转让适用特殊性税务处理有关问题的公告》	2013年12月	部门规章
33	《财政部 国家税务总局关于非货币性资产投资企业所得税政策问题的通知》	2014年1月	部门规章
34	《财政部 国家税务总局关于促进企业重组有关企业所得税处理问题的通知》	2014年1月	部门规章
35	《国家税务总局关于企业所得税应纳税所得额若干问题的公告》	2014年5月	部门规章
36	《国家税务总局关于特别纳税调整监控管理有关问题的公告》	2014年8月	部门规章
37	《国家税务总局关于居民企业报告境外投资和所得信息有关问题的公告》	2014年9月	部门规章
38	《财政部 国家税务总局关于企业改制上市资产评估增值企业所得税处理政策的通知》	2015年1月	部门规章
39	《国家税务总局关于非居民企业间接转让财产企业所得税若干问题的公告》	2015年2月	部门规章
40	《一般反避税管理办法（试行）》	2015年2月	部门规章
41	《国家税务总局关于企业向境外关联方支付费用有关企业所得税问题的公告》	2015年3月	部门规章
42	《国家税务总局关于非货币性资产投资企业所得税有关征管问题的公告》	2015年5月	部门规章
43	《国家税务总局关于资产（股权）划转企业所得税征管问题的公告》	2015年5月	部门规章
44	《国家税务总局关于修改〈非居民企业所得税核定征收管理办法〉等文件的公告》	2015年6月	部门规章
45	《国家税务总局关于做好居民企业报告境外投资和所得信息工作的通知》	2015年6月	部门规章
46	《国家税务总局关于企业重组业务企业所得税征收管理若干问题的公告》	2015年6月	部门规章
47	《国家税务总局关于规范成本分摊协议管理的公告》	2015年7月	部门规章

(续表)

序号	名称	施(执)行时间	法律效力
48	《国家税务总局关于境内机构向我国银行的境外分行支付利息扣缴企业所得税有关问题的公告》	2015年7月	部门规章
49	《国家税务总局关于企业境外所得适用简易征收和饶让抵免的核准事项取消后有关后续管理问题的公告》	2015年10月	部门规章
50	《非居民纳税人享受税收协定待遇管理办法》	2015年11月	部门规章
51	《国家税务总局关于完善关联申报和同期资料管理有关事项的公告》	2016年1月	部门规章
52	《国家税务总局关于完善预约定价安排管理有关事项的公告》	2016年12月	部门规章
53	《财政部 国家税务总局关于完善企业境外所得税收抵免政策问题的通知》	2017年1月	部门规章
54	《财政部 税务总局 国家发展改革委 商务部关于境外投资者以分配利润直接投资暂不征收预提所得税政策问题的通知》(全文失效)	2017年1月	部门规章
55	《国家税务总局关于境外投资者以分配利润直接投资暂不征收预提所得税政策有关执行问题的公告》	2017年1月	部门规章
56	《特别纳税调查调整及相互协商程序管理办法》	2017年5月	部门规章
57	《国家税务总局关于非居民企业所得税源泉扣缴有关问题的公告》	2017年12月	部门规章
58	《财政部 税务总局 国家发展改革委 商务部关于扩大境外投资者以分配利润直接投资暂不征收预提所得税政策适用范围的通知》	2018年1月	部门规章
59	《国家税务总局关于税收协定中"受益所有人"有关问题的公告》	2018年4月	部门规章
60	《财政部 税务总局关于非居民个人和无住所居民个人有关个人所得税政策的公告》	2019年1月	部门规章
61	《非居民纳税人享受协定待遇管理办法》	2020年1月	部门规章
62	《财政部 税务总局关于境外所得有关个人所得税政策的公告》	2020年1月	部门规章

资料来源:国家税务总局网站。

四、跨境并购税收政策比较分析

自 2008 年《企业所得税法》施行以来,中国企业所得税征收管理逐步规范化。在企业跨境并购税收管理方面,中国充分借鉴国际税收理念,结合本国企业并购重组的实践经验,逐步构建了一套企业重组特殊性税务处理的所得税政策体系和征收管理制度。财政部、国家税务总局 2009 年发布的 59 号文,系统构建了企业重组所得税政策的理论框架,明确了企业重组特殊性税务处理适用的经济实质、连续性、合理的商业目的等税收征管规则。

(一) 59 号文发布以前的税收征管情况

59 号文发布以前,关于企业并购重组的法律规定,概括起来有以下三个方面的内容:

1. 并购重组所得税处理原则

企业并购涉及一般性税务处理和特殊性税务处理。企业并购原则上采用一般性税务处理,并购方可按目标企业资产公允价值[①]确定计税基础。根据 2000 年发布的《国家税务总局关于企业合并分立业务有关所得税问题的通知》,并购方支付给目标企业的支付对价中,除并购方企业股权以外的现金、有价证券和其他资产,不高于所支付的股权票面价值(或支付的股本的账面价值)20%的,经税务机关审核确认,所得税处理可以采用特殊性税务处理,并购方须以目标企业原账面净值为计税基础。但是,2003 年发布的《国家税务总局关于执行〈企业会计制度〉需要明确的有关所得税问题的通知》对此作出修改,规定并购方取得资产的特殊性税务处理的计税基础按照公允价值确定。这就容易给税收筹划留下空间,即使企业没有将资产用于投资的商业目的,也可能利用资产收购的假象,增加资产的计税基础,从而达到避税的目的。[②]

---

① 《企业所得税法实施条例》第 13 条第 2 款规定:"前款所称公允价值,是指按照市场价格确定的价值。"

② 《国家税务总局关于企业合并分立业务有关所得税问题的通知》第 1 条第 1 项规定:"企业合并,通常情况下,被合并企业应视为按公允价值转让、处置全部资产,计算资产的转让所得,依法缴纳所得税。被合并企业以前年度的亏损,不得结转到合并企业弥补。合并企业接受被合并企业的有关资产,计税时可以按经评估确认的价值确定成本。被合并企业的股东取得合并企业的股权视为清算分配。……"第 1 条第 2 项规定:"合并企业支付给被合并企业或其股东的收购价款中,除合并企业股权以外的现金、有价证券和其他资产(以下简称非股权支付额),不高于所支付的股权票面价值(或支付的股本的账面价值)20%的,经税务机关审核确认,当事各方可选择按下列规定进行所得税处理:……3. 合并企业接受被合并企业全部资产的计税成本,须以被合并企业原账面净值为基础确定。"

《国家税务总局关于执行〈企业会计制度〉需要明确的有关所得税问题的通知》第 6 条第 2 款规定:"符合《国家税务总局关于企业股权投资业务若干所得税问题的通知》(国税发〔2000〕118 号)第四条第(二)款规定转让企业暂不确认资产转让所得或损失的整体资产转让改组,接受企业取得的转让企业的资产的成本,可以按评估确认价值确定,不需要进行纳税调整。"

2. 融资利息的扣除规定

并购方为对外投资而发生的借款费用利息,在符合条件的情况下,可以在税前扣除。但是,并购方的借款来自其关联方的,借款金额不得超过其注册资本的50%,超过部分的利息支出,不得在税前扣除。①

3. 亏损结转的规定

采用一般性税务处理的,目标企业以前年度的亏损不得结转到并购方弥补。采用特殊性税务处理的,目标企业以前年度的亏损如果未超过法定弥补期限,允许并购方继续按规定用以后年度实现的与目标企业资产相关的所得弥补。但是,企业经营亏损不得在并购方和目标企业双方之间相互结转。②

这些规定在59号文发布之前对企业并购的税务处理起到了规范和引导作用,但是对具体细节的规定不够明确,如对可作特殊性税务处理交易的限制性条件等没有作出规定。随着"两税合一"③以及59号文的发布,相关文件已相继被废止。

(二)59号文发布以后的税收征管情况

59号文属于规范企业投资并购的企业所得税处理的纲领性文件。2010年国家税务总局发布的《企业重组业务企业所得税管理办法》是关于企业投资并购的企业所得税处理的实施细则。二者均采用国际通行的"中性化原则",为跨境并购制定了更加具体、规范的税务处理规则。

1. 明确了并购重组的形式

59号文发布之前,并购重组的形式主要有合并、分立、整体资产置换和股权重组。59号文详细定义了六种并购重组的形式,即企业法律形式改变、债务

---

① 《国家税务总局关于执行〈企业会计制度〉需要明确的有关所得税问题的通知》第1条规定:"纳税人为对外投资而发生的借款费用,符合《中华人民共和国企业所得税暂行条例》第六条和《企业所得税税前扣除办法》(国税发〔2000〕84号)第三十六条规定的,可以直接扣除,不需要资本化计入有关投资的成本。"

《中华人民共和国企业所得税暂行条例》(以下简称《企业所得税暂行条例》)第6条规定:"……纳税人在生产、经营期间,向金融机构借款的利息支出,按照实际发生数扣除;向非金融机构借款的利息支出,不高于按照金融机构同类、同期贷款利率计算的数额以内的部分,准予扣除。……"

《企业所得税税前扣除办法》第36条规定:"纳税人从关联方取得的借款金额超过其注册资本50%的,超过部分的利息支出,不得在税前扣除。"

② 《企业改组改制中若干所得税业务问题的暂行规定》第1条第2款第4项规定:"1. 企业以吸收合并或兼并方式改组,被吸收或兼并的企业和存续企业符合纳税人条件的,应分别进行亏损弥补。合并、兼并前尚未弥补的亏损,分别用其以后年度的经营所得弥补,但被吸收或兼并的企业不得用存续企业的所得进行亏损弥补,存续企业也不得用被吸收或兼并企业的所得进行亏损弥补。……"第4条第2款第4项规定:"资产转让和受让双方在资产转让前后发生的经营亏损,应各自在税法规定的亏损弥补年限内逐年弥补。不论企业转让部分还是全部资产,企业经营亏损均不得因资产转让和受让在双方间相互结转。"

③ "两税合一"是指将《企业所得税暂行条例》和《外商投资企业和外国企业所得税法》统一成一部所得税法,在税率等方面对内外资企业一视同仁。

重组、股权收购、资产收购、合并、分立。企业针对自身不同的交易类型,可以快速找到税收法律依据。

2. 对特殊性税务处理设置了限制性条件

通常,纳税人可以选择适用企业重组的一般性或特殊性税务处理规定。对于中国企业跨境并购而言,选择适用特殊性税务处理规定需要满足以下几个基本条件:

第一,合理的商业目的要件。相关交易需要具有合理的商业目的,且不以减少、免除或者推迟缴纳税款为主要目的。要证明具有合理的商业目的,并购企业必须向税务机关说明以下情况:重组交易的方式;重组交易的实质结果;重组各方涉及的税务状况变化;重组各方涉及的财务状况变化;非居民企业参与重组活动的情况。

第二,并购比例要件。居民企业必须以其拥有的资产或股权向其100%直接控股的非居民企业进行投资。

第三,经营连续性要件。企业重组后的连续12个月内不改变重组资产原来的实质性经营活动。当事各方应在完成重组业务后的下一年度的企业所得税年度申报时,向主管税务机关提交书面情况说明,以证明企业在重组后的连续12个月内,有关符合特殊性税务处理的条件未发生改变。

第四,所有权连续性要件。在重组后连续12个月内,取得股权支付的原持有转让企业或被收购企业20%以上股权的股东不得转让所取得的股权。

(三)对于特殊性税务处理提出备案要求

企业发生重组交易并选择适用特殊性税务处理规定的,当事各方应在该重组业务完成当年企业所得税年度申报时,向主管税务机关提交书面备案资料。企业未按规定书面备案的,一律不得按特殊重组业务进行税务处理。[①]

第三节　中国企业跨境并购所得税处理研究

中国企业开展跨境并购,其交易过程可能不在中国境内进行或完成,但是重组的境外方取得的利益来源于中国境内,按照税法规定,应当向中国税务机关缴纳预提所得税。如前所述,中国为了规范和鼓励企业并购,将并购后的税务处理分为一般性税务处理与特殊性税务处理,不同的税务处理方式将影响企业的纳税义务。企业重组所得税的特殊性税务处理是国家鼓励企业重组而给

---

① 参见向英:《我国海外并购的企业所得税问题研究》,上海交通大学2012年硕士学位论文。

予的税收优惠政策,它可以延迟企业的纳税时间,减轻企业重组的税收负担。

一、跨境并购特殊性税务处理分析

59号文将企业重组细分为企业法律形式改变、债务重组、股权收购、资产收购、合并、分立六种形式,由于股权收购、资产收购、合并、分立涉及复杂的跨境交易架构,采用这四种形式进行重组的税务处理相比其他重组形式更为复杂。如果企业跨境并购中能够适用特殊性税务处理规定的情况,将能够有效地递延纳税义务,降低企业的所得税税负。具体而言,特殊性税务处理,是指企业在并购重组过程中,在符合税法所规定条件的前提下,交易标的不产生价值增值,交易对方承受交易标的的历史成本,交易标的的计税基础保持不变,并购重组交易的所得税税负成本可向后递延的税收政策。根据59号文及相关税法规定,符合表2-2所示条件的跨境并购适用特殊性税务处理。

表2-2 特殊性税务处理的条件

交易类型	转让方居民身份	受让方居民身份	目标企业居民身份	特殊性税务处理的适用条件(共性)	特殊性税务处理的适用条件(个性)
1	非居民企业	非居民企业	居民企业	1. 具有合理的商业目的,且不以减少、免除或推迟缴纳税款为主要目的 2. 收购方收购被收购企业的股权比例不得低于被收购企业全部股权的50% 3. 收购方收购被收购方股权后,在12个月内,被收购企业的实质性经营活动不发生变化 4. 收购方在股权收购发生时的股权支付金额不低于其交易支付总额的85% 5. 收购方收购被收购方股权后,在12个月内,不得再行转让该部分股权 6. 收购方是转让方的全资子公司	1. 收购方收购被收购方股权后,不会造成以后该项股权转让所得预提税负担变化 2. 转让方向主管税务机关书面承诺在收购交易完成后的3年内不转让其拥有的收购方的股权
2	非居民企业	居民企业	居民企业		
3	居民企业	居民企业	非居民企业		
4	居民企业	非居民企业	居民企业		
5	居民企业	非居民企业	非居民企业		

(一) 关于跨境并购特殊性税务处理的条件限制

1. 应具有合理的商业目的

具有合理的商业目的是适用特殊性税务处理的条件之一。59号文第5条规定:"企业重组同时符合下列条件的,适用特殊性税务处理规定:(一)具有合理的商业目的,且不以减少、免除或者推迟缴纳税款为主要目的。……"这一规定具有原则性,缺少明确的指引。为了证明跨境并购具有合理的商业目的,并购企业必须向税务机关提供相关说明。2015年发布的《国家税务总局关于企业重组业务企业所得税征收管理若干问题的公告》第5条规定:"企业重组业务适用特殊性税务处理的,申报时,应从以下方面逐条说明企业重组具有合理的商业目的:(一)重组交易的方式;(二)重组交易的实质结果;(三)重组各方涉及的税务状况变化;(四)重组各方涉及的财务状况变化;(五)非居民企业参与重组活动的情况。"

2. 收购方与转让方之间的持股比例应符合规定条件

59号文对跨境并购股权收购规定了持股比例的限制条件。2014年,财政部和国家税务总局联合发布了《财政部 国家税务总局关于促进企业重组有关企业所得税处理问题的通知》(财税〔2014〕109号,以下简称"109号文")对持股比例限制放宽。109号文规定,股权收购,收购企业购买的股权不低于被收购企业全部股权的50%。

3. 并购双方100%控股权的相关限制条件

59号文第7条对跨境并购适用特殊性税务处理增加了限定,规定应同时符合以下条件:(1)非居民企业向其100%直接控股的另一非居民企业转让其拥有的居民企业股权,没有因此造成以后该项股权转让所得预提税负担变化,且转让方非居民企业向主管税务机关书面承诺在3年(含3年)内不转让其拥有受让方非居民企业的股权;(2)非居民企业向与其具有100%直接控股关系的居民企业转让其拥有的另一居民企业股权;(3)居民企业以其拥有的资产或股权向其100%直接控股的非居民企业进行投资;(4)财政部、国家税务总局核准的其他情形。

(二) 适用特殊性税务处理应关注事项

1. 不同国家股息预提所得税税率的规定

2013年发布的《国家税务总局关于非居民企业股权转让适用特殊性税务处理有关问题的公告》(国家税务总局公告2013年第72号,以下简称"72号公告")第8条规定,转让方和受让方不在同一国家或地区的,若被转让企业股权转让前的未分配利润在转让后分配给受让方的,不享受受让方所在国家(地区)与中国签订的税收协定(含税收安排)的股息减税优惠待遇,并由被转让企业按税法相关规定代扣代缴企业所得税,到其所在地所得税主管税务机关申报缴纳。如前文所述,中国与别国签订的国际双边税收协定对于股息预提所得税税率往往规定了较低的税率。由于税收协定的股息预提所得税税率较为优惠,因此在跨境并购实施前,转让方应要求目标企业将其未分配利润先行分配给转让方,之后再完成并购交易,以避免不必要的税负成本。

2. 应进行特殊性税务处理的备案程序

对于非居民企业收购另一非居民企业持有的居民企业股权,根据72号公告的规定,转让方应当履行向中国主管税务机关备案的义务才能享受特殊性税务处理。非居民企业股权转让选择特殊性税务处理的,应于股权转让合同或协议生效且完成工商变更登记手续30日内进行备案。

对于居民企业收购非居民企业持有的另一居民企业股权,根据72号公告的规定,受让方应当履行备案义务。备案受理机关是受让方所在地的主管税务机关的,受让方应于股权转让合同或协议生效且完成工商变更登记手续30日内履行备案义务。

不管是转让方还是受让方办理备案登记,均可以采用委托代理的形式,并且所需提交的材料相同。72号公告第2条第2款规定:"股权转让方或受让方可以委托代理人办理备案事项;代理人在代为办理备案事项时,应向主管税务机关出具备案人的书面授权委托书。"第3条第1款规定:"股权转让方、受让方或其授权代理人(以下简称备案人)办理备案时应填报以下资料:(一)《非居民企业股权转让适用特殊性税务处理备案表》(见附件1);(二)股权转让业务总体情况说明,应包括股权转让的商业目的、证明股权转让符合特殊性税务处理条件、股权转让前后的公司股权架构图等资料;(三)股权转让业务合同或协议(外文文本的同时附送中文译本);(四)工商等相关部门核准企业股权变更事项证明资料;(五)截至股权转让时,被转让企业历年的未分配利润资料;(六)税务机关要求的其他材料。"

(三) 适用特殊性税务处理的计税规则

1. 计税基础的计算方法

在特殊性税务处理中,收购企业取得被收购企业股权或资产的计税基础以被收购股权或资产的原有计税基础确定,其非股权支付仍应在交易当期确认相应的资产转让所得或损失,并调整相应资产的计税基础。59号文第6条对股权收购、资产收购和企业合并三种形式的特殊性税务处理的计税基础作了具体规定,主要分为三种情况:第一,股权收购中,收购企业取得被收购企业股权的计税基础以被收购股权的原有计税基础确定,被收购企业的股东取得收购企业股权的计税基础以被收购股权的原有计税基础确定。第二,资产收购中,转让企业取得受让企业股权的计税基础以被转让资产的原有计税基础确定,受让企业取得转让企业的资产的计税基础以被转让资产的原有计税基础确定。第三,企业合并中,合并企业接受被合并企业资产和负债的计税基础以被合并企业的原有计税基础确定,被合并企业股东取得合并企业股权的计税基础以其原持有的被合并企业股权的计税基础确定。

2. 计算资产转让所得或损失的方法

在特殊性税务处理中,因资产转让所得或损失的支付方式不同,税收征管存在较大差别,也将会引起跨境并购税负的高低差别。59号文第6条第6项规定:"重组交易各方按本条(一)至(五)项规定对交易中股权支付暂不确认有关资产的转让所得或损失的,其非股权支付仍应在交易当期确认相应的资产转让所得或损失,并调整相应资产的计税基础。非股权支付对应的资产转让所得或损失=(被转让资产的公允价值-被转让资产的计税基础)×(非股权支付金额÷被转让资产的公允价值)"第8条规定:"本通知第七条第(三)项所指的居民企业以其拥有的资产或股权向其100%直接控股关系的非居民企业进行投资,其资产或股权转让收益如选择特殊性税务处理,可以在10个纳税年度内均匀计入各年度应纳税所得额。"《企业所得税法》第37条规定:"对非居民企业取得本法第三条第三款规定的所得应缴纳的所得税,实行源泉扣缴,以支付人为扣缴义务人。税款由扣缴义务人在每次支付或者到期应支付时,从支付或者到期应支付的款项中扣缴。"中国对非居民企业所得税实行源泉扣缴制度,被收购企业应在实现收益时由收购企业代扣代缴预提所得税。

二、跨境并购税收优惠规则

(一) 税收抵免的相关操作规则

中国规定境外税收抵免的法律法规主要有:《企业所得税法》及其实施条例、《财政部 国家税务总局关于企业境外所得税收抵免有关问题的通知》(财税〔2009〕125号,以下简称"125号文")、国家税务总局2010年发布的《企业境外所得税收抵免操作指南》(以下简称《操作指南》)以及《财政部 税务总局关于完善企业境外所得税收抵免政策问题的通知》(财税〔2017〕84号,以下简称"84号文")。中国的税收抵免制度采用分国不分项限额抵免法和不分国不分项综合抵免法,对中国居民企业来源于其他国家(地区)的所得,以每个国家(地区)为单位,分别计算各个国家(地区)的抵免限额,有直接抵免和间接抵免两种方式。

1. 直接抵免

根据《操作指南》第1条第2款的规定,"直接抵免是指,企业直接作为纳税人就其境外所得在境外缴纳的所得税额在我国应纳税额中抵免。直接抵免主要适用于企业就来源于境外的营业利润所得在境外所缴纳的企业所得税,以及就来源于或发生于境外的股息、红利等权益性投资所得、利息、租金、特许权使用费、财产转让等所得在境外被源泉扣缴的预提所得税。"以股息为例,居民企业来源于境外被并购企业的股息,已在境外缴纳的所得税税款,准予在汇总纳税时,从其应纳税额中扣除,但是扣除额不得超过其境外所得依照本国税法计算的应纳税额。

125号文对于抵免进行了原则性的规定。关于境内、境外所得的应纳税所得额,第3条第2项规定:"居民企业应就其来源于境外的股息、红利等权益性投资收益,以及利息、租金、特许权使用费、转让财产等收入,扣除按照企业所得税法及实施条例等规定计算的与取得该项收入有关的各项合理支出后的余额为应纳税所得额。……"关于可抵免境外所得税税额,第4条规定:"可抵免境外所得税税额,是指企业来源于中国境外的所得依照中国境外税收法律以及相关规定应当缴纳并已实际缴纳的企业所得税性质的税款。……"《操作指南》第3条和第4条对抵免的计算办法作了详细规定。

2. 间接抵免

根据《操作指南》第1条第2款的规定,"间接抵免是指,境外企业就分配股息前的利润缴纳的外国所得税额中由我国居民企业就该项分得的股息性质的所得间接负担的部分,在我国的应纳税额中抵免。例如,我国居民企业(母公司)的境外子公司在所在国(地区)缴纳企业所得税后,将税后利润的一部分作为股息、红利分配给该母公司,子公司在境外就其应税所得实际缴纳的企业所得税税额中按母公司所得股息占全部税后利润之比的部分即属于该母公司间接负担的境外企业所得税额"。84号文第2条明确规定,间接抵免的层数为五层。中国对间接抵免的持股比例限制是层级持股比例与总持股比例均不小于20%,即任何上一层次外国企业直接持有下一层次外国企业不小于20%的股份,中国居民企业直接持有或通过符合层级持股标准的投资所间接持有的总持股比例不小于20%,由此应分得的股息、红利等权益性投资收益中,从最低一层外国企业起逐层计算属于由上一层企业负担的税额,在中国的应纳税额中抵免。

对于符合间接抵免条件的股息所得,125号文第10条还规定了简易计算抵免办法:"……(一)企业从境外取得营业利润所得以及符合境外税额间接抵免条件的股息所得,虽有所得来源国(地区)政府机关核发的具有纳税性质的凭证或证明,但因客观原因无法真实、准确地确认应当缴纳并已经实际缴纳的境外所得税税额的,除就该所得直接缴纳及间接负担的税额在所得来源国(地区)的实际有效税率低于我国企业所得税法第四条第一款规定税率50%以上的外,可按境外应纳税所得额的12.5%作为抵免限额,企业按该国(地区)税务机关或政府机关核发具有纳税性质凭证或证明的金额,其不超过抵免限额的部分,准予抵免;超过的部分不得抵免。属于本款规定以外的股息、利息、租金、特许权使用费、转让财产等投资性所得,均应按本通知的其他规定计算境外税额抵免。(二)企业从境外取得营业利润所得以及符合境外税额间接抵免条件的股息所得,凡就该所得缴纳及间接负担的税额在所得来源国(地区)[①]的法定税率且其实际有效税率明显高于我国的,可直接以按本通知规定计算的境外应纳税所得额和我国企业所得税法规定的税率计算的抵免限额作为可抵免的已在境外实际缴纳的企业所得税税额。……"《企业所得税法》规定的税率在一般情况下是25%。

(二)关于股权投资损失的税务处理方法

根据《国家税务总局关于企业股权投资损失所得税处理问题的公告》(国家税务总局公告2010年第6号)的规定,自2010年1月1日起,企业对外进行权益性投资所发生的损失,在经确认的损失发生年度,作为企业损失在计算企业应纳税所得额时一次性扣除。

1. 关于股权投资损失的界定

根据《财政部 国家税务总局关于企业资产损失税前扣除政策的通知》(财税〔2009〕57号)第6条的规定,企业的股权投资只有符合以下条件之一,减除可收回金额后确认的无法收回的股权投资,才能够在税前扣除:(1)被投资方依法宣告破产、关闭、解散、被撤销,或者被依法注销、吊销营业执照的;(2)被投资方财务状况严重恶化,累计发生巨额亏损,已连续停止经营3年以上,且无重新恢复经营改组计划的;(3)对被投资方不具有控制权,投资期限届满或者投资期限已超过10年,且被投资单位因连续3年经营亏损导致资不抵债的;(4)被投资方财务状况严重恶化,累计发生巨额亏损,已完成清算或清算期超过3年以上的;(5)国务院财政、税务主管部门规定的其他条件。在跨境并购中,若被并购企业发生破产等情形,中国企业的损失在一定程度上能够得到

---

① 125号文的附件中列出了法定税率明显高于中国的境外所得来源国(地区):美国、阿根廷、布隆迪、喀麦隆、古巴、法国、日本、摩洛哥、巴基斯坦、赞比亚、科威特、孟加拉国、叙利亚、约旦、老挝。

弥补。

2. 扣除的时间

根据国家税务总局 2011 年发布的《企业资产损失所得税税前扣除管理办法》第 4 条,企业实际资产损失,应当在其实际发生且会计上已作损失处理的年度申报扣除;法定资产损失,应当在会计上已作损失处理的年度申报扣除。

三、跨境并购可能涉及的反避税措施

(一) 受控外国公司制度

荷兰国际财税文献局的统计资料显示,截至 2018 年 2 月,全球已有 38 个国家和地区引入受控外国公司(CFC)制度,其中有 24 个国家和地区的该项制度适用于居民个人。受控外国公司制度专项列入二十国集团(G20)支持的 BEPS 行动计划。延伸和强化反境外所得递延纳税规则是美国税改的主要内容。美国是全球第一个引入受控外国公司制度的国家,其企业所得税和个人所得税对受控外国公司采取了基本一致的处理原则,对美国股东在境外设立的受控外国公司取得的所得合并征税,有效避免了个人或跨国公司在避税地设立基地公司进行逃避税。韩国税法规定,韩国公司或个人在"避税天堂"设立的符合税法规定条件的公司(也就是受控外国公司),如不合理地将利润滞留在避税地公司,该利润将视同向韩国公司或个人进行分配。日本税法规定,日本股东单独直接持有不少于受控外国公司 10% 股权的,日本居民纳税人应按照持股比例计算应归属的受控外国公司利润,并计入其应税所得,一并缴纳个人所得税。

《企业所得税法》第 45 条规定:"由居民企业,或者由居民企业和中国居民控制的设立在实际税负明显低于本法第四条第一款规定税率水平[①]的国家(地区)的企业,并非由于合理的经营需要而对利润不作分配或者减少分配的,上述利润中应归属于该居民企业的部分,应当计入该居民企业的当期收入。"《企业所得税法实施条例》第 117 条规定:"企业所得税法第四十五条所称控制,包括:(一) 居民企业或者中国居民直接或者间接单一持有外国企业 10% 以上有表决权股份,且由其共同持有该外国企业 50% 以上股份;(二) 居民企业,或者居民企业和中国居民持股比例没有达到第(一)项规定的标准,但在股份、资金、经营、购销等方面对该外国企业构成实质控制。"第 118 条规定:"企业所得税法第四十五条所称实际税负明显低于企业所得税法第四条第一款规定税率水平,是指低于企业所得税法第四条第一款规定税率的 50%。"根据《个人所得税法》第

---

① 即 25%。

8条第1款第2项的规定,居民个人控制的,或者居民个人和居民企业共同控制的设立在实际税负明显偏低的国家(地区)的企业,无合理经营需要,对应当归属于居民个人的利润不作分配或者减少分配,税务机关有权按照合理方法进行纳税调整。

跨国纳税人进行国际避税的重要手段之一,就是在避税地成立不具有实际经营业务的特殊目的公司,然后利用避税地低税或者无税的优势,在没有正常经营业务需要的情况下,将高税率国家、地区的股息、利息、特许权使用费等消极所得转移到低税率地区,将实现的利润囤积在境外,长期不分配或者少分配利润,不缴或者延迟缴纳国内税收。在上述情况下,避税地公司实际上充当了跨国纳税人进行国际避税的基地。人们通常将这种建在避税地的外国公司称为"基地公司"。在避税地投资建立基地公司的股东一般为跨国公司,也可以是自然人个人。这种有条件取消、推迟课税的规定,以阻止跨国纳税人利用在避税地拥有的基地公司进行避税的立法,被称为"受控外国公司法"或"CFC法"。

目前,包括中国在内的绝大多数国家的税法中包括递延纳税政策,即只有当外国企业将利润实际分配给股东时,股东才需就这一已实现的所得向居住国纳税。对于主要从事经营活动的企业而言,可能出于扩大生产经营、再投资等商业目的,不将当年的利润进行分配。但是,当该外国企业完全被股东操纵时,股东可以利用其控制地位无限制或者无合理理由故意推迟利润的分配,递延纳税就变为一种避税工具,使国家的税收利益遭受重大损失。因此,《企业所得税法实施条例》以及《特别纳税调整实施办法(征求意见稿)》对受控外国公司税制的一些基础问题进一步作出规定及细化。具体而言,符合下列条件的,将适用CFC税制:

1. 控制标准

根据《企业所得税法》第45条以及《企业所得税法实施条例》第117条,判定本国居民企业对外国公司是否具有控制权,分为两种情况:(1)居民企业或者中国居民直接或者间接单一持有外国企业10%以上有表决权股份,且由其共同持有该外国企业50%以上股份;(2)居民企业或居民企业和中国居民持股比例没有达到(1)规定的标准,但在股份、资金、经营、购销等方面对该外国公司构成实质控制。根据《特别纳税调整实施办法(征求意见稿)》第116条,居民企业或者中国居民直接或者间接单一持有外国企业10%以上有表决权股份是指以下情形:(1)居民企业或者中国居民直接持有外国企业股权。(2)中国居民通过与其存在姻亲、直系血亲、三代以内旁系血亲关系的居民个人间接持有的外国企业股份。(3)居民企业通过境内关联方间接持有的外国企业股份。企业多层间接持有股份按各层持股比例相乘计算,中间层持有股份超过50%

的,按100%计算。

2. 地域标准

受控外国公司必须位于一个低税负的国家(地区),其实际税负应低于中国税法所规定税率的50%。也就是说,只有中国居民企业在实际税负低于12.5%的地区直接或间接控制的企业属于CFC税制规制的范围。为了简化审核程序,中国税法以列举的方式排除了非低税率国家。《国家税务总局关于简化判定中国居民股东控制外国企业所在国实际税负的通知》(国税函〔2009〕37号)规定:"中国居民企业或居民个人能够提供资料证明其控制的外国企业设立在美国、英国、法国、德国、日本、意大利、加拿大、澳大利亚、印度、南非、新西兰和挪威的,可免于将该外国企业不作分配或者减少分配的利润视同股息分配额,计入中国居民企业的当期所得。"设立在这些国家(地区)的受控外国公司不适用中国的CFC税制。

3. 实质标准

受控外国公司并非由于合理的经营需要,而是出于避税或其他目的对利润不作分配或者减少分配的,其全部收入应根据中国股东的持股比例计入中国居民企业的当期收入,并在中国缴纳企业所得税。

《特别纳税调整实施办法(征求意见稿)》第120条规定:"居民企业能够提供资料证明其控制的受控外国企业满足下列条件之一的,可免于将受控外国企业的利润计入居民企业当期所得:(一)当期留存收益低于500万元人民币。(二)可归属所得占受控外国企业当期所得比例低于50%。(三)对利润不作分配或少作分配是由于合理的经营需要,如将利润投资于实质性生产经营活动或者投资活动的计划和实际活动等。"这属于CFC的例外情况。

(二)防止滥用税收协定

滥用税收协定,是指非税收协定缔约国的居民通过在缔约国一方(或另一方)设立公司或者其他法人实体的形式获取协定规定之利益的行为。①

2018年2月3日发布的《国家税务总局关于税收协定中"受益所有人"有关问题的公告》(国家税务总局公告2018年第9号,以下简称"9号公告")对受益人的身份进行了界定,旨在遏制企业通过导管公司、代理人等方式滥用税收协定的行为。

---

① 参见〔美〕Brian J. Arnold、Michael J. McIntyre:《国际税收基础》(第二版),国家税务总局、张志勇等译,中国税务出版社2005年版,第212页。

1. 受益所有人的界定

根据9号公告第1条的规定,受益所有人,是指对所得或所得据以产生的权利或财产具有所有权和支配权的人。受益所有人一般从事实质性经营活动,可以是个人、公司或其他任何团体。代理人、导管公司等不属于受益人。9号公告还列出了判定受益所有人身份的不利因素与判定受益所有人身份的情况。

第一,判定受益所有人身份的不利因素。

9号公告第2条规定:"判定需要享受税收协定待遇的缔约对方居民(以下简称'申请人')'受益所有人'身份时,应根据本条所列因素,结合具体案例的实际情况进行综合分析。一般来说,下列因素不利于对申请人'受益所有人'身份的判定:(一)申请人有义务在收到所得的12个月内将所得的50%以上支付给第三国(地区)居民,'有义务'包括约定义务和虽未约定义务但已形成支付事实的情形。(二)申请人从事的经营活动不构成实质性经营活动。实质性经营活动包括具有实质性的制造、经销、管理等活动。申请人从事的经营活动是否具有实质性,应根据其实际履行的功能及承担的风险进行判定。申请人从事的具有实质性的投资控股管理活动,可以构成实质性经营活动;申请人从事不构成实质性经营活动的投资控股管理活动,同时从事其他经营活动的,如果其他经营活动不够显著,不构成实质性经营活动。(三)缔约对方国家(地区)对有关所得不征税或免税,或征税但实际税率极低。(四)在利息据以产生和支付的贷款合同之外,存在债权人与第三人之间在数额、利率和签订时间等方面相近的其他贷款或存款合同。(五)在特许权使用费据以产生和支付的版权、专利、技术等使用权转让合同之外,存在申请人与第三人之间在有关版权、专利、技术等的使用权或所有权方面的转让合同。"

第二,判定受益所有人身份的情况。

9号公告第2条规定了判定受益所有人身份的不利因素,并不意味着依据这些因素可以"一票否决"受益所有人身份,而应根据具体情况,参考第2条和第3条进行综合判定。第3条规定:"申请人从中国取得的所得为股息时,申请人虽不符合'受益所有人'条件,但直接或间接持有申请人100%股份的人符合'受益所有人'条件,并且属于以下两种情形之一的,应认为申请人具有'受益所有人'身份:(一)上述'符合受益所有人'条件的人为申请人所属居民国(地区)居民;(二)上述符合'受益所有人'条件的人虽不为申请人所属居民国(地区)居民,但该人和间接持有股份情形下的中间层均为符合条件的人。'符合受益所有人'条件是指根据本公告第二条的规定,综合分析后可以判定具有'受益所有人'身份。'符合条件的人'是指该人从中国取得的所得为股息时根据中国与其所属居民国(地区)签署的税收协定可享受的税收协定待遇和申请人可享受的税收协定待遇相同或更为优惠。"

9号公告第4条给出了直接判定申请人受益所有人身份的几种情况:"下列申请人从中国取得的所得为股息时,可不根据本公告第二条规定的因素进行综合分析,直接判定申请人具有'受益所有人'身份:(一)缔约对方政府;(二)缔约对方居民且在缔约对方上市的公司;(三)缔约对方居民个人;(四)申请人被第(一)至(三)项中的一人或多人直接或间接持有100%股份,且间接持有股份情形下的中间层为中国居民或缔约对方居民。"

2. 受益所有人的判定方法

纳税人在申请享受税收协定待遇时,应提供能证明其具有受益所有人身份的相关材料,还可通过公司章程、公司财务报表、资金流向记录、董事会会议记录、董事会决议、人力和物力配备情况、相关费用支出、职能和风险承担情况、贷款合同、特许权使用合同或转让合同、专利注册证书、版权所属证明等资料进行综合分析。申请人除提供其税收居民身份证明外,还应提供符合受益所有人条件的人和符合条件的人所属居民国(地区)税务主管当局为该人开具的税收居民身份证明;申请人根据9号公告第4条第4项规定具有受益所有人身份的,除提供申请人的税收居民身份证明外,还应提供直接或间接持有申请人100%股份的人和中间层所属居民国(地区)税务主管当局为该人和中间层开具的税收居民身份证明;税收居民身份证明均应证明取得所得的当年度或上一年度的税收居民身份。

纳税人申请税收协定待遇的,还应准备相应的留存备查资料。国家税务总局2019年发布的《非居民纳税人享受协定待遇管理办法》第7条规定:"本办法所称留存备查资料包括:(一)由协定缔约对方税务主管当局开具的证明非居民纳税人取得所得的当年度或上一年度税收居民身份的税收居民身份证明;享受税收协定国际运输条款或国际运输协定待遇的,可用能够证明符合协定规定身份的证明代替税收居民身份证明;(二)与取得相关所得有关的合同、协议、董事会或股东会决议、支付凭证等权属证明资料;(三)享受股息、利息、特许权使用费条款协定待遇的,应留存证明'受益所有人'身份的相关资料;(四)非居民纳税人认为能够证明其符合享受协定待遇条件的其他资料。"

第三章
从 BEPS 行动计划看跨境并购税收法律规制

近年来,各国税收改革持续深化,尤其是在数字经济领域税收改革的推动下,跨境并购税收迎来新的机遇和挑战。实时关注东道国的税收法律政策以及国际税务准则的变化情况,对于海外投资有着非常关键的作用。2013 年 9 月,二十国集团(G20)峰会委托经济合作与发展组织(OECD)启动实施国际税改项目,即"税基侵蚀和利润转移"(Base Erosion and Profit Shifting,BEPS)行动计划。① "BEPS 项目由 34 个 OECD 成员国、8 个非 OECD 的 G20 成员国和 19 个其他发展中国家共计 61 个国家共同参与。其一揽子国际税改项目主要包括三个方面的内容:一是保持跨境交易相关国内法规的协调一致;二是突出强调实质经营活动并提高税收透明度;三是提高税收确定性。"② BEPS 行动计划旨在公平合理地协调平衡各国对跨国经济活动的税收征管与税收利益分配。经过 3 年的讨论研究,2015 年 10 月,OECD 发布了 15 项 BEPS 行动计划的最终研究报告及一份解释性声明。这些成果在同年 11 月举行的 G20 安塔利亚峰会上得到了批准,包括中国在内的很多国家对在国内实施 BEPS 作了政治承诺。③ 2017 年 6 月 7 日,为落实 BEPS 行动计划各项成果,68 个国家(地区)的代表在 OECD 总部签署了《实施税收协定相关措施以防止税基侵蚀和利润转移的多边公约》。根据各国提交批准书的情况,自 2018 年 7 月 1 日起,该公约

---

① BEPS 是指跨国企业利用国际税收规则之不足,以及各国税制差异与征管漏洞,最大限度地减少其总体税负,达致双重不征税的效果,从而对各国税基造成侵蚀。2012 年 6 月,G20 财长和央行行长会议同意通过各国合作应对 BEPS 问题,并委托 OECD 开展研究。OECD 于 2013 年 6 月发布《BEPS 行动计划》,并于当年 9 月在 G20 圣彼得堡峰会上由各国领导人背书。作为 G20 成员,中国加入 BEPS 行动计划,并作出相关政治承诺。

② 国家税务总局办公厅:《国家税务总局发布 OECD/G20 税基侵蚀和利润转移项目 2015 年最终报告中文版》,http://www.chinatax.gov.cn/n810219/n810724/c1836574/content.html,最后访问时间:2019 年 7 月 20 日。

③ 同上。

在一些国家(地区)陆续生效。①

第一节 BEPS行动计划对于国际税收的规制

国际上,很多国家都在持续加强对境外税收的管理力度,以此制约跨国公司对本国税基的侵蚀。例如,在BEPS行动计划中,实施"混搭错配安排"的目的是遏制一些公司借助混合工具规避纳税责任的活动。BEPS行动计划发布之后,法、德等国着手开展相应的单边活动,英、日等国也陆续开始修改混合工具方面的税收法律规范。在跨境并购领域,大部分投资团队已结合现阶段的国际税收变化情况,思考并着手对交易结构进行相应的调整。但是,倘若他们在此阶段依然依据BEPS行动计划采用原先的手段,把过去的混合工具结合到交易计划中,不仅没有办法实现降低税负的目的,还极易耗费搭建结构所支出的大额费用,同时引发跨境并购税收风险。

15项BEPS行动计划成果的完成,为国际税收领域通过多边合作应对共同挑战提供了良好范例。世界主要经济体在转让定价、防止协定滥用、应对数字经济挑战等一系列基本税收规则和管理制度方面达成了重要共识。跨境并购涉及的税务处理规则很多涉及BEPS行动计划的规制,为了顺利开展跨境并购,减少不必要的税收风险,有必要了解15项BEPS行动计划。

OECD发布的15项BEPS行动计划的最终报告是针对现行税收规则或法规中薄弱环节,就国际税收规则和各国税法的调整提出建议,以便各国协调一致地全面应对税基侵蚀和利润转移问题。除了第1项行动计划的解决方案就增值税问题提出建议外,其余14项行动计划主要涉及所得税。②

一、第1项行动计划——《应对数字经济的税收挑战》

数字经济主要指经济因为信息技术革命而数字化的经济现象。最终报告根据数字经济下商业模式的特点,重新审视现行税收协定和转让定价规则存在的问题,并就国际规则和国内立法的调整提出建议。最终报告提出了以下观点:

---

① See OECD, Signatories and Parties to the Multilateral Convention to Implement Tax Treaty Related Measures to Prevent Base Erosion and Profit Shifting, http://www.oecd.org/tax/treaties/beps-mli-signatories-and-parties.pdf, last visited on Jan. 12, 2020.

② 参见廖体忠:《国际税收合作迎来明媚阳光——在新的经济背景下解读BEPS行动计划成果》,载《国际税收》2015年第10期;上海市商务委员会:《经济全球化下国际税收规则重构的应对策略研究》,http://www.doc88.com/p-7466440435547.html,最后访问时间:2019年7月22日。

（1）在数字化时代的跨境 B2C 模式①下，增值税应该在商品和劳务的消费地征收。

（2）数字经济对现有国际税收制度体系带来系统性挑战。例如，如何在数字经济环境下确保利润在经济活动发生地和价值创造地征税，如何认识经济活动与征税国的关联，如何认识数据的作用等。这些挑战直接关系到所得税和增值税国际规则的设计。

（3）最终报告提出了解决数字经济跨境税收问题的重要方法，即通过"实质经济存在测试"检验经济活动的主体是否与另一辖区产生关联。最终报告指出各国可通过有关测试应对 BEPS 问题，但没有推荐该测试作为国际通用标准。

二、第 2 项行动计划——《消除混合错配安排的影响》

混搭错配安排，是指由于两个或两个以上国家或地区的法律对一家实体或一项工具进行不同的税务处理，从而导致该安排下税收结果产生错配，并且该错配降低了该安排下相关主体的总体税负。长期以来，由于交易所涉及国家或地区间在所得性质认定、实体性质认定、交易性质认定、税前扣除制度等方面的税制差异，对同一实体、所得、交易或金融工具进行不同的税务处理，各国对跨境经济活动的税收征管缺乏有效的合作协调。纳税人利用不同税收管辖区的税制差异和规则错配进行合法的税收筹划，人为地造成应税利润"消失"，或者将利润转移到没有或几乎没有实质经营活动的低税负国家（地区），从而产生国际重复征税或重复免税的问题。例如，对同一项金融工具，一国认为是债权，允许税前扣除；另一国认为是股权，收到所得时因为被认定为境外分红而免予征税，这样就达到双重免税的效果。

最终报告提出了国内立法建议和税收协定应对措施，以应对同一支出多重扣除、一国扣除而另一国不计收入、同一实收多国抵免等现象，将大大提高有关所得税处理的跨国协定能力。

三、第 3 项行动计划——《制定有效受控外国公司规则》

受控外国公司制度是防止纳税人将利润转移至在低税率国家或地区注册的受控外国公司，从而递延或规避征收所得税的制度。根据该制度，符合规定的所得即使没有汇回国内也要视同汇回征税。受控外国公司制度与各国经济

---

① B2C，就是直接面向消费者销售产品和服务的电子商务零售模式。

政策以及公司的竞争力有关。因此，最终报告没有要求各国统一进行受控外国公司立法，而仅就立法要素、所得认定、外国税收抵免、境外股息免税等提出"最佳实践"的方法，以供各国参考。这是该制度诞生以来第一次进行国际协调。

四、第4项行动计划——《对利用利息扣除和其他款项支付实现的税基侵蚀予以限制》

向第三方或关联方支付利息是国际税收筹划中非常普遍的利润转移方式。这种情况还因为各国对债权和股权的税收处理方式不同而更加复杂。企业可以通过集团内部融资大幅提高集团公司债务水平，制造出远大于实际第三方利息支付水平的集团内部利息扣除，从而产生严重的BEPS问题。最终报告在防止利用利息支出和金融工具交易避税方面提出政策建议：

（1）以"固定扣除率"作为应对之策，允许企业扣除不超过基准净利息/EBITDA（未计利息、税额、折旧及摊销前的利润）比率的净利息费用，基准固定扣除率可以在10%至30%之间。

（2）可选择集团扣除率规则，允许实体扣除不超过其所在集团的净利息/EBITDA比率，前提是该比率高于基准固定扣除率。

（3）用以支持一般利息扣除限额规则并解决特殊风险的针对性规则，这些规则适用除银行与保险业以及公共事业以外的所有行业。超额利息不得扣除，但可以往前或往后结转。

五、第5项行动计划——《考虑透明度和实质性因素，有效打击有害税收实践》

该项目旨在消除或限制各国的不当税收竞争，对优惠税制采取实质性行动，改进针对有害税收行为的工作，着重于提高透明度。

最终报告指出，各国给予税收优惠时必须判断是否有相配套的实质经济活动，否则不应给予税收优惠。对于单项税收优惠，最终报告识别出六类可能导致税基侵蚀和利润转移的裁定，并要求与相关当事国对此进行情报交换，包括：关于优惠制度的裁定；跨境单边预约定价协议或其他单边转让定价的裁定；调减利润的裁定；有关常设机构的裁定；对导管公司的裁定；有害税收竞争论坛将来认定的因缺乏相关信息交换会导致BEPS问题的其他裁定。各国应就知识产权（IP）达成关联法（nexus approach）共识。在关联法下，纳税人应仅在其自身发生符合条件的研发支出并获取相关的IP收入的情况下才能享受有关税收优惠。关联法用"支出"作为衡量实质性活动的指标，要求IP税收优惠制度的受益人必须真实从事相关活动,且发生了真实的符合比例要求的费用支出。

六、第6项行动计划——《防止税收协定优惠的不当授予》

择协避税(treaty shopping)是产生 BEPS 的重要原因之一。最终报告提出了一系列防止滥用税收协定的最低标准措施以及为防止滥用税收协定而制定的保护措施,同时就如何执行这些措施给予一定的灵活选择空间,具体如下:

(1) 各国所签协定必须在标题和前言中清楚表明,缔约国不为双重不征税或降低税收提供条件。

(2) 采用以下三个选项之一:① 在协定中增加具体的反避税措施,即利益限制条款(LOB),以及一般反避税规定,即主要目的测试(PPT);② 仅列入 PPT;③ 增加 LOB 规则,辅之以能够应对协定尚无法解决的融资导管安排的机制。

另外,最终报告还讨论了大量其他具体的反滥用规则的适用情形,并同意将各项反滥用规则纳入《多边工具》[①]予以落实。

七、第7项行动计划——《防止人为规避构成常设机构》

为实现贸易利润的征税权再分配,也为了应对数字经济带来的跨境税收新形势,最终报告建议对"常设机构"这一概念进行更宽泛的定义,提出了修订协定范本等具体的解决对策,具体如下:

(1) 修改 OECD 范本[②]第5条第5款。该款现有规定要求代理人以外国企业的名义订立合同。现实中,企业很容易通过修改合同规避常设机构的构成。另外,合同谈判发生在一国,合同签署却发生在另一国,或某人虽然经常行使订立合同的权利,而且与其代表的境外企业紧密关联,但是仍可适用 OECD 范本第5条第6款规定的"独立地位代理人"的规定。更有甚者,企业还可以通过"佣金代理人"安排代替传统上以子公司作为分销商的安排,从而将利润从销售行为发生国轻松转移出去。有鉴于此,最终报告约定:若某人在某国开展的活动是为了经常性订立由境外企业履行的合同,则应认定该境外企业在该国构成应税机构场所,除非该人所开展的活动是其独立经营的一部分。

(2) 修改 OECD 范本第5条第4款。该款是常设机构的豁免规定。随着数字化经济的发展和商业模式的变革,企业开展经营活动的方式也在发生显著

---

① 第15项行动计划对此有详细阐述。
② 中文全称为《经济合作与发展组织关于对所得和财产避免双重征税的协定范本》,简称"经合组织协定范本""经合组织范本""OECD 范本"。本书使用"OECD 范本"这一简称。

变化。在某些情形下，以往被认为仅是准备性或辅助性活动，现在可能属于企业核心业务活动。为了确保在一国开展核心业务活动所产生的利润在该国征税，最终报告建议对该款进行修改，以确保豁免规定仅适用于准备性或辅助性活动。

（3）应对合同及活动拆分。最终报告认为，在全球化背景下，跨国企业可以通过改变架构轻易获取税收利益。因此，有必要明确企业不能将整体商业运营拆分成不同的业务，使得每项业务都满足准备性或辅助性要求，从而符合常设机构的豁免规定。另外，OECD范本第5条第3款关于建筑工地的规定也由于紧密关联企业之间拆分合同而被滥用。对此，OECD范本将纳入主要目的测试，以解决合同拆分带来的BEPS问题。

最终报告同意将以上对于常设机构定义的修改纳入《多边工具》予以落实。[1]

八、第8—10项行动计划——《无形资产转让定价指引》

独立交易原则的转让定价规则偏重于依据合同分配功能、资产和风险，这就导致现有的独立交易原则容易被不当使用。因此，BEPS第8—10项行动计划要求在无形资产、风险和高风险交易三大领域进一步完善独立交易原则，确保转让定价结果与企业价值创造相一致，并合并成果发布一项报告。

在无形资产方面，最终报告明确指出，法律所有权并不能确保企业享有无形资产收益，经济所有权更加重要。无形资产收益分配应该更多重视通过集团关联企业间的实际交易安排，识别执行重要功能、控制重大经济风险以及对资产价值做出实际贡献的关联企业，由该企业享有与其价值贡献相符的适当回报。

在风险方面，最终报告指出，通过合同分配或约定的风险要根据企业实际承担风险的情况进行调整。例如，即使合同约定当事方承担风险，如果当事方实际并不能对风险实施控制或不具备承担风险的财务能力，那么相应的风险应调整为由实际控制风险并具备承担风险的财务能力的企业承担。另外，企业集团中资本富余的成员企业仅提供资金，几乎不开展经营活动，且不控制与所提供资金相关的财务风险的，不应获得与财务风险相关的利润，仅应获得无风险收益。

关于大宗商品转让定价问题，最终报告认为，可比非受控价格法是相对合

---

[1] 参见廖体忠：《国际税收合作迎来明媚阳光——在新的经济背景下解读BEPS行动计划成果》，载《国际税收》2015年第10期。

理的转让定价方法,交易市场报价可作为确定独立交易价格的参考。

关于集团内低附加值劳务,最终报告建议采用简化程序予以处理。

关于企业集团协调效应,最终报告指出,协同效应带来的收益应分配给做出实质贡献的成员企业,不应被剥离开来,也不应分配给低税地企业。

关于地域优势(如选址节约),最终报告没有将其界定为无形资产,而是要求首先确定其是否带来收益;如果是,则根据独立企业在相似环境下的分配方式分配有关收益。

关于国际社会一度期待的公式分配法,最终报告认为,在多数情况下,特别是在交易涉及的两国税收体系大致相同或相似的情况下,独立交易原则仍然能有效分配跨国企业所得。相反,采用其他替代性的转让定价原则,如公式分配法,需要在很多关键问题上达成国际共识,而这类共识很难在短期或中期达成。另外,公式分配法并不能有效防止滥用,也不能确保利润与价值的真正匹配。因此,最终报告认为,在现行的独立交易原则体系下解决 BEPS 问题是有效的。

九、第 11 项行动计划——《衡量和监控 BEPS》

尽管由于 BEPS 的复杂性和现有数据的局限性,估算 BEPS 的影响范围非常困难,但最终报告公布的相关研究结果表明因 BEPS 造成的全球所得税税收流失可能非常严重,因此需要改进数据和研究的方法。最终报告已经构建出一个拥有六项 BEPS 指标的模板,这些指标强有力地揭示出 BEPS 是真实存在的,并随着时间的推移而增长。相关研究结果如下:

(1) 根据 2013 年以来开展的调查工作,保守估算,全球因 BEPS 导致的税收流失在 1000 亿至 2400 亿美元之间,相当于全球企业所得税收入总额的 4% 至 10%。

(2) 位于低税率国家/地区的关联公司的利润率水平高于其集团的全球平均利润率水平。

(3) 大型跨国企业成员公司所承担的实际税率,相比从事类似业务但仅在国内运营的企业,要低 4% 至 8.5%。

(4) 外商直接投资(FDI)日益集中。就 FDI 净额相对 GDP 的比率超过 200% 的国家而言,这一指数从 2005 年超过其他所有国家平均指数的 38 倍飙升至 2012 年的 99 倍之多。

(5) 应税利润与创造价值的活动发生地相分离的现象在无形资产领域尤其明显,且这一现象呈快速增长态势。

(6) 关联方和第三方借款更多集中于位于法定税率较高国家的跨国企

的关联公司。位于高税率国家的全球大型跨国企业的关联公司的利息支出相对收入的比率,几乎比普通跨国企业高出3倍。

(7) BEPS对企业间的竞争、债务水平和地域安排、无形资产的地域安排、国家间的财政溢出效应(企业间的竞争、债务水平)等,都产生扭曲或不利影响。

此外,最终报告认为,基于转让定价国别报告的数据统计分析,有可能极大地改进和提高对BEPS问题的经济分析能力。

十、第12项行动计划——《强制披露规则》

缺乏与恶意税收筹划策略有关的及时、全面和相关的信息是全球税务机关面临的主要挑战之一。及早获取这类信息可以使税务机关有机会通过风险评估、税务稽查或修改相关法律等形式快速应对相应的税务风险。最终报告给希望通过立法要求税收筹划强制披露的国家/地区提供了很好的指引,包括披露人、应披露信息、交易特征、披露时间以及不遵从的惩罚措施等方面的内容。但是,最终报告并不要求各国统一实行强制披露,同时提醒各国注意在信息披露与纳税人遵从负担之间寻求平衡。一般来说,一个筹划方案只有既满足通用特征(general hallmarks)又具有具体特征(specific hallmarks)时,才被要求披露。

十一、第13项行动计划——《转让定价文档和国别报告》

最终报告要求纳税人向税务管理机关提供高水平的转让定价资料,包括三部分:主体文档、本地文档和国别报告。主体文档和本地文档由跨国企业直接提供给企业所在地税务机关。国别报告由集团母公司向所在居民国主管税务机关提供。然后,该主管税务机关通过情报交换向子公司所在国主管税务机关交换,交换的信息必须予以保密。在母公司所在国与子公司所在国之间没有情报交换协议,或母公司所在国没有立法要求纳税人进行国别报告,或有关国家/地区之间信息交换失败的情况下,子公司所在国税务主管当局可以要求纳税人直接向其提供信息。

主体文档一般包含企业集团全球组织架构、功能风险分布、全球运营状况、集团内部转让定价政策等宏观信息。

本地文档主要包含关联方交易、交易额及其转让定价分析等。

国别报告的主要内容包括:集团内各运营单位在各国的经营情况,集团内部的利润分配情况以及纳税情况,各国经营单位的经济活动指标以及所承担的功能风险等。国别报告不能直接用于转让定价调整,只能用于风险识别、监控和调查。只有在各国税务主管当局之间签署多边协议，且国内立法和行政以及技术手段到位后，国别报告才能执行。

十二、第 14 项行动计划——《使争议解决机制更有效》

充分意识到消除双重征税壁垒对跨境贸易和投资掣肘的重要性，各国承诺采用最低标准解决税收协定的相关争议。最终报告从三方面提出建议：

（1）争端解决已经被纳入税收征管论坛（FTA）监督机制，还将被纳入 G20 监督机制，以确保跨国税收争议得到及时有效的解决。

（2）各国的相互协商案件的处理速度与效率必须大幅提高，平均个案完结时间不得超过 24 个月。

（3）税收协定范本将增加仲裁条款，鼓励各国在税收协定/安排中增加该规定，以拓宽和增强解决跨国税务争端的法律基础。

十三、第 15 项行动计划——《制定用于修订双边税收协定的多边协议》

最终报告指出，为快速实施 BEPS 成果，各国已形成共识，即制订一个多边法律工具（简称《多边工具》），对各国面对的共性问题以及全球三千多个税收协定/安排一次性应对和修改。《多边工具》的主要内容将包括：反混合错配的规定、防止滥用税收协定/安排的规定、常设机构条款的修订以及相互协商程序的完善与补充等。[①]

第二节 BEPS 行动计划关于反避税的规制

在经济全球化浪潮中，企业开展跨境并购可以充分利用全球资源的优化配置，构建全方位、立体式的产业链结构，促进世界经济的发展。跨国集团利用各国税制的不同与漏洞，侵蚀税基并实施利润转移，减少纳税义务，带来了巨额利润，极大地减少了本应承担的纳税义务。OECD 发布的 BEPS 行动计划制定了多项反避税措施，以加强国际税收合作，打击跨境逃避税行为。

---

① 参见上海市商务委员会：《经济全球化下国际税收规则重构的应对策略研究》，http://www.doc88.com/p-7466440435547.html，最后访问时间：2019 年 7 月 22 日。

一、BEPS 行动计划对跨境投融资的影响

根据上文关于 BEPS 行动计划主要内容的介绍，结合跨境并购中涉及的投融资架构的税务处理问题，表 3-1 归纳概括了 BEPS 部分行动计划对税务构架设计的影响。

表 3-1　BEPS 部分行动计划对税务构架设计的影响

行动计划	行动目的	投资架构影响	融资架构影响
第 1 项	应对数字经济的挑战	有	
第 2 项	协调各国税制	有	有
第 3 项	协调各国税制	有	
第 4 项	协调各国税制	有	有
第 5 项	协调各国税制	有	
第 6 项	重塑现行税收协定和转让定价国际准则	有	
第 7 项	重塑现行税收协定和转让定价国际准则	有	

二、受控外国公司

近年来，中国积极参与全球税收治理和国际税收合作。BEPS 行动计划发布之后，中国税务主管当局将 BEPS 行动计划中的部分成果进行转化适用。比如，中国企业所得税的特别纳税调整中的很多规定就是脱胎于这几项行动计划的倡议。

（一）中国税法的相关规定

为落实 BEPS 第 3 项行动计划——《制定有效受控外国公司规则》，中国现行《企业所得税法》引入"受控外国公司"(CFC) 的概念，即设置 CFC 条款，就构成要素、所得认定、境外税收抵免等提出最佳实践建议，对受控外国公司规则进行进一步的强化，其主要目的是：防止中国企业通过一系列不合理商业安排，在低税率国家或者"避税天堂"建立中间控股平台，将利润转移至在低税率国家注册的受控外国公司，从而使境外利润少分配甚至不分配而保留在外国子公司，延迟或逃避在国内的纳税义务。

根据《企业所得税法》的规定，由居民企业设立在实际税负明显低于税法规定税率水平的国家或地区的企业，并非由于合理的经营需要而对利润不作分配或者减少分配的，就有可能被认定为受控外国公司。实际税负明显低于税法规

定税率水平,是指低于《企业所得税法》所定税率25%的50%,即12.5%。"受控外国公司"中的"控制"有明确的控股比例要求。需要注意的是,居民企业持股比例虽没有达到该比例要求,但在资金、经营、购销等方面对该外国企业构成实质控制的,仍在"控制"概念的规制范围内。

(二)跨境并购税收风险提示

受控外国公司的规定主要会影响到中国企业海外并购时投资架构的税收筹划。一家外国公司被认定为受控外国公司,留存在该公司的利润如果没有合理的经营需求理由而不对中国母公司进行分配,则从税务角度会被视同已作分配而被征收25%的中国企业所得税。

三、防止滥用税收协定

(一)中国税法的相关规定

中国企业进行跨境并购往往需要大量资金,资金短缺的困难使得一些企业选择债务融资。在债务融资方面,除资本弱化规定外,国际税收实践中还采用防止滥用税收协定的方式进行避税安排。为响应BEPS第6项行动计划中对择协避税的最低标准建议,中国政府在与其他各国签订的税收协定中加入防止滥用税收协定的规定,主要是从"受益所有人"[①]的概念与合理商业目的条款两个角度予以规制。

滥用税收协定,是指没有签订税收协定国家的纳税主体通过在已签订相关税收协定国家设立公司或其他法人的方式,以取得税收协定覆盖到的利益。受益所有人一般从事实质性经营活动,是指对所得及其产生的权利或财产具有所有权与支配权的人,可以是个人、公司或其他社会团体。需要明确的是,代理人、导管公司等不属于受益所有人,这类主体一般不从事制造、经销、管理等实质性经营活动。

(二)跨境并购相关税收影响分析

随着BEPS行动计划成果的逐步落地,利益限制条款、主要目的测试条款、限制导管公司规则与融资导管安排等多项反避税措施被纳入中国双边税收协定。一旦中间控股公司因无实际的经营活动安排而被认定为导管公司,将不属

---

① 参见《国家税务总局关于如何理解和认定税收协定中"受益所有人"的通知》(国税函〔2009〕601号)。

于受益所有人,从而无法享受税收协定待遇。因此,中国企业在进行跨境并购时,应充分了解国际税收规则的最新动态,掌握国内与并购标的国顺应国际税收规则的各类举措,尤其要做实中间控股公司的实质性经营活动。

第三节 BEPS第6项行动计划对跨境并购的影响

随着15项BEPS行动计划的正式落地,国际社会和各个国家积极推进BEPS成果在国内税法中的转化适用。在当下国际税收规则以及各国相关税法进行大变革、大调整的背景下,中国与"一带一路"沿线国家之间在税收协定优惠安排及其具体实施方面将面临新问题、新挑战。一方面,中国企业在"一带一路"沿线国家开展跨境并购时,应充分利用与"一带一路"沿线国家间已有的税收协定优惠安排,实现税收优惠利益的最大化。另一方面,由于已有的税收协定优惠安排将接受BEPS行动计划的调整和约束,因此中国企业寻求和实现税收优惠利益最大化将面临新挑战。

一、国际税收关于择协避税的规制

1977年,国际资本跨境流动加快,国际逃避税问题愈加突出,OECD首次引入"受益所有人"的概念,限缩OECD范本和UN范本①相关条款的适用范围以应对择协避税的问题。1986年,OECD在《双重征税和导管公司的使用》这一报告中对择协避税的问题进行了更深入的研究。作为其成果的表现形式之一,1992年《OECD范本及注释》第1条下从第13段到第19段加入导管公司的案例以及相关反滥用可选条款。② 为应对更为灵活的避税手段、统一国际避税措施,BEPS第6项行动计划以择协避税的行为为主要考察对象,明确了其定义以及各国在应对择协避税问题上不同的实践。在税收协定优惠安排及其具体适用方面,BEPS第6项行动计划给中国企业实现税收优惠利益最大化带来了巨大挑战。

根据BEPS第6项行动计划,为防止税收协定优惠安排被滥用,两国在签订税收协定时至少应规定有效应对择协避税问题的规则。第一,在税收协定的标题和序言中应明确:缔约国双方意在共同防止逃避税(包括择协避税安排)所造成的不征税或少征税行为。第二,缔约国为这一共同意愿,要在协定中:

---

① 中文全称为《联合国关于发达国家与发展中国家避免双重征税的协定范本》,简称"UN协定范本""UN范本"。本书使用"UN范本"这一简称。

② 参见贾悦华:《浅析BEPS视角下应对择协避税的措施》,载《商情》2016年第40期。

(1)结合采用主要目的测试规则(作为一般反滥用规则)和利益限制规则(作为特别反滥用规则);(2)纳入主要目的测试规则;或(3)纳入利益限制规则,辅之以应对融资导管安排的机制,如对融资导管安排适用主要目的测试,对于仅充当导管作用,将取得的所得支付给第三国投资者的实体,不允许其享受协定优惠待遇。[1]

BEPS 第 6 项行动计划的主题是"反滥用税收协定"。针对其中提出的几项建议措施,中国新签订的双边税收协议相较于以前的税收协定也作了相应的调整。例如,在 2015 年 5 月 25 日签订的《中华人民共和国政府与智利政府对所得避免双重征税和防止逃避税的协定》(2016 年 8 月 8 日生效)中,中国政府修改了税收协定的名称,增加了阐明签订税收协定目的的序言,新增第 26 条"享受协定优惠的资格判定"等。2018 年发布的 9 号公告对现有受益所有人判定规则的重大修订,体现了对 BEPS 第 6 项行动计划中利益限制规则的落实。BEPS 行动计划的成果对统一国际税收实践具有较大的推动作用。

二、利益限制规则的内涵及其适用条件[2]

利益限制规则,英文表述为"limitation-on-benefits rule",简称"LOB 规则"。OECD 2003 年发布的报告《限制协定优惠的授予》认为,传统方法过于原则化,需要制定更加具体的规则以应对择协避税问题。作为该报告的影响结果,新条款被加入 OECD 范本第 1 条注释之中,采纳了美国的全面利益限制条款以及基于英国实践的目的导向反滥用条款。BEPS 第 6 项行动计划中纳入 LOB 规则。相较于 OECD 范本第 1 条注释中所建议的利益限制条款,BEPS 第 6 项行动计划中的利益限制条款规定得更加详细。

LOB 规则的目的是阻止第三国居民获取在互惠协定下缔约国居民所享有的优惠,主要是依据缔约国居民的法律性质、所有权和日常活动等客观标准,限定有资格享受协定优惠的居民范围。LOB 规则一共包括 6 款。第 1 款规定,在纳税人为缔约国一方或双方居民的条件下,或成为第 2 款规定的"有资格的人",或依据第 3—5 款的规定,才可以享受税收协定优惠。第 2 款规定了何为"有资格的人"。第 3 款规定,即使纳税人不属于第 2 款规定的"有资格的人"的范围,只要纳税人的所得属于其在居住国的积极贸易或经营行为,也可以就这部分收入享受特定的协定优惠。第 4 款是一个"衍生收益"条款,它规定,如果

---

[1] 参见崔晓静:《中国与"一带一路"国家税收协定优惠安排与适用争议研究》,载《中国法学》2017 年第 2 期。

[2] 同上。

纳税人属于协定下的"同等受益人"（equivalent beneficiary），则也可以被授予协定优惠。第 5 款给予缔约国双方主管税务机关"赦免权"，即在符合税收协定目的（避免双重不征税）的条件下，依据居民纳税人的申请，允许主管税务机关将协定优惠授予那些既不属于"有资格的人"也不符合第 3、4 款规定的纳税人。第 6 款旨在明确本条应用时相关的定义、概念等。① LOB 规则规定了能够享受协定优惠的"合格居民"的范围，包括满足积极营业活动测试的公司或实体——积极营业活动条款，满足"主管机关酌情宽免条款"的实体，满足"衍生受惠条款"的实体（BEPS 第 6 项行动计划新增）。②

OECD 制定的 LOB 规则比较详细，能够为税务主管机关提供客观标准进行判断，降低执行难度，节约执行时间和成本。但是，相关条款比较复杂，适用时需要考虑很多其他协定之间的互动关系。OECD 还根据缔约国是否会采用主要目的测试条款规定了详细版和简明版的 LOB 规则。OECD 建议那些不会将主要目的测试条款纳入税收协定的国家采用详细版的 LOB 规则。

三、主要目的测试规则的内涵及适用

OECD 范本第 1 条注释第 9.5 段规定了一个指导原则：如果进行某些安排或交易的主要目的是获取税收优惠，并且获取优惠待遇将会违反相关条款的目的和宗旨，那么就不应授予协定优惠。第 1 条注释第 21.4 条为主要目的测试规定了一个示范条款："如果任何人设置或转让第 10 条、第 11 条、第 12 条或第 21 条以及与之相关的股息、利息、特许权使用费和其他所得的支付的主要目的或主要目的之一是获取本条优惠待遇，则不能适用本条规定的优惠待遇。"

相较于 OECD 范本注释中的主要目的测试条款，BEPS 第 6 项行动计划明确建议在协定范本中纳入主要目的测试规则，且对该条中的关键用语进行详细解释，运用举例子的方法，指导法院解释这一规则。BEPS 第 6 项行动计划规定："如果在考虑了所有相关事实与情况后，税务主管机关可以合理地认为获取某项协定优惠是直接或间接产生该优惠的任何安排或交易的主要目的之一，则纳税人不能被授予协定中关于所得或财产的优惠，除非其能够证明在此种情况下授予该优惠将符合本协定相关条款的宗旨与目的。"因此，BEPS 行动计划中的主要目的测试规则不要求取得协定优惠是一个特定安排或交易的唯一目的，只要求是主要目的之一。协定优惠包含协定第 6—22 条下所有对来源国征税

---

① 参见贾悦华：《浅析 BEPS 视角下应对择协避税的措施》，载《商情》2016 年第 40 期。
② 参见国家税务总局：《防止税收协定优惠的不当授予（第 6 项行动计划）》，中国税务出版社 2015 年版，第 21 页。

权的限制(如税收减免、免除、递延或返还),第 23 条下的消除双重征税,第 24 条下对缔约国居民和国民提供的非歧视保护,以及其他类似限制。但是,如果能够证明在此种情况下授予该优惠"符合本协定相关条款的宗旨与目的",则主要目的测试规则并不适用。

四、BEPS 行动计划对跨境并购的影响

BEPS 行动计划对深化完善国际税收合作提出了新的框架和要求。中国税务主管当局积极参与 BEPS 行动计划的调整和具体实施。中国政府提出的"一带一路"倡议,给中国企业注入新的生机和活力,极大地促进了企业的对外投资,为企业进一步增强国际竞争力创造了条件,提供了便利。在中国企业积极在"一带一路"沿线国家进行投资的同时,OECD 提出的 BEPS 行动计划也在各国落地实施。这项本身针对发达国家的反避税国际合作安排将给中国"走出去"企业开展跨境并购带来很大的挑战和不利影响。为了落实 BEPS 行动计划,各国纷纷修改国内税法,"走出去"企业的投资环境面临很大的不确定性,有可能成为各国联合打击跨境逃避税的规制对象。中国 2018 年发布的 9 号公告对 LOB 规则进行了部分转化,分为三个主要测试内容:(1) 合格的人测试,又分为所有权测试、税基侵蚀测试;(2) 积极营业活动测试;(3) 衍生优惠测试。[①]

(一)合格的人测试

"合格的人"包括居民个人、政府、上市公司。这在 9 号公告第 4 条中有明确规定:"下列申请人从中国取得的所得为股息时,可不根据本公告第二条规定的因素进行综合分析,直接判定申请人具有'受益所有人'身份:(一) 缔约对方政府;(二) 缔约对方居民且在缔约对方上市的公司;(三) 缔约对方居民个人;(四) 申请人被第(一)至(三)项中的一人或多人直接或间接持有 100% 股份,且间接持有股份情形下的中间层为中国居民或缔约对方居民。"

第一,所有权测试,即合格的人的子公司(100% 直接或间接持股)也是合格的人;反之,则为不通过该测试。这项测试的内容在 9 号公告第 3 条中有体现:"申请人从中国取得的所得为股息时,申请人虽不符合'受益所有人'条件,但直接或间接持有申请人 100% 股份的人符合'受益所有人'条件,并且属于以下两种情形之一的,应认为申请人具有'受益所有人'身份……"

[①] 参见古成林:《税务总局公告 2018 年 9 号"受益所有人"新口径:放宽条件与引入 LOB 规则》,http://www.shui5.cn/article/39/118420.html,最后访问时间:2020 年 1 月 15 日。

第二，税基侵蚀测试，即支付给不合格的人的可扣除经常性支付，占总所得50％以下，为通过测试；反之，则为不通过测试。这项测试的内容在9号公告第2条中有体现："判定需要享受税收协定待遇的缔约对方居民（以下简称'申请人'）'受益所有人'身份时，应根据本条所列因素，结合具体案例的实际情况进行综合分析。一般来说，下列因素不利于对申请人'受益所有人'身份的判定：（一）申请人有义务在收到所得的12个月内将所得的50％以上支付给第三国（地区）居民，'有义务'包括约定义务和虽未约定义务但已形成支付事实的情形。……"

（二）积极营业活动测试

积极营业活动，是指进行了实质性的管理和经营活动，为自身的投资管理开展业务不是积极营业活动，银行、保险、证券除外。这一规则在9号公告第2条第2项中表述为，"申请人从事的具有实质性的投资控股管理活动，可以构成实质性经营活动；申请人从事不构成实质性经营活动的投资控股管理活动，同时从事其他经营活动的，如果其他经营活动不够显著，不构成实质性经营活动"。

（三）衍生优惠测试

根据LOB规则，如果一企业不是合格的人，但是100％以上股份被同等受益所有人拥有，则该企业可以享受税收协定优惠。9号公告第3条就是根据这一规则制定的，只不过其规定更为严格。

9号公告对于受益所有人规则的相关规定给企业开展跨境并购带来了有利条件。在遵循9号公告要求的前提下，境内企业的境外股权架构可以设计得更加灵活，使以前的很多难以享受税收优惠的境外架构如"境内公司——境外空壳——外籍个人""境内公司——境外空壳——境外上市公司""境内公司——境外空壳——境外非上市公司"等，可以享受税收协定优惠。这些都增加了境外股权架构设计的灵活性，为企业跨境并购方案的设计提供了较为有利的政策环境。

第四节 BEPS第7项行动计划对跨境并购的影响

跨境并购涉及不同国家或地区的税收管辖权问题，而居民税收管辖权和来源地税收管辖权之间的冲突一直是国际税法中的重要主题，如果不能对之进行有效协调，就很有可能导致国际双重征税或双重不征税。针对企业的跨境营业所得,为了协调居住国和来源国的征税权,OECD 范本规定了以常设机构为基础的国际税收管辖权规则,即"缔约国一方企业的利润仅在该缔约国征税,除非该企业通过设立在缔约国另一方的常设机构进行营业活动。如果该企业通过设立在缔约国另一方的常设机构进行营业活动,企业的利润可以在缔约国另一方征税"①。该规定被大多数国家的税收协定采用。在确定非居民企业在某国是否应缴纳所得税时,税收协定中常设机构的定义非常重要。BEPS 第 7 项行动计划要求对常设机构的定义进行审阅,防范跨国公司利用现有 OECD 范本第 5 条对常设机构定义的漏洞,人为规避在收入来源国构成常设机构的问题发生,打击企业目前使用的、针对现有常设机构定义的某些常见避税策略。

一、OECD 范本中关于常设机构的定义规范

常设机构规则以国际税收管辖权的"经济关联原则"为理论基础,即一国之所以可以对非居民企业进行征税,是因为企业与该国之间产生了足够的经济关联,前者利用后者的资源进行营业活动,得到后者的保护,由后者进行管理。②根据 OECD 范本的规定,常设机构原则是指缔约国一方居民经营的企业取得的所得只应在该缔约国征税,但该企业通过设在缔约国另一方的常设机构所获得的营业利润除外。如果该企业通过设在缔约国另一方的常设机构进行营业,则其利润可以在该另一方征税,但应以归属于该常设机构的利润为限。常设机构包括以物为基础的场所型常设机构和以人为基础的代理型常设机构两种。企业的营业场所和代理人正是上述"经济关联"存在的物质标志。然而,随着时代的发展和科技的进步,这些有限的物质标志越来越不能正确反映跨国公司的商业活动与其收入来源国之间的经济关联,以至于实践中非居民企业可以轻易采用各种手段人为规避构成常设机构,以此规避来源地税收管辖权并最终逃避其税收义务。

根据 OECD 范本,场所型常设机构的构成要件如下:(1) 具有商业活动发生的具体营业场所即物理空间;(2) 该营业场所具有地理上的固定性和时间上的永久性;(3) 企业必须通过固定场所从事经营活动。同时,OECD 范本还规定了特定活动例外,即营业场所虽然满足场所型常设机构的一般构成要件,但是当通过营业场所进行的营业活动具有准备性或辅助性特征时,不认为该营业场所构成非居民企业在收入来源国的常设机构。

---

① OECD 范本第 7 条第 1 款。
② 参见李时、宋宁、熊艳、丁娜娜:《对数字经济环境下常设机构税收问题的思考》,载《国际税收》2015 年第 11 期。

实践中,跨国公司规避在来源国构成场所型常设机构主要采用如下方式:(1) 利用特定活动豁免规则。受数字经济的影响,很多经营活动的性质和重要性发生了显著变化。例如,通过在境外设立用于储存、交付货物的仓库,跨境电商可以显著提升竞争力,扩大市场份额,增加营业收入。该储存、交付货物的活动在数字经济环境下已经成为企业整体业务的核心部分,而在传统商业模式下则被认为具有准备性和辅助性特征,因此相应的场所不构成常设机构。此时,纳税人虽然通过上述营业活动在来源国获得了更多的利益,但是仍然可以不缴纳任何企业所得税。(2) 利用紧密关联方进行活动拆分。外国企业可以利用收入来源国境内紧密关联企业的营业场所,将该国境内的整体商业活动拆分成若干部分,使得某些部分在接受单独考察时具备准备性或辅助性特征,从而适用特定活动豁免。OECD范本注释已经对外国企业利用本企业在一国境内的多个营业场所进行活动拆分的情况进行了规制,但没有涉及利用紧密关联企业及其常设机构的营业场所进行活动拆分的情况,因而成为跨国公司可以利用的漏洞。(3) 合同拆分。OECD范本第 5 条第 3 款规定,"建筑工地、建筑、装配或安装工程,或者与其有关的监督管理活动",只有在连续超过 12 个月的情况下才能构成常设机构。随着科技的进步,这一标准在 UN 范本中已经降低为 6 个月。实践中,跨国企业常常通过将一个工程合同拆分成若干部分,使每个合同的履行时间都不超过 12 个月,由不同主体分别履行,从而避免在收入来源国构成常设机构。

对于代理型常设机构,OECD 范本区分了独立代理人和非独立代理人,二者的主要区别在于代理人是否完全依赖被代理人的指示和物质资料完成活动。自主权较大的独立代理人不能构成常设机构。非独立代理人构成常设机构需要具备以下条件:(1) 该非独立代理人在缔约国另一方代表该企业进行准备性或辅助性以外的活动;(2) 该非独立代理人有权以企业的名义签订合同并经常行使这些权利。[①] 根据 OECD 范本注释,"以企业的名义签订合同"的本质在于代理人签订的合同能对企业形成约束力。但是,对于这个约束力是法律上的约束力还是事实上的约束力,实践中存在争议。尤其在一些规定了行纪合同的大陆法系国家,代理人以自己的名义订立合同,往往意味着合同不能在法律上约束委托人和第三人,因此这些国家不承认以自己的名义订立合同的代理人构成常设机构。跨国公司可以通过将子公司变成佣金代理人,即以自己的名义在某国代表一家外国企业销售该外国企业拥有的产品的人,达到逃避来源国税收管辖的目的。佣金代理人不通过再销售获得利润,而是通过代理活动

---

① 参见廖益新主编:《国际税法学》,高等教育出版社 2008 年版,第 101—102 页。

获得佣金。

二、BEPS 第 7 项行动计划对防止人为规避构成常设机构的修改建议

针对 OECD 范本中常设机构定义的漏洞,BEPS 第 7 项行动计划对 OECD 范本第 5 条之常设机构部分提出了如下修改建议:

(一)修改特定活动豁免条款

OECD 范本第 5 条第 4 款规定了特定活动豁免,关于前四项所列举的情况,如"专为储存、陈列或者交付本企业货物或者商品的目的而使用的设施"等,是应该被视为当然具备准备性或辅助性特征而自动豁免,还是需要结合该场所的活动在整个商业活动中的地位和作用另外进行准备性或辅助性测试,存在重大争议。BEPS 第 7 项行动计划提出,应按照后者进行准备性或辅助性测试。最终报告还在对注释的修改中以案例的形式明确指出,用于储存或交付通过互联网销售的产品的仓库不能适用特定活动豁免。例如,R 国企业在 S 国运营一个大型仓库,大量员工在该仓库工作,其主要目的是储存和交付该企业所拥有的、拟通过互联网向 S 国客户销售的商品。在这种情况下,OECD 范本第 5 条第 4 款将不再适用于上述仓库。因为该仓库属于企业的重要资产,并且企业通过该仓库所进行的储存和交付货物的活动需要大量员工参与,而这些活动构成了企业销售/分销活动的关键部分。

BEPS 第 7 项行动计划同时给出了另外一种可选择的修改方案,即有些国家为了给税务机关和纳税人提供更强的确定性,认为所列举的活动不需要进行准备性或辅助性特征测试的,可以不作修改,条件是必须增加第 4.1 款紧密关联方之间的活动拆分规则。该规则的规定如下:"如果某企业使用或设有固定场所,而该企业或其紧密关联企业在该场所或位于同一缔约国的另一场所开展经营活动,并且:a)按照本条规定,该场所或另一场所构成该企业或紧密关联企业的常设机构;或者 b)该企业或其紧密关联企业在同一场所或两个场所开展活动的结合,使得整体活动不属于准备性质或辅助性质。如果该企业或其紧密关联企业在同一场所或两个场所开展的营业活动,构成整体营业活动中互为补充的部分,则不适用第 4 款的规定。"[①]

根据该新增的规定,如果一个企业在某个营业场所进行的活动与该企业或者多个与该企业紧密关联的企业在同一场所或该国境内的其他场所的活

---

① 国家税务总局,《国家税务总局发布 OECD/G20 税基侵蚀和利润转移项目 2015 年最终报告中文版》,http://www.chinatax.gov.cn/n810219/n810724/c1836574/content.html,最后访问时间:2019 年 7 月 20 日。

动互为补充,且这些场所中至少一处可以构成常设机构,或者整体结合起来可以构成常设机构,则OECD范本第5条第4款的豁免条款不能适用。这一规定实际上将外国企业在一国境内的活动同与之密切相关的所有企业的所有活动联系起来综合考虑,特定活动豁免条款的适用因此将比以往更加苛刻。

(二)增加反合同拆分规则

为了防止跨国企业将合同拆分成存续时间均小于12个月的若干部分,BEPS第7项行动计划给出了两个解决办法:一是将BEPS第6项行动计划中建议的主要目的测试规则作为一般反避税规则运用于合同拆分之中。二是在OECD范本第5条第3款下新增第3.1项,专门用于规制同一企业或紧密关联企业对合同进行拆分的问题。该反合同拆分规则的规定如下:"a)当缔约国一方企业在位于缔约国另一方的场所从事建筑工地、建筑或安装工程,且该活动持续时间不超过12个月;且 b)一个或多个与上述企业紧密关联的企业在不同的时间段在同一建筑工地、建筑或安装工程从事与上述活动相关联的活动,每个时间段都超过了30天,这些不同时间段应当计入首先被提及的企业在建筑工地、建筑或安装工程的活动时间。"[①]按照BEPS第7项行动计划的规定,判断活动是否相关联需要综合考虑合同签订方之间的关系、合同内容之间的关系、合同的性质以及雇员的相似性等因素。

(三)修改非独立代理人和独立代理人的适用范围

BEPS第7项行动计划建议不再要求非独立代理人必须以企业的名义进行活动。代理人以自己的名义订立合同,只要合同最终涉及被代理人所有财产的转让或者服务的提供,换言之,合同的执行与被代理人有直接关系,即被代理人实际上受到合同约束,代理人就可以成为被代理企业在缔约国的常设机构。若某人在某国开展的活动是为了经常性订立由境外企业履行的合同,则应认定该境外企业在该国构成应税机构场所,除非该人所开展的活动是其独立经营的一部分。同时,BEPS第7项行动计划还建议将非独立代理人活动的内容从仅仅"经常性订立合同"扩大到包括"在订立合同中起主要作用,且企业不对合同的内容进行实质性修改"[②]。

BEPS第7项行动计划同样对作为代理型常设机构豁免情形的独立代理人的定义进行了修改,缩小了独立代理人的适用范围。一般来说,代理人代表

---

① 国家税务总局:《国家税务总局发布OECD/G20税基侵蚀和利润转移项目2015年最终报告中文版》,http://www.chinatax.gov.cn/n810219/n810724/c1836574/content.html,最后访问时间:2019年7月20日。

② 同上。

的企业数量是判断其是否为独立代理人的重要标准。但是,BEPS 第 7 项行动计划定义了"紧密关联"企业,并把"专门或者几乎专门代表一个或多个与之相关的企业"的代理人排除在独立代理人的范畴之外。即如果代理人只代理一个企业进行活动,且这个企业与之存在紧密关联,则该代理人不是独立代理人。同时,BEPS 第 7 项行动计划明确指出,对于两个不存在紧密关联的企业,只有一个委托人的事实本身并不足以完全排除独立代理人存在的可能,还需要结合具体的情况进行判断。

三、BEPS 第 7 项行动计划对跨境并购的影响分析

BEPS 第 7 项行动计划对 OECD 范本的修改具有以下特点:一是修改的直接目的是遏制实践中盛行的诸如佣金代理人等避税安排。因此,上述修改建议或是对现有常设机构定义中某些概念的解释,如明确代理型常设机构中"以外国企业的名义订立合同"这一表述的含义;或是对常设机构定义的小范围增补,如在特定活动豁免条款的解释中增加利用紧密关联方进行活动拆分的规定。上述修改的改动幅度较小而针对性强,不改变相关概念的本质。从作用上看,这些修改只能起到遏制相应的避税安排的效果,而不能对其他可能出现的问题进行预防。二是 BEPS 第 7 项行动计划涉及的问题范围非常广泛,且相互之间没有直接联系。这为各国根据本国国情有选择地进行修改提供了方便。例如,对于发展中国家来说,建筑工地和安装工程构成常设机构的规定,与国内基础设施建设息息相关,因此合同拆分规则会成为受关注的重点。对于跨境电商较为发达的国家而言,修改后的准备性和辅助性豁免规则对来源国税收管辖权将产生更大的影响。[①]

常设机构原则是考察非居民企业与来源地国间经济联结度的一项门槛标准。只有当非居民企业在来源地国构成一定的经济存在,来源地国才有权就该企业来源于该经济存在的所得征税。[②] 因此,常设机构的存在成为税收协定下一国对非居民企业的所得征税的前提条件,是收入来源国税收管辖权的基础。在传统的常设机构定义中,跨国公司往往可以通过税收筹划人为规避构成常设机构,常设机构的定义漏洞成为其逃避收入来源国税收义务的主要手段。BEPS 第 7 项行动计划提出了对 OECD 范本中常设机构定义的一系列修改建议。各国正在逐步落实 BEPS 行动计划的各项成果,如果第 7 项行动计划的建议得到采纳并转化为国家税收协定或国内税法,那么对于企业跨境并购必然产生不利影响。

---

① 参见崔晓静:《后 BEPS 时代常设机构定义的新发展》,载《法学评论》2017 年第 5 期。
② 参见崔晓静、赵洲:《数字经济背景下税收常设机构原则的适用问题》,载《法学》2016 年第 11 期。

第四章
中国与"一带一路"沿线国家跨境并购税收法律规制比较研究

"一带一路"为中国企业跨境并购提供了新机遇。"一带一路"将会加强"五通",即政策沟通、设施联通、贸易畅通、资金融通、民心相通,为中国企业跨境并购提供大平台。比如,设施联通将为沿线国家带来基础设施建设方面的巨大投资,从而促进经济增长。已有五十多个"一带一路"沿线国家与中国签订了双边税收协定。本章主要对相关国家跨境并购税收法律规制进行比较研究,为"走出去"企业进行跨境并购提供税收政策参考。

第一节 中国与"一带一路"沿线国家所得税比较研究

跨境并购的主体主要是大型公司,其中涉及的税收一般以企业所得税为主。本章主要比较中国与"一带一路"沿线国家企业所得税的基本规定,从纳税人、税收居民、税目、税率、申报、缴税六个维度进行比较研究,从而阐述各国企业所得税制的要点。

一、纳税人

企业所得税的纳税人一般是指各类法人企业。中国《企业所得税法》第1条规定:"在中华人民共和国境内,企业和其他取得收入的组织(以下统称企业)为企业所得税的纳税人,依照本法的规定缴纳企业所得税。个人独资企业、合伙企业不适用本法。"少数国家对个别行业征收企业所得税。例如,哈萨克斯坦等国对石油行业征收企业所得税。因为多种税收管辖权的同时存在,企业所得税的纳税人也会存在居民身份判定标准的问题。同时,由于股份制公司的蓬勃发展,公司之间通过参股组成公司集团,形成了复杂的关联关系。对于这类公司集团,部分国家的税法给予特殊的纳税待遇,允许其作为一个纳税人,在计税与纳税申报方面则与普通公司存在较大差别。

二、判定企业税收居民身份的标准

除了少数行使收入来源地税收管辖权的国家外,对于同时行使两种或三种税收管辖权的大多数国家而言,其企业所得税的纳税人也存在居民身份的判定问题。企业居民身份的判定一般有以下几个标准:(1)以公司的登记注册地为准;(2)以主要机构或总部机构所在地为准;(3)以实际管理机构所在地或经营管理中心地为准。中国《企业所得税法》第 2 条规定:"企业分为居民企业和非居民企业。本法所称居民企业,是指依法在中国境内成立,或者依照外国(地区)法律成立但实际管理机构在中国境内的企业。本法所称非居民企业,是指依照外国(地区)法律成立且实际管理机构不在中国境内,但在中国境内设立机构、场所的,或者在中国境内未设立机构、场所,但有来源于中国境内所得的企业。"中国判定企业税收居民身份采用注册登记地和实际经营地两项标准。在实践中,有些国家会采用一项标准,而有些国家则会同时采用两项或两项以上标准。老挝、越南、格鲁吉亚、塔吉克斯坦等少数国家的税法对此未作规定。表4-1 列示了"一带一路"沿线主要国家判定企业税收居民身份的标准。

表 4-1 "一带一路"沿线主要国家判定企业税收居民身份的标准

纳税标准	代表国家
注册登记地	阿塞拜疆、爱沙尼亚、白俄罗斯、保加利亚、波斯尼亚和黑塞哥维那、俄罗斯、菲律宾、格鲁吉亚、柬埔寨、拉脱维亚、黎巴嫩、立陶宛、蒙古、沙特阿拉伯、泰国、乌克兰、乌兹别克斯坦、印度尼西亚、约旦、越南
实际经营地	科威特
管理控制地	马来西亚、塞浦路斯、文莱、新加坡、叙利亚
注册登记地或主要机构地	埃及
管理控制地或主要机构地	斯里兰卡、斯洛文尼亚
注册登记地或管理控制地	阿尔巴尼亚、巴基斯坦、巴勒斯坦、波兰、黑山、吉尔吉斯斯坦、捷克、卡塔尔、克罗地亚、罗马尼亚、马其顿、孟加拉国、缅甸、塞尔维亚、斯洛伐克、土耳其、土库曼斯坦、匈牙利、伊拉克、以色列、印度
注册登记地或管理控制地、实际经营地	哈萨克斯坦、也门

资料来源:国家税务总局网站、中国一带一路网。

三、企业所得税的税目

各国企业所得税的税目[①]一般包括：(1) 经营所得，主要是指销售利润，即销货收入减去销货成本，以及佣金等其他经营所得；(2) 资本利得；(3) 投资所得，包括利息、股息、租金特许权使用费；(4) 其他所得，包括各类营业外收入。对于这些税目来说，各国的征税规定基本上比较类似。但是，对于资本利得与股息所得这两种特殊的税目来说，各国的税法规定存在较大的差别。

（一）资本利得的税收制度

对于资本利得，中国没有制定单独的税法，《企业所得税法》包括对资本利得的征税。大多数国家都将资本利得视为正常所得征税，但还是会有各种免税规定。例如，以色列对境外的资本利得征税，但在符合条件的情况下，在规定年限内可以免税。少数国家，基本上是发展中国家，对资本利得免税或适用优惠税率。

"一带一路"沿线国家有关资本利得的税收制度如下：老挝、斯里兰卡、文莱、新加坡、约旦等国不征税；俄罗斯、哈萨克斯坦、印度尼西亚、越南、埃及等国按照所得税征收，其中埃及对虽然有资本利得，但是在处置资产后一定年限内重置资产的予以免税；巴基斯坦、马来西亚、缅甸、印度等国对于资本利得实行区别征税。

（二）股息所得的税收制度

随着市场经济的发展，作为企业组织形式的股份制越来越流行，很多企业采用股份制形式开展生产经营活动，股息所得的形式也逐渐多样化。常见的股息所得形式主要有两种：一种是传统的现金形式，另一种是股票形式的股息。此外，有的公司还给予股东选择的权利，股东可以选择现金或是股票。股票形式的股息一般免税。不同国家对于现金股息所得的课税规定了不同的税收制度。由于股息所得一般至少已经缴纳过一次企业所得税，因此大多数国家对居民企业获得的现金股息所得免税。有些国家对享受免税待遇的公司持股比例有专门的要求。少数国家会有区别地对待居民企业与非居民企业：对居民企业免税，而对非居民企业获得的股息所得一般适用预提税。对现金股息征税的国家的做法也有区别。少数国家只从税源征收预提税，如阿塞拜疆、捷克、印度尼

[①] 税目，是指在税法中对征税对象分类规定的具体征税项目，反映具体的征税范围，是对课税对象质的界定。

西亚、立陶宛、波兰等;部分国家允许纳税人抵免该股息所得已缴纳的税款或预提税;还有的国家允许纳税人作出相应的扣除。因此,开展跨境并购的企业应提前了解东道国关于股息所得的税收制度,争取适用税收优惠待遇,从而降低企业跨境并购的税负。

(三) 扣除项目的税收制度

企业所得税中,只允许扣除与所得相关的必要的费用支出。企业进行税务处理时,应区分营业性支出与非营业性支出、收益性支出与资本性支出。收益性支出一般准予当期扣除,资本性支出则因为受益期较长而往往需要在相应的受益期间内分期扣除。与经营相关的费用一般可以全额扣除,如工薪支出、生产成本、销售费用等。非经营性费用只能部分扣除,如慈善捐赠、招待费用等一般都规定了能够税前扣除的上限。根据中国《企业所得税法》及其实施条例,以及《财政部 税务总局 民政部关于公益性捐赠税前扣除有关问题的通知》,企业发生的公益性捐赠支出,在年度利润总额[①] 12% 以内的部分,准予在计算应纳税所得额时扣除。特殊的支出一般不得扣除,如罚金与罚款。对于公司已缴纳的各类税款,绝大多数国家规定,除所得税(或利润税)之外,大多数税款一般都准予扣除。当然,也有个别国家存在例外的情况,如立陶宛、波兰等国不准扣除增值税。

企业在经营过程中,常常会提取几种准备金,留存一定额度的准备金,目的是应付意外情况的发生,或者应对未来某段时间可能发生的意外损失。在税务处理方面,准备金是一个特殊的会被扣除的项目。每个国家对准备金的税务处理基本上都有自己的特点。坏账准备金一般准予税前扣除,不过有些国家还会有种种限制性规定。对于用来应付未来费用或损失的意外责任准备金与各种风险准备金,有些国家规定可以扣除,还有一些国家则不准许扣除,主要取决于各国的财政政策。

(四) 关于境外关联企业的特殊规定

在符合独立交易原则的前提下,对于本国企业支付给总公司或外国母公司等关联企业的利息、股息、租金所得、特许权使用费、管理费及其他支出,各国一般准许纳税人进行税前扣除。在转让定价中,常被用到的调整方法有:可比非受控价格法、再销售价格法、成本加成法、利润分配法等。对于利息费用的税前扣除,部分国家有一定的限制规定,一般包括两个方面:一是限制利息率,一般

---

① 年度利润总额,是指企业依照国家统一会计制度的规定计算的大于零的数额。

以伦敦同业拆借市场利率或本国的国库券利率作为重要参照,不应超过其一定的比率或倍数。二是限制利息额,一般不允许超过权益总额或资本的一定倍数。对于超过的部分,不允许纳税人进行扣除。比如,波兰制定了专门的"资本弱化制度",限制纳税人对利息费用进行扣除。总的来看,发达国家对于资本弱化与转让定价问题比发展中国家更为重视,相关的税收制度更加完善。"一带一路"沿线国家中,东亚与东南亚国家由于外资规模快速增加,对于这类问题也逐渐重视。

四、税率的规定

税率结构基本可以分为两种:比例税率与累进税率。累进税率目前只被少数国家采用,大多数国家选择了比例税率。

(一)比例税率

比例税率基本可以分为两种:单一比例税率与分类比例税率。单一比例税率,是指统一实行一种比例税率,不区分公司类型与利润的多少。这种税率结构成为世界各国企业所得税税率结构的主流,较为简化。比如,中国《企业所得税法》第4条第1款规定:"企业所得税的税率为25%。"

根据纳税人的不同特征,分类比例税率规定了不同的比例税率,主要有三种分类方法:

(1)按纳税人规模划分。按照收入规模等要素的不同,可将纳税人区分为小企业和普通纳税人等,分别按照不同的税率对其进行课税。通常而言,小企业适用的税率较低。

(2)按行业划分。中国《企业所得税法》第28条规定:"符合条件的小型微利企业,减按20%的税率征收企业所得税。国家需要重点扶持的高新技术企业,减按15%的税率征收企业所得税。"

(3)按企业类型或居民身份划分。即按照国有企业与非国有企业进行区分,或者按照居民企业与非居民企业进行区分,又或者按照国内企业与国外企业进行区分,分别规定不同的税率。中国《企业所得税法》第4条第2款规定:"非居民企业取得本法第三条第三款规定的所得,适用税率为20%。"

(二)累进税率

采用累进税率的国家多为发展中国家。累进形式主要是超额累进。累进的级次少的为二级,多的达九级。采用累进税率这种结构可以保证必要的国家财政收入,因为公司所得税中的大部分基本都是由大公司缴纳的。大多数国家是出于增加财政收入的考虑,使用了累进税率。此外,对于非居民公司在本国境内没有设立常设机构,但是与境内企业有业务往来,并且会从境内取得股息、利息、租金、特许权使用费等收入,各国税法往往规定征收预提税制度,由付款方代扣代缴法定的预提税率。中国《企业所得税法》第 37 条规定:"对非居民企业取得本法第三条第三款规定的所得应缴纳的所得税,实行源泉扣缴,以支付人为扣缴义务人。税款由扣缴义务人在每次支付或者到期应支付时,从支付或者到期应支付的款项中扣缴。"

五、申报纳税

一般情况下,纳税人应按时送报会计报表、纳税申报表以及各种必要的会计资料。部分国家规定了更为严格的纳税申报条件,如捷克、土耳其等少数国家要求必须附送审计报告。

(一)申报期间

绝大多数国家要求纳税人按公历年度进行企业所得税纳税申报,不过也有例外规定,如老挝、乌克兰按季申报;波兰、越南按月与按季申报;俄罗斯规定,纳税人可选择按季或按月申报。不同国家的税收年度的起止时间不完全相同,如中国的税收年度与自然年度一致,从 1 月 1 日到 12 月 31 日;印度的税收年度与会计年度从当年 4 月 1 日开始,于次年 3 月 31 日结束。

(二)申报期限

各国对于纳税申报期限的规定差异较大,一般为公历年度或纳税年度结束后的 2—9 个月,期间长短不一致。从数量上看,大多数国家采用 3—4 个月的申报期限。许多国家还规定,如果纳税人主动申请延迟申报,并能够提供正当的理由证明合理性,则税务机关可以允许其延长申报期限。但是,延期申报一般要缴纳费用。

(三)确定应纳税额

确定应纳税额的制度分为查定征收制与自行申报制。查定征收制,是指由税务机关根据纳税人的生产设备等情况,在正常生产条件下的生产销售情况,对其生产的应税产品查定产量和销售额,然后依率征收的一种方式。这种方式主要对生产不固定、账册不健全的单位采用。[①] 税务机关发出查定通知书,确

---

① 参见胡志民、施延亮、龚建荣编著:《经济法》,上海财经大学出版社 2006 年版,第 134 页。

定纳税人的最终纳税义务。纳税人在接到查定通知书后的一定时间内完税。自行申报制,是指由纳税人自己计算应纳税额,并进行申报纳税,建立在纳税人自核、自填、自缴方式基础上的一种纳税申报制度。纳税人在送报纳税申报表的同时缴纳税款。如果已经预缴部分税款,则缴纳应纳税款的余额部分。多数国家采用自行申报制。

六、缴纳税款

缴纳税款的方式基本分为两种:一种是要求纳税人在纳税年度结束之后,在申报时一次性缴纳。采用这种纳税方式的国家不多,只有沙特阿拉伯、新加坡(可申请按月预缴)等。另一种是要求纳税人在纳税年度内按期预缴税款,在年终申报时进行汇算清缴。对未能按期纳税或少纳税款的纳税人,一般要处以罚款与罚息。目前,大多数国家采用分期预缴,年终汇算清缴的方式,这种方式在一定程度上克服了上一种方式的缺点。具体做法可分为:(1)按月预缴,采用这种方式的国家有保加利亚、柬埔寨、克罗地亚、爱沙尼亚、印度尼西亚、以色列(或选择分10次预缴)、立陶宛、波兰、斯洛文尼亚、乌克兰等。(2)分3次预缴,采用这种方式的国家有塞浦路斯、新西兰与土耳其等。(3)按季或分4次预缴,采用这种方式的国家主要有阿塞拜疆、中国、匈牙利(应纳税额超过一定标准的纳税人按季预缴)、拉脱维亚(或按月)、菲律宾、罗马尼亚(银行按月预缴)、斯里兰卡等。(4)每半年或分2次预缴,采用这种方式的国家和地区主要有泰国以及中国香港、中国澳门、中国台湾等。此外,还有一些作出特殊规定的国家。例如,捷克规定,按月、按季或每半年预缴;希腊规定,分5次预缴;斯洛伐克规定,按月或按季预缴;埃及预缴是通过各类所得的源泉扣缴实现的;马来西亚、乌兹别克斯坦规定,每月预缴2次。[①]

第二节 中国与"一带一路"沿线国家签订的国际税收协定比较研究

随着"一带一路"倡议的推进,中国与"一带一路"沿线国家的经贸联系日益密切,相互之间的进出口贸易总额连年攀升,对外投资规模逐年扩大。税收是经济活动的重要杠杆,通过对企业日常生产经营活动和利润的影响,进而影响整个国民经济。税收协定作为国家之间调节税收关系的重要工具,不仅能够解

---

① 参见刘德伦:《"一带一路"沿线国家公司所得税比较研究》,首都经济贸易大学2017年硕士学位论文。

决国际双重征税的问题,还能够打击跨国避税行为,减少税收竞争,实现税收利益在国与国之间的合理分配。本节集中研究中国与"一带一路"沿线国家签订的国际税收协定,为"走出去"企业开展海外贸易提供税收法律建议,以促进跨境经济贸易的规范和合作。

一、中国"走出去"企业赴"一带一路"沿线国家投资并购情况

研究中国"走出去"企业赴"一带一路"沿线国家的投资情况可以发现,单独的关于跨境并购重组的公开数据较少,对跨境并购税收法律问题的研究也较少,需要有关部门和研究机构给予高度重视。

2013年习近平主席提出"一带一路"倡议以来,中国税务部门深度参与全球税收治理。税收数据显示,2018年"一带一路"沿线国家在华投资企业中年纳税额500万元以上的已达1205户,资本流入的行业结构逐步优化;生产经营稳中向好,营业收入增长8.1%;投资不断增加,固定资产投资增长11.3%;新产业、新业态、新商业模式企业研发投入大幅增长,增幅达24.4%。①

2017年,中国企业在"一带一路"沿线国家完成投资并购交易54宗,占全年交易的18.2%,交易金额达375.3亿美元,占全年披露交易金额的24.2%。2018年,中国企业在"一带一路"沿线对56个国家非金融类直接投资156.4亿美元,同比增长8.9%。② 中国企业赴"一带一路"沿线国家的并购交易量持续增长。

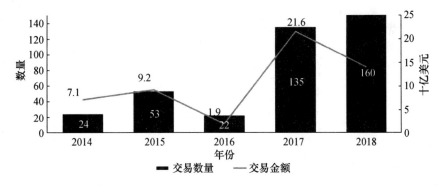

图4-1 中国企业赴"一带一路"沿线国家的并购交易数量及金额
资料来源:汤森路透、投中数据及普华永道分析。

---

① 参见《"一带一路"税收征管合作机制在中国建立 34 个税务主管当局首批加入》,https://www.yidaiyilu.gov.cn/xwzx/gnxw/86351.htm,最后访问时间:2019 年 4 月 21 日。
② 参见冯其予:《对外投资结构持续多元》,载《经济日报》2019 年 1 月 17 日第 3 版。

二、中国与"一带一路"沿线国家税收协定研究

2018年9月,中国国家税务总局举行"一带一路"税收征管合作机制多边磋商,来自22个国家(地区)税务主管当局以及OECD和荷兰国际财政文献局(IBFD)的37名代表围绕合作机制文本进行磋商,签署了《"一带一路"税收征管合作机制多边磋商纪要》,初步形成合作机制的框架协议文本和实施路径方案。① 2019年4月18日,以"共建一带一路:加强税收合作,改善营商环境"为主题的第一届"一带一路"税收征管合作论坛在浙江乌镇召开,34个国家(地区)税务部门共同签署《"一带一路"税收征管合作机制谅解备忘录》,正式建立"一带一路"税收征管合作机制。截至2019年4月20日,中国已经与111个国家和地区签订了双边税收协定和安排,基本覆盖了中国对外投资主要目的地。②

截至2020年4月底,中国与"一带一路"沿线的54个国家签订了税收协定,"一带一路"国际税收管理工作的基础架构已经搭建,将有效消除东道国和中国之间的双重征税,降低"走出去"企业的整体税收成本。

表4-2 中国与"一带一路"沿线国家签订税收协定概况

与中国签订税收协定的54个"一带一路"沿线国家							尚未与中国签署税收协定的国家有10个:缅甸、东帝汶、不丹、马尔代夫、阿富汗、伊拉克、约旦、巴勒斯坦、也门、黎巴嫩
东南亚 9国	中南亚 10国	西亚 10国	中东欧 16国	独联体 7国	东亚 1国	非洲 1国	
印度尼西亚、马来西亚、菲律宾、新加坡、泰国、文莱、越南、老挝、柬埔寨	哈萨克斯坦、土库曼斯坦、吉尔吉斯斯坦、乌兹别克斯坦、塔吉克斯坦、尼泊尔、印度、巴基斯坦、孟加拉国、斯里兰卡	伊朗、土耳其、叙利亚、以色列、沙特阿拉伯、巴林、卡塔尔、阿曼、阿联酋、科威特	阿尔巴尼亚、波斯尼亚和黑塞哥维那、保加利亚、克罗地亚、捷克、斯洛伐克、爱沙尼亚、立陶宛、匈牙利、拉脱维亚、马其顿、黑山、罗马尼亚、波兰、塞尔维亚、斯洛文尼亚	俄罗斯、白俄罗斯、乌克兰、摩尔多瓦、格鲁吉亚、阿塞拜疆、亚美尼亚	蒙古	埃及	

资料来源:国家税务总局网站、中国一带一路网。

---

① 参见《"一带一路"倡议提出六年,税收合作有哪些亮点?》,载国家税务总局官方微信公众号,最后访问时间:2019年7月23日。
② 参见《"一带一路"税收征管合作论坛新闻发布会实录》,http://www.chinatax.gov.cn/n810219/n810724/c4275943/content.html,最后访问时间:2019年4月21日。

税收协定具有以下几个方面的作用：一是签约双方在协定中约定了解决企业所得税重复征税问题的方法，可以解决企业境外投资面临的重复征税问题。二是税收协定对股息等预提税的税率作了规定，税收透明度得到提高。一般情况下，该税率会低于东道国国内法规定的税率，从而起到降低境外投资企业税负的作用。① 三是在税收协定中规定了相互协商程序，境外投资企业如果与东道国税务机关发生税务争议，可以通过该程序解决争议问题。四是税收协定中含有税收饶让抵免条款，可以使跨国企业真正享受到东道国提供的税收优惠。

20世纪80年代，中国处于改革开放初期，经济开始起步，侧重于吸引外国投资，税收协定以UN范本为指导。税收协定中也含有单边税收饶让条款，如《中国—新加坡税收协定》中的税收饶让条款，以保障给予外商更多优惠政策。20世纪90年代，中国与俄罗斯、匈牙利、乌克兰等欧洲国家签订了税收协定，税收合作进一步扩大化。同时，税收协定也不断修订，如2007年7月11日修订了中国与新加坡的税收协定，2014年10月13日修订了中俄双边税收协定，2016年7月4日修订了中国与罗马尼亚的税收协定，以使协定能更好地契合经贸发展。② 由此可见，中国正加速疏通"一带一路"税收障碍，以使跨境企业有税收政策支撑，助力企业"走出去"。

第三节 中国与"一带一路"沿线国家税收协定优惠政策研究

中国为鼓励企业"走出去"，制定了多种税收优惠政策，"走出去"企业应充分运用税收协定优惠政策降低企业税负。2014年，有学者在调查了北京281个"走出去"企业后发现，这些企业中享受了税收协定待遇的，仅有26家。③ 下文以中国与"一带一路"沿线国家的税收协定为研究对象，分析"走出去"企业可能涉及的税收优惠政策，如利息、股息、特许权使用费等，以帮助"走出去"企业熟悉对外投资的税收优惠政策，降低企业跨境所得的税收负担。

---

① 参见赵书博：《"一带一路"沿线国家公司所得税优惠制度比较及对我国的启示》，载《财政监督》2017年第15期。
② 参见马清兰：《中国与"一带一路"沿线国家税收协定研究》，首都经济贸易大学2018年硕士学位论文。
③ 参见周跃振：《九成"走出去"企业未享受税收协定待遇》，http://www.shui5.cn/article/c8/77590.html，最后访问时间：2019年8月19日。

一、关于税收协定投资所得的税收优惠分析

根据中国与"一带一路"沿线国家签订的双边税收协定,当税收协定与各国国内税法规定不一致时,如果协定税率低于各国国内税法规定的税率,按协定税率执行;如果协定税率高于各国国内税法规定的税率,可以按国内税法规定的税率执行。因此,中国"走出去"企业在与中国签订了税收协定的"一带一路"沿线国家开展跨境并购时,首先要注意了解税收协定的规定,尤其是税收协定提供的利息、股息、特许权使用费等方面的优惠安排,通过在境外申请享受税收协定待遇而获得更低的税率。以下将根据中国与"一带一路"沿线国家签订的税收协定文本,分析介绍中国与"一带一路"沿线国家签订的税收协定中有关利息、股息、特许权使用费等消极投资所得的税收优惠安排。

(一) 税收协定中关于利息条款的概述

税收协定中的"利息"(interest),通常是指从各种债权取得的所得,不论其有无抵押担保或者是否有权分享债务人的利息;特别是从公债、债券或者信用债券取得的所得,包括其溢价和奖金,但是由于延期支付产生的罚款不包括在内。《法国—印度税收协定》第12条第4款规定,"利息"是指从各种债权取得的所得。OECD范本注释进一步指出,"利息"通常指货币借用的报酬,这种报酬属于"来自流动资产的所得"的范围。税收协定的利息条款通常以设定限制税率的方式限制来源国的征税权。中国与"一带一路"沿线国家签订的税收协定中利息条款都规定,发生于缔约国一方而支付给缔约国另一方居民的利息,除可以在该缔约国另一方征税外,也可以在该利息发生的缔约国按照该缔约国的法律征税。在按照利息发生的缔约国的法律征税时,中国与"一带一路"沿线47个国家的税收协定均规定对利息征税的税率为10%。但是,中国与科威特、老挝、新加坡、以色列、阿联酋、捷克、塔吉克斯坦这7个国家签订的税收协定规定对利息征税的税率低于10%。

中国与印度尼西亚、马来西亚、新加坡、文莱、泰国、巴基斯坦、越南、土耳其、老挝、阿曼、阿塞拜疆、土库曼斯坦、捷克等13个国家签订的税收协定中,对各国可享受免税待遇的金融机构进行了详细列举,其中中国的金融机构包括:中国人民银行、中国国家发展银行、中国国家开发银行、中国进出口银行、中国农业发展银行、全国社会保障基金理事会、中国出口信用保险公司、中国中信集团有限公司、中国银行、中国建设银行、中国工商银行、中国农业银行等。

中国与大多数"一带一路"沿线国家签订的税收协定中的利息条款都规定,发生于缔约国一方而为缔约国另一方政府、其行政机构或地方当局及其中央银

行或者完全为其政府所有的金融机构取得的利息;或者为该缔约国另一方居民所取得的利息,其债权是由该缔约国另一方政府、其行政机构或地方当局及其中央银行或者完全为其政府所有的金融机构间接提供资金的,应在该缔约国一方免税。部分税收协定还将完全由政府拥有的金融机构担保或保险的贷款取得的利息也包括在内,如中国与塔吉克斯坦、土库曼斯坦、叙利亚、捷克、爱沙尼亚、拉脱维亚等国签订的税收协定。但是,中国与斯洛文尼亚、波斯尼亚和黑塞哥维那、以色列签订的税收协定中,没有对国家中央银行或政府拥有的金融机构的贷款利息免予征税的规定。

实践中,大部分金融机构通过签署包税合同,将利息的税收负担转嫁给借款企业,但是利息免税仍然能够大大提高金融机构的竞争力。在很多情况下,借款企业是中国企业在利息来源国设立的子公司,这也使得它们的税收负担得以减轻,融资成本得以降低。因此,中国"走出去"企业在对这些国家进行投资时,不仅要注意了解中国与其签订的税收协定,而且要注意了解其国内法的规定,充分利用税收协定和国内法规定的优惠待遇。当税收协定或议定书中没有明确规定时,企业要注意与东道国的主管税务机构进行充分沟通,确认相关税收征管制度。

(二)税收协定关于股息条款的概述

税收协定中的"股息"(dividend),通常是指从股份或者非债权关系分享利润的权利取得的所得,以及按照分配利润的公司是其居民的缔约国法律,视同股份所得同样征税的其他公司权利取得的所得。税收协定的股息条款通常以设定限制税率的方式限制来源国的征税权。与不同国家签署的税收协定对征税权的划分标准不同。

中国与印度尼西亚、马来西亚、越南、尼泊尔、印度、巴基斯坦、孟加拉国、斯里兰卡、哈萨克斯坦、吉尔吉斯斯坦、乌兹别克斯坦、伊朗、阿塞拜疆、土耳其、以色列、巴林、卡塔尔、阿尔巴尼亚、波斯尼亚和黑塞哥维那、匈牙利、波兰、罗马尼亚、俄罗斯、白俄罗斯、斯洛伐克等国签订的税收协定都规定,缔约国一方居民公司支付给缔约国另一方居民的股息,按照支付股息的公司是其居民的缔约国法律在该缔约国征税时,如果收款人是股息受益所有人,则所征税款不应超过股息总额的10%。在埃及适用的税率为8%,在阿联酋适用的税率为7%,在文莱、老挝、沙特阿拉伯、阿曼、科威特、保加利亚、克罗地亚、塞尔维亚、黑山、斯洛文尼亚、马其顿、蒙古等国适用的税率为5%。

关于中国与部分"一带一路"沿线国家签订的税收协定中股息的规定,还有特别的约定,对于拥有支付股息公司股份达到不同比例的股息受益所有人取得的股息,在来源国征税适用不同的税率。具体包括:(1) 0%(股息受益所有人直接或间接拥有支付股息公司至少50%股份,并在该公司投资达到200万欧元):格鲁吉亚;(2) 5%(股息受益所有人是公司,不包括合伙企业,并且直接拥有支付股息公司至少25%股份):新加坡、塔吉克斯坦、土库曼斯坦、亚美尼亚、叙利亚、捷克、爱沙尼亚、拉脱维亚、立陶宛、乌克兰、摩尔多瓦(与上述国家签订的税收协定规定股息受益所有人直接拥有支付股息公司股份低于25%情况下税率为10%);(3) 5%(股息受益所有人直接或间接拥有支付股息公司至少10%股份,并在该公司投资达到10万欧元):格鲁吉亚;(4) 10%(股息受益所有人直接拥有支付股息公司至少10%股份):菲律宾(与上述国家签订的税收协定规定股息受益所有人直接拥有支付股息公司股份低10%情况下税率为15%);(5) 15%(股息受益所有人是公司,不包括合伙企业,并且直接拥有支付股息公司至少25%股份):泰国(与上述国家签订的税收协定规定股息受益所有人直接拥有支付股息公司股份低于25%的,税率为20%)。

通常,股息受益所有人拥有支付股息公司股份的比例越高,在来源国征税适用的税率越低。中国与部分国家签订的税收协定对于股息受益所有人的性质有所限制。例如,中国与新加坡、塔吉克斯坦、土库曼斯坦等国签订的税收协定规定,股息受益所有人只能是公司,不包括合伙企业。中国企业在"走出去"的过程中,如果发现来源国对股息的预提税税率高于协定税率,作为取得股息的境内股东可以通过在境外申请享受税收协定待遇而获得更低的税率,按照税收协定税率缴纳的所得税可以按规定在境内抵免。[①]

(三)税收协定关于特许权使用费条款的概述

税收协定中的"特许权使用费"(royalty),通常是指使用或有权使用文学、艺术或科学著作,包括电影影片、无线电或电视广播使用的胶片、磁带的版权,专利、商标、设计或模型、图纸、秘密配方或秘密程序所支付的作为报酬的各种款项,或者使用或有权使用工业、商业、科学设备或有关工业、商业、科学经验的情报所支付的作为报酬的各种款项。中国与塔吉克斯坦、土库曼斯坦、格鲁吉亚签订的税收协定中规定,特许权使用费不包括使用或有权使用对方工业、商业、科学设备所支付的款项。

中国与大多数"一带一路"沿线国家签订的税收协定都规定,发生于缔约国一方而支付给缔约国另一方居民的特许权使用费,在其发生的缔约国按照该缔

---

① 参见崔晓静:《中国与"一带一路"国家税收协定优惠安排与适用争议研究》,载《中国法学》2017年第2期。

约国的法律征税时,如果特许权使用费受益所有人是缔约国另一方的居民,则所征收税款不应超过特许权使用费总额10%。特许权使用费条款通常以设定限制税率的方式限制来源国的征税权。中国与大多数"一带一路"沿线国家签订的税收协定中规定的特许权使用费税率均为10%。中国与部分国家签订的税收协定规定的特许权使用费税率低于或高于10%。

中国与部分国家签订的税收协定中还规定,对于不同类型的特许权使用费适用不同的税率。具体包括:(1)格鲁吉亚:5%;(2)老挝:5%(限于在老挝,在中国为10%);(3)罗马尼亚、拉脱维亚:7%;(4)波兰:7%(限于使用或有权使用工业、商业、科学设备所支付的作为报酬的各种款项;对使用或有权使用文学、艺术或科学著作,包括电影影片、无线电或电视广播使用的胶片、磁带的版权,专利、专有技术、商标、设计或模型、图纸、秘密配方或秘密程序所支付的作为报酬的各种款项适用的税率为10%);(5)埃及、塔吉克斯坦:8%;(6)巴基斯坦:12.5%;(7)泰国、尼泊尔:15%;(8)菲律宾:15%(限于使用或有权使用文学、艺术或科学著作,包括电影影片、电视或广播使用的磁带的版权所支付的作为报酬的各种款项;对使用或有权使用专利、商标、设计或模型、图纸、秘密配方或秘密程序,以及使用或有权使用工业、商业、科学设备或有关工业、商业、科学经验的情报所支付的作为报酬的各种款项,适用税率为10%);(9)马来西亚:15%(限于使用或有权使用文学、艺术著作,包括电影影片、无线电或电视广播使用的胶片、磁带的版权所支付的作为报酬的各种款项;对使用或有权使用专利、专有技术、商标、设计或模型、图纸、秘密配方或秘密程序、科学著作的版权,或者使用或有权使用工业、商业、科学设备或有关工业、商业、科学经验的情报所支付的作为报酬的各种款项,适用的税率为10%)。此外,中国与马来西亚签订的税收协定特别规定,中国居民取得的特许权使用费根据马来西亚的电影影片租借税法应缴纳影片租借税的,马来西亚免予征税。①

二、"一带一路"沿线国家实行的税收优惠②

"一带一路"沿线国家实行的税收优惠政策促进了经济的发展,如经济特区优惠促进了经济特区的发展,从而带动其他地区的发展;落后地区优惠促进了落后地区的发展,在一定程度上缩小了与其他地区的差距;研发优惠提升了本国经济的创新水平;环保投资税收优惠促进了企业在环保方面的投入。

---

① 参见崔晓静:《中国与"一带一路"国家税收协定优惠安排与适用争议研究》,载《中国法学》2017年第2期。

② 参见赵书博:《"一带一路"沿线国家公司所得税优惠制度比较及对我国的启示》,载《财政监督》2017年第15期。

（一）区域税收优惠

"一带一路"沿线国家实行的区域税收优惠政策可以分为三类：第一类是在本国设立经济特区；第二类是与中国共建经贸合作区，给予特定政策，吸引外资，实现产业升级，以其带动全国其他区域发展；第三类是给予本国经济不发达地区税收优惠，以促进区域间均衡发展。

1. 经济特区

绝大多数"一带一路"沿线国家设立了经济特区，区内的企业除了可以简便快捷地注册登记外，还可享受减免企业所得税的优惠，有的国家还对企业位于经济特区的不动产给予免税。以尼泊尔为例，2016年8月29日，该国议会通过了《经济特区法》，区内企业可以享受企业所得税优惠。波兰规定，在2026年年底之前，对设在不同省份或区域的经济特区内的企业给予一定比例的免税。2017年5月3日，乌兹别克斯坦总统签发总统令，宣布设立7个自由经济区，区内企业培育药用植物原料和对原料进行加工，可以享受免征公司所得税等优惠。中国相关税法规定：(1)设在经济特区的外商投资企业和在经济特区设立机构、场所从事生产、经营的外国企业，可以减按15%的税率征收企业所得税。(2)外国企业来源于经济特区的股息、利息、租金、特许权使用费和其他所得，除了依法免征所得税的以外，可以减按10%的税率征收所得税。其中，提供资金、设备的条件优惠，或者转让的技术先进，需要给予更多减征、免征优惠的，由所在地省、市人民政府决定。(3)设在经济特区所在城市的老市区的生产性外商投资企业，可以减按24%的税率征收企业所得税。其中，从事技术密集、知识密集型项目，外商投资在3000万美元以上，回收期长的项目，能源、交通、港口建设项目的企业，经过批准，可以减按15%的税率征税。(4)在经济特区设立的外资银行、中外合资银行等金融机构，外国投资者投入资本或者分行由总行拨入营运资金超过1000万美元，经营期在10年以上的，可以减按15%的税率征收企业所得税；同时，经过批准，可以从开始获利年度起，第一年免征企业所得税，第二年和第三年减半征税。(5)在经济特区内设立的从事服务性行业的外商投资企业，外商投资超过500万美元，经营期在10年以上的，经过批准，可以从开始获利年度起，第一年免征企业所得税，第二年和第三年减半征税。经济特区内的企业生产的产品在本特区内销售的，暂免征收增值税。

2. 经贸合作区

根据中国国务院关于推进境外经贸合作区建设的有关文件精神，商务部从2006年开始会同有关部门，按照"政府引导、企业决策、市场化运作"的原则，积极稳步地推进经贸合作区建设。2013—2017年，中国对"一带一路"沿线国家累计直接投资807.3亿美元,①建立经贸合作区75家,主要合作对象为东南亚国家、俄罗斯和中东欧国家,累计实现投资额307亿美元,累计实现产值超过750亿美元。②经贸合作区建设加快了东道国工业化进程,促进了其轻纺、钢铁、家电、建材、化工、汽车、机械、矿产品等重点产业的转型升级,产生了聚集效应,规避了贸易壁垒,同时实现了产业转移。中国与"一带一路"沿线国家的经济发展就有一定互补性,经贸合作区的建立可以实现中国与东道国的双赢。

3. 经济欠发达地区

为解决本国区域发展不均衡现象,"一带一路"沿线很多国家对经济欠发达地区给予税收优惠政策以促进其发展。比如,白俄罗斯规定,设在农村地区、中小城镇的企业可以享受减免利润税的优惠。中国相关税法规定,对于在中国欠发达地区投资给予税收优惠:(1)农民的生产、生活困难的革命老根据地、少数民族地区和山区,经过批准,可以减征农业税。(2)在国家确定的革命老根据地、少数民族地区、边远地区、贫困地区新办的企业,经过税务机关批准,可以从开始生产、经营之日起,减征或者免征企业所得税3年。(3)民族自治地方的企业,需要鼓励和照顾的,经过省(自治区、直辖市)人民政府批准,可以定期减征或者免征企业所得税。(4)设在不发达地区的外商投资企业,在法定减免税期满之后,经过国家税务总局批准,在以后的10年中,还可以按照其应纳企业所得税税额减征15%—30%。(5)革命老根据地、少数民族地区、山区生活困难的农户,在规定标准之内新建住宅,缴纳耕地占用税确有困难的;在上述贫困地区采取以工代赈办法修筑公路,缴纳耕地占用税确有困难的,可以免征或者减征耕地占用税。

(二)行业税收优惠

各国的行业税收优惠与本国行业发展情况和所处阶段紧密相关。如果一国经济发达、服务业占比高,则设有激励服务业发展的措施。比如,新加坡给予金融业、航运业税收优惠,以保持其国际金融中心、航运中心的地位。各国均重视本国基建项目投资,并对相关投资给予税收优惠。比如,泰国为促进本国数字产业发展,规定数字基建投资项目可享受8年免税优惠。中国《企业所得税法》对某些行业给予税收优惠。《企业所得税法实施条例》第86条规定:"企业所得税法第二十七条第(一)项规定的企业从事农、林、牧、渔业项目的所得,可

---

① 参见《2019年中国与"一带一路"沿线国家投资合作研究报告》,https://wenku.baidu.com/view/76024b8d640e52ea551810a6f524ccbff121ca87.html,最后访问时间:2019年8月18日。

② 参见《2019年中国与"一带一路"沿线国家园区合作研究报告》,https://www.docin.com/p-2228801656.html,最后访问时间:2019年8月18日。

以免征、减征企业所得税,是指:(一)企业从事下列项目的所得,免征企业所得税。1. 蔬菜、谷物、薯类、油料、豆类、棉花、麻类、糖料、水果、坚果的种植;2. 农作物新品种的选育;3. 中药材的种植;4. 林木的培育和种植;5. 牲畜、家禽的饲养;6. 林产品的采集;7. 灌溉、农产品初加工、兽医、农技推广、农机作业和维修等农、林、牧、渔服务业项目;8. 远洋捕捞。……"另外,中国对基础设施投资给予"免三减三"的税收优惠。《企业所得税法实施条例》第87条第1、2款规定:"企业所得税法第二十七条第(二)项所称国家重点扶持的公共基础设施项目,是指《公共基础设施项目企业所得税优惠目录》规定的港口码头、机场、铁路、公路、城市公共交通、电力、水利等项目。企业从事前款规定的国家重点扶持的公共基础设施项目的投资经营的所得,自项目取得第一笔生产经营收入所属纳税年度起,第一年至第三年免征企业所得税,第四年至第六年减半征收企业所得税。"

(三)中小企业税收优惠

很多国家对中小企业适用低税率以促进其发展。例如,波兰规定,自2017年1月1日起,对年营业额(含增值税)不超过120万欧元的小型纳税人,包括企业和从事经营的个人,适用的所得税税率从19%降至15%。中国对小微企业也有低税率的优惠。《企业所得税法》第28条规定:"符合条件的小型微利企业,减按20%的税率征收企业所得税。国家需要重点扶持的高新技术企业,减按15%的税率征收企业所得税。"如此规定的目的在于促进这些企业的发展,增强经济活力。

(四)雇用残疾人或老年人的税收优惠

很多国家为了促进残疾人或老年人就业,对雇用这类员工的企业给予企业所得税优惠。比如,中国政府鼓励企业安置残疾人。根据《企业所得税法实施条例》第96条第1款的规定,企业安置残疾人员,除了可以据实扣除支付给残疾职工的工资外,还可以享受按照支付给残疾职工工资的100%加计扣除的优惠。泰国于2017年3月2日公布639号皇家法令,规定企业雇用60岁以上雇员的成本可以在缴纳企业所得税前双倍扣除,并追溯至2016年1月1日起实施。

(五)研发领域的税收优惠

从"一带一路"沿线国家来看,中东欧、东南亚两大区域的国家实行研发税收优惠比较多。中东欧16国的经济发展水平较高,其中有6国(波兰、捷克、斯洛伐克、匈牙利、斯洛文尼亚、爱沙尼亚）是 OECD 成员国，该区域各国对研发给予税收激励。另外，东南亚 11 国中除柬埔寨外，均有研发税收优惠。南亚 8 国中仅印度有研发税收优惠。西亚、北非 16 国中实行研发税收优惠的国家不多，有土耳其、卡塔尔、以色列等。俄罗斯、蒙古实行研发优惠。

随着经济不断发展，中国对研发与创新也更为重视，在税收上主要有两种优惠：一是研发阶段的优惠。中国税法规定，企业的研发支出可以享受 50% 加计扣除的优惠，科技型中小企业的研发费用可以享受 75% 的加计扣除优惠。二是成果转化阶段的优惠。在一个纳税年度内，居民企业技术转让所得不超过 500 万元的部分，享受免税优惠；超过 500 万元的部分，享受减半征税的优惠。

（六）环保投资领域的税收优惠

绝大多数国家有激励企业投资节能环保领域的税收优惠，优惠手段有：企业发生的符合条件的工厂、机器设备投资支出，当年可以在税前扣除，或投资额的一定比例可以扣除。

中国也鼓励企业在环保方面进行投资。企业符合条件的所得可以享受减免税优惠；企业购置并实际使用符合条件的设备，其设备投资额可以享受税收抵免待遇。《企业所得税法实施条例》第 88 条规定："企业所得税法第二十七条第（三）项所称符合条件的环境保护、节能节水项目，包括公共污水处理、公共垃圾处理、沼气综合开发利用、节能减排技术改造、海水淡化等。项目的具体条件和范围由国务院财政、税务主管部门商国务院有关部门制订，报国务院批准后公布施行。企业从事前款规定的符合条件的环境保护、节能节水项目的所得，自项目取得第一笔生产经营收入所属纳税年度起，第一年至第三年免征企业所得税，第四年至第六年减半征收企业所得税。"

三、"一带一路"沿线国家特殊的税收优惠制度

（一）部分国家实行总部税收优惠

在"一带一路"沿线国家中，只有东南亚的 4 个国家有针对总部的税收优惠，均是在国家层面实行统一的优惠政策，目的在于吸引跨国公司将总部（全球总部或地区总部）设在本国。菲律宾由于受经济发展水平限制，难以吸引跨国公司设立总部，只规定了吸引地区总部的税收优惠，如对地区总部免征所得税。泰国、新加坡的税收优惠政策既有针对跨国公司总部的，也有针对地区总部的。在泰国设立的地区运营总部，符合条件的所得减免所得税，免征预提税。自 2015 年 5 月 2 日起，泰国对国际总部和国际交易中心给予税收优惠，包括符合

条件的所得减免所得税,免征预提税。位于新加坡、经过批准的地区总部获得的符合条件的海外所得适用 15% 的税率。根据对新加坡经济的贡献程度,国际总部可以获得免税或低税率优惠。马来西亚没有用"总部"的名称,而是称为"首要枢纽",规定在不超过 10 年的期限内,根据首要枢纽级别分别适用 0.5%、10% 的低税率。土耳其于 2016 年 8 月 9 日公布《改善投资环境法》,其中第 55 条修改了《公司所得税法》,规定符合条件的地区总部可以享受免征所得税的待遇。

(二) 部分国家实行出口税收优惠

目前,部分"一带一路"沿线国家实行与出口挂钩的税收优惠,包括:(1) 东南亚 11 国中的菲律宾、文莱、越南、缅甸,其中菲律宾规定在投资委员会登记的出口企业可以享受一定期限的免税优惠;文莱从事出口业务的公司可选择就获得批准的出口部分,按照出口额的 1% 缴税,以代替企业所得税;越南规定大米出口免所得税;缅甸对制造品出口获得的所得可以享受不超过 50% 的减税。(2) 独联体其他 6 国中的亚美尼亚,企业产品全部出口,并且年销售额超过 500 亿特拉姆的,享受 2% 的低税率;企业年销售额超过 400 亿特拉姆而未达到 500 亿特拉姆的,适用 5% 的低税率。(3) 南亚 8 国中的印度、孟加拉国、巴基斯坦、尼泊尔、斯里兰卡,其中位于印度经济特区的企业出口获得的所得免税;孟加拉国规定企业获得的工艺品出口所得及出口促进区内企业的经营所得等免税;巴基斯坦规定,在 2016 年 6 月 30 日前,企业出口计算机软件、提供 IT 服务等获得的所得免税;尼泊尔对出口知识产权获得的特许权使用费;斯里兰卡对企业出口特种货物获得的所得适用 12% 的低税率,可以获得 25% 的退税。(4) 西亚北非 16 国中的阿曼,对本国生产或加工的产品出口获得的所得免税。①

目前,在"一带一路"沿线国家中,缅甸、东帝汶、马尔代夫、阿富汗、不丹、伊拉克、约旦、也门、巴勒斯坦、黎巴嫩等国还未与中国签订双边税收协定。因此,中国"走出去"企业如果到这些国家开展跨境并购,就要与东道主管税务机关积极沟通,争取能够适用该国国内税法的优惠政策。

---

① 参见赵书博:《"一带一路"沿线国家公司所得税优惠制度比较及对我国的启示》,载《财政监督》2017 年第 15 期。

第五章
美国联邦税法对跨境并购的税收法律规制研究

中国现行企业重组所得税制度充分借鉴了美国企业并购重组所得税制度,同时根据国内企业发展情况制定了适用本土的税收政策。美国联邦政府制定的《国内收入法典》(Internal Revenue Code, IRC)对于免税政策进行了详细的规定。该法典根据交易结构的不同,把并购重组区分为应税并购和免税并购,对交易主体分别给予当期确认资产转让损益的应税待遇和递延确认资产转让损益的免税待遇。美国关于企业境内外重组的税收政策可以通用,税收立法原则上倾向于税收中性原则。IRC关于企业重组的税收政策对于企业跨境并购重组同样适用。中国税法对于居民企业和非居民企业重组规定了不同的适用条件,其中非居民企业在中国境内重组应注意特别规定,同时"走出去"企业在境外重组应注意东道国关于企业重组的税收征管要求。

第一节 企业并购重组所得税理论的比较研究

中国企业重组所得税制度中的税收理论基本借鉴了美国企业并购重组所得税制度,下面就几个主要的税收理论进行比较:

一、股东权益连续规则

中国税法的股东权益连续规则基本借鉴了美国联邦税法中的股东利益持续规则,在具体规定方面结合中国经济、法律环境的实际情况作了必要的调整。

(一)在质量性要求方面

由于59号文在2013年11月30日出台的《国务院关于开展优先股试点的

指导意见》(国发〔2013〕46号)以及2014年3月21日中国证监会颁布的《优先股试点管理办法》(证监会令第97号)之前出台,当时中国公司法规中并没有"优先股"的概念,因此对59号文是否适用以及如何适用优先股并没有明确的规定。同时,在美国联邦税法中,适格证券构成适格对价。此处的证券指"债券"(debt instrument)。然而,判断"证券"是否构成适格证券不是机械地确定债券的付款期间。尽管时间是一个重要因素,但是关键是对债务的性质、债权人参与程度等因素所进行的综合评价。不过,债券期限长短仍然是判别的最重要因素。美国联邦税法对什么情况下构成适格证券并没有明确的规定,而是将它留待法院根据个案情况作出具体解释。59号文第2条明确规定,"本企业或其控股企业股权和股份以外的有价证券"属于非股权支付。这反映出中国税法规定的不足之处。因为债券期限越长,债权人面临的风险越大,债务公司到期能否偿还债券本息更取决于其经营状况的好坏。由此,债权人的利益更类似于股东的权益,债券更类似于股份。通过对比中美税法可见,中国税法应进一步完善相应的税收制度。美国联邦税法规定的"控股企业"是指控股母公司,而不是《企业重组业务企业所得税管理办法》规定的"由本企业直接持有股份的企业",后者的规定似乎与股东权益连续规则的精神相违背,这也是其引起较大争议的规定之一。

(二) 在数量性要求方面

在并购企业持股比例方面,美国联邦税法以前的要求是50%,后来调整到40%;而中国税法的要求是50%。显然,中国税法的要求更加严格。由于59号文已经出台十多年,中国经济发展较快,税收征管逐步向现代化水平迈进,因此建议充分调研中国企业并购重组的实际情况,适当降低持股比例的要求,放宽特殊性税务重组的条件,帮助企业做大做强。

(三) 在时间性要求方面

美国联邦税法分别针对企业重组前后作出时间性要求,还针对股份出售、回赎或分配等类型进行了详细的规定。中国税法则仅仅规定了企业重组完成后股权出售的时间性要求,并且该要求没有更加详细的指引或指南。因此,中国税法应基于反避税目的,详细规定重组前后在时间性方面的要求。

(四) 在远端利益持续要求方面

美国联邦税法明确规定,允许在A型、B型、C型、G型以及反向三角兼并重组中,收购公司将所收购的资产或股份向下转移或连续转移给一个或多个其直接或间接控制的子公司。然而,对于多层子公司的转移还是存在某些严格的限制。比如,即使收购公司能够通过因一系列所有权而关联的多层级公司向下转移资产或股份,最初的重组仅能涉及不超过两个公司层级,能够用于收购的公司股份必须是收购公司或其直接母公司的股份。中国税法在这方面还需要进一步补充完善。

二、经营连续性规则

中国税法的经营连续性规则基本借鉴了美国联邦税法中的营业企业继续规则,同时又存在某些区别。

(一)在经营继续(历史性营业测试)方面

中国税法只是对"营业继续"作出了原则性规定,即"企业重组后的连续12个月内不改变重组资产原来的实质性经营活动",存在如下两个尚待完善的地方:

第一,没有明确"改变"的标准和条件。比如,当目标公司同时存在多种业务时,收购重组后,仅从事其中的部分业务,而出售或转移其他部分业务,是否构成"改变"重组资产原来的实质性经营活动。

第二,如果仅从事历史性营业的"重大"部分不构成"改变",那么对何为"重大"需要予以界定。美国税法在其财政规章、税收裁定等文件中,对上述这些问题进行了规范。美国税务法院的判决可以起到判例法的作用,对于类似重组案件的判决有利于指导后续税收执法行为。中国税法对此则缺乏明确的规定,不利于征纳双方准确预测、适用相应款项,因此应进行细化,以增强可操作性。

(二)在资产继续(历史性资产测试)方面

中国税法对"资产继续"的规定是,"受让企业收购的资产不低于转让企业全部资产的50%"。但是,在59号文中,"资产继续"和"经营继续"是必须同时满足的条件。美国联邦税法规定的是可选条件,即使没有继续从事目标公司的原业务,收购公司的一个业务使用了目标公司一个业务的历史性资产的一个"重大"部分("历史性资产测试")即可。"受让企业收购的资产不低于转让企业全部资产的50%"这一比例规定是否能够真正保障资产继续?比如,当目标公司同时存在多个业务(如大体相当的3—4个业务)时,剩余的50%资产部分也可能构成重大资产。同时,全部资产的50%是指资产数量的50%,还是账面价值或是公允市场价值的50%,也不明确。

(三) 历史性经营资产转移的问题

与股东权益连续规则类似,中国税法对历史性经营资产转移并没有相关明确规定。美国联邦税法则规定,历史性经营资产可以向下转移给"适格集团"(qualified group)的一个或多个公司。所谓适格集团,简单地讲,是指满足双重80%控制标准的关联公司集团。

三、合理商业目的规则

中国税法的合理商业目的规则基本借鉴了美国联邦税法中的经营目的规则,同时存在某些区别:

第一,在美国联邦税法中,合理的商业目的规则的法律渊源主要来自普通法判例,并辅之以制定法的一般原则性规定。同时,美国国税局针对各种具体情况,以税收裁定、税收规程的方式进行明确并提供指引。比如,美国国税局在第 96-30 号税收程序中就第 355 条下的分裂型 D 型重组交易的商业目的颁布了指南。① 在中国税法中,主要通过《企业所得税法》《特别纳税调整实施办法(试行)》等制定法进行一般原则性规定,在实践中缺乏更为详尽的指引或可供参考的判例。

第二,在美国联邦税法中,企业的某项交易或一系列交易除了具有税收利益目的外,如果还具有任何实质性的、重大的商业目的,则该项交易可能具有合理商业目的。也就是说,一系列交易可以具有税收利益的目的。例如,美国联邦最高法院在 Gregory v. Helvering 案②中判决:"纳税人以法律允许的手段,减轻其本应负担的税收数额,甚至完全免除,这是没有问题的,也是纳税人的法定权利。但是,除了税收动机外,还要看是否符合法律目的。"在中国税法中,"不具有合理的商业目的"被定义为"以减少、免除或者推迟缴纳税款为主要目的"。在这一点上,中国税法采取的判断方法和标准不够严谨,赋予税务机关和司法机关较大的自由裁量空间。

第三,在美国联邦税法中,只要某项交易或一系列交易的结果并非纳税人事先计划的或已纳入事先的重组计划,该项交易或一系列交易就仍然可能具有合理商业目的。在中国税法中,并没有类似的规定或原则。

---

① See Rev. Proc. 96-30,1996-1 C. B. 696. 该税收规程的 4.04 条款规定了商业目的的一般要求。同时,该规程的附录 A 详细列举了有关特定的商业目的的指南。比如,附录 A 第 2.08 条为: Facilitating an Acquisition of Distributing or Controlled。

② Gregory v. Helvering, 293 U. S 465 (1935)。

四、适格对价原则

中国税法的股权支付原则基本与美国联邦税法中的适格对价理论相同,同时又存在某些区别。

第一,在美国联邦税法中,由于公司法的不同,适格对价除了包含表决权股票之外,还包含适格的优先股和适格的证券(债券);额外对价除了指现金和其他非现金财产之外,还包括不适格的优先股和不适格的证券(债券)。在中国税法中,对应于适格对价的是"股权支付",仅仅包括收购企业及其控股企业的股权、股份,并不存在"优先股"的概念,也不包含有价证券(股权和股份及其衍生产品除外)。

第二,在美国联邦税法中,有一套完整的债务承担规则,并且规定收购公司承担目标公司债务,在计算是否满足以表决权股票作为支付手段时,将被忽略,即不被视为支付现金。在中国税法中,收购公司承担目标公司债务则被视为非股权支付。

第三,在美国联邦税法中,针对不同的重组类型,制定了享受免税待遇的不同适格对价的支付比例。比如,A 型重组交易通常仅满足 50% 的标准即可,B 型重组交易必须满足 100% 的标准,C 型重组交易则需要满足 80% 的标准。在中国税法中,股权收购重组需要满足"收购企业在该股权收购发生时的股权支付金额不低于其交易支付总额的 85%";资产收购重组需要满足"受让企业在该资产收购发生时的股权支付金额不低于其交易支付金额的 85%";合并和分立分别需要满足"企业股东在该企业合并发生时取得的股权支付金额不低于其交易支付总额的 85%,以及同一控制下且不需要支付对价"和"被分立企业股东在该企业分立发生时取得的股权支付金额不低于其交易支付总额的 85%"。总体来看,中国税法基本统一为 85% 的标准。对于债务重组交易,中国税法则规定"企业债务重组确认的应纳税所得额占该企业当年应纳税所得额 50% 以上,可以在 5 个纳税年度的期间内,均匀计入各年度的应纳税所得额"。

五、税基确定规则

中国税法的计税基础确定规则与美国联邦税法中的税基确定规则几乎完全相同,但是由于某些重组形式(特别是资产重组)所要求的免税要件不尽相同,因而存在一些区别:

第一,在美国联邦税法中,除了 C 型重组、收购型 D 型重组之外,其他类型的免税重组交易的计税基础确定规则与中国 59 号文确定的免税重组交易的计税基础确定规则并没有区别。

第二,在美国联邦税法中,C型重组、收购型D型重组(资产收购重组)享受免税重组税收待遇的法定要件之一是目标公司必须进行清算解散,从而导致目标公司的原股东持有收购公司(或其控股母公司)股份的计税基础,而不是目标公司。但是,美国联邦税法与中国税法采取的确定规则都是替代规则。

第三,在应税重组交易的计税基础确定规则上,美国联邦税法与中国税法完全相同。59号文基本上建立了适应中国经济发展情况的税基确定规则。

六、实质重于形式理论

中国税法的实质重于形式理论类似于美国税法的经济实质理论、实质重于形式理论以及分步交易理论,而后者的这些理论有着诸多的普通法判例、制定法条文作为支撑,建立了一套完整的理论体系和实践积累。

第一,在美国联邦税法的普通法实践中,大量的案例对实质重于形式理论进行了论述,可以作为纳税人预先的税务后果评估的标准。同时,美国国税局大量的税收裁定、税收规程也对特定实践给出了指引。

第二,59号文第10条规定:"企业在重组发生前后连续12个月内分步对其资产、股权进行交易,应根据实质重于形式原则将上述交易作为一项企业重组交易进行处理。"《国家税务总局关于境外注册中资控股企业依据实际管理机构标准认定为居民企业有关问题的通知》(国税发〔2009〕82号,以下简称"82号文")第3条规定:"对于实际管理机构的判断,应当遵循实质重于形式的原则。"除此之外,中国税法文件中很少见到明确规定实质重于形式原则。尤其在跨境重组税务处理方面,涉及"受益所有人""实际管理机构""双重居民"等税法上不明确的概念,实质重于形式理论是准确适用税法的原则性指导理论,还需要进一步完善。

第三,在美国联邦税法中,分步交易理论是税务机关和法院作出判断的实用规则,并且它们一起不断完善和发展出大量的处理分步交易问题的方法,其中主流的方法有"有约束力承诺测试"(binding commitment test)、"相互依存测试"(interdependence test)、"最终效果测试"(end result test)等。中国税法中则缺乏明确的税法指引,原则性的规定较少,税收机关中国际税收领域的专业人才不足,这给税务实践带来了更大的不确定性。[①]

---

① 参见雷霆:《美国公司并购重组业务所得税制研究——原理、制度及案例》,中国法制出版社2014年版,第562页。

第二节　企业并购含义及类型比较研究

一、中国企业并购重组的税收政策概述

中国企业并购重组的税收征管实践时间不长，在20世纪90年代开始有针对并购重组行为的专门税务处理规定。国家税务总局1997年发布的《关于外商投资企业合并、分立、股权重组、资产转让等重组业务所得税处理的暂行规定》和1998年发布的《企业改组改制中若干所得税业务问题的暂行法规》，对于内外资企业不同形式的重组之税务处理问题进行了规定：重组后的各项资产，应按重组前企业的账面历史成本计价，不得以对有关资产等项目进行评估的价值调整其原账面价值。这两个文件对企业并购重组所得一律适用递延税务处理，是中国最早的关于企业并购重组的所得税免税规定。但是，1998年发布的法规中还没有出现"免税重组"的概念，当时并未将重组业务作为一项交易，因而未将其作为一种应税行为进行税务处理。

随着企业重组活动的不断发展变化，出现了各种税收筹划行为。为了应对实践中出现的税收问题，2000年，国家税务总局发布《国家税务总局关于企业股权投资业务若干所得税问题的通知》（国税发〔2000〕118号，以下简称"118号文"）和《国家税务总局关于企业合并分立业务有关所得税问题的通知》（国税发〔2000〕119号，以下简称"119号文"），对企业并购重组的所得税处理进行补充规定。其中，119号文提出了中国企业免税合并和免税分立的雏形。根据119号文的规定，通常情况下，被合并企业（或被分立企业）应视为按公允价值转让资产；非股权支付额不高于所支付的股权票面价值20%时，企业可以不确认资产转让所得或损失，不计算缴纳企业所得税。118号文扩展了企业整体资产转让[①]和企业整体资产置换[②]的两种免税并购交易类型。118号文和119号文基

[①] 企业整体资产转让，是指一家企业（以下简称"转让企业"）不需要解散而将其经营活动的全部（包括所有资产和负债）或其独立核算的分支机构转让给另一家企业（以下简称"接受企业"），以换取代表接受企业资本的股权（包括股份或股票），包括股份公司的法人股东以其经营活动的全部或其独立核算的分支机构向股份公司配购股票。如果转让企业接受股权以外的非股权支付额不高于所支付的股权票面价值的20%，可以不确认资产转让的所得或损失。

[②] 企业整体资产置换，是指一家企业以其经营活动的全部或其独立核算的分支机构与另一家企业的经营活动的全部或其独立核算的分支机构进行整体交换，资产置换双方企业都不解散。在企业整体资产置换中，作为资产置换交易补价（双方全部资产公允价值的差额）的货币性资产占换入总资产公允价值不高于25%的，资产置换双方企业在经税务机关审核确认后均不确认资产转让的所得或损失。

本上确立了中国企业并购重组税制的框架,确定了企业并购重组原则上是应税行为,免税行为是一种例外规定。然而,由于内外资企业所得税并未统一,因此这两个文件对内外资企业并购重组规定的所得税政策不同。

2009年,财政部和国家税务总局出台了企业免税并购重组的纲领性文件59号文。2010年,国家税务总局颁布了《关于发布〈企业重组业务企业所得税管理办法〉的公告》(国家税务总局公告2010年第4号),对59号文的内容进行了补充。2014年发布的109号文对免税重组的条款进行了修改,降低了免税重组的认定标准,为企业并购重组业务的税务处理提供了较为明确的指引。

企业并购重组区分不同条件,分别适用一般性税务处理和特殊性税务处理,即分为应税并购和免税并购两种模式。免税并购包括四种形式:(1)免税股权收购,是指一家企业(收购企业)购买另一家(被收购企业)的股权不低于被收购企业全部股权的50%,[①]且收购企业股权支付金额不低于其交易支付总额的85%的交易。(2)免税资产收购,是指一家企业(受让企业)购买另一家企业(转让企业)实质经营性资产不低于转让企业全部资产的50%,[②]且受让企业在该资产收购发生时的股权支付金额不低于其交易支付总额的85%的交易。(3)免税合并,是指一家或多家企业(被合并企业)将其全部资产和负债转让给另一家现存或新设企业(合并企业),被合并企业股东在该企业合并发生时取得的股权支付金额不低于其交易支付总额的85%,以及同一控制下且不需要支付对价的企业合并,适用免税处理。(4)免税分立,是指一家企业(被分立企业)将部分或全部资产分离转让给现存或新设的企业(分立企业),分立企业和被分立企业均不改变原来的实质经营活动,且被分立企业股东在该企业分立发生时取得的股权支付金额不低于其交易支付总额的85%,可以选择免税处理。

企业并购重组享受免税待遇,除了要满足上述形式条件外,还必须满足以下要件:(1)具有合理的商业目的,且不以减少、免除或者推迟缴纳税款为主要目的;(2)企业重组后的连续12个月内不改变重组资产原来的实质性经营活动;(3)企业重组中取得股权支付的原主要股东,在重组后连续12个月内,不得转让所取得的股权。59号文对跨境重组的特殊性税务处理作了规定,对涉外的股权和资产收购交易适用特殊性税务处理规定:非居民企业向其100%直接控股的另一非居民企业转让其拥有的居民企业股权,没有因此造成以后该项

---

① 109号文第1条将59号文第6条第2项中有关"股权收购,收购企业购买的股权不低于被收购企业全部股权的75%"的规定调整为"股权收购,收购企业购买的股权不低于被收购企业全部股权的50%"。

② 109号文第2条将59号文第6条第3项中有关"资产收购,受让企业收购的资产不低于转让企业全部资产的75%"的规定调整为"资产收购,受让企业收购的资产不低于转让企业全部资产的50%"。

股权转让所得预提税负担变化,且转让方非居民企业向主管税务机关书面承诺在3年(含3年)内不转让其拥有受让方非居民企业的股权;非居民企业向与具有100%直接控股关系的居民企业转让其拥有的另一居民企业股权;居民企业以其拥有的资产或股权向其100%直接控股的非居民企业进行投资;财政部、国家税务总局核准的其他情形。在满足59号文第5条关于特殊性税务处理基本条件的基础上,涉外重组还应符合上述特殊要求。①

中国对并购重组的税收政策逐步完善,但是相关文件的规定较为分散,对于跨境重组的税收政策要求较高。在免税重组方面,非居民企业受到更为严厉的政策限制。在当前中国"引进来"与"走出去"并重的经济背景下,境内外企业重组适用的税收政策不统一,不利于吸引境外企业赴中国投资发展。

二、美国免税并购重组的三大基本原则

(一)股东利益持续原则

股东利益持续原则是确定一项并购重组能否享受免税待遇的核心原则,是指为了使并购交易满足免税资格,目标公司的历史性股东必须对收购公司保持一定数量与特定质量的所有者权利,保证交易并非出售财产,仅是在改变公司形式的情况下对持续存在的利益的调整。股东利益持续的判断标准包括:转移资产的公司或其股东应当保留实质性的利害关系,并表现在对受让公司业务的重要利益之上;这部分保留的利益应该代表所转移财产价值的实质部分。

(二)经营持续原则

企业持续经营,是指并购公司在经过改变的公司形态下继续经营目标公司。经营持续原则要求并购公司持续目标公司的历史经营业务(historic business),或者在并购公司营业中使用目标公司历史营业资产的重大部分。其中,历史经营业务,是指目标公司在收购前所从事的业务。当目标公司具有多个业务时,并购公司只要继续其中一个重大业务即可。历史经营资产,是指目标公司历史性营业中使用的资产,既包括经营性有形资产,也包括股票、证券、专利商标及商誉等经营性无形资产。

(三)营业目的原则

为了防止纳税人滥用重组条款进行避税,鼓励和保护真实的并购重组交

---

① 参见曾凡珠:《我国免税并购所得税政策研究》,北京交通大学2015年硕士学位论文。

易,美国还通过判例法设立了营业的免税并购条件,要求并购重组交易必须出于"营业急迫需要"(business exigencies)。[1]

三、中国与美国免税并购重组比较研究

美国联邦税法将公司重组主要分为七大类:A型、B型、C型、D型、E型、F型、G型重组。这七大类重组又可细分为股权收购重组、资产收购重组以及其他重组。其中,股权收购重组是指B型重组,资产收购重组包括A型重组、C型重组、D型重组,其他重组包括E型重组、G型重组。中国企业重组包括合并、股权收购、资产收购、分立、债务重组、企业法律形式改变六大类。

表 5-1 美国联邦税法中的免税并购类型

重组类型		IRC[2]条款	重组定义
A型重组	法定兼并	§368(a)(1)(A)	收购公司收购目标公司全部资产和负债,目标公司的独立法人人格消亡,而收购公司继续存续的重组方式
	法定合并		两个或两个以上参与合并的公司合并成为一个新的公司,参与合并的所有公司消亡的重组方式
B型重组		§368(a)(1)(B)	换股交易、股权置换或股权支付形式的股权并购:一个公司发起的收购,仅使用其本身或其控股公司的全部或部分表决权股票交换另一个公司的股票,在收购完成后,收购公司立即取得对该公司的控制(不论收购公司在收购即将发生之前是否已经控制)
C型重组		§368(a)(1)(C)	股权支付形式的资产并购:一个公司发起的收购,仅使用其本身(或其控股公司)全部或部分表决权股票交换另一个公司几乎全部资产
D型重组	收购型D型重组	§368(a)(1)(D) §354,356	一个公司将其资产的全部或部分对另一个公司的转让,如果在该转让之后,转让人或其一个或更多股东(包括在转让即将开始之前属于股东的人)或其任何联合,立即控制资产受让公司,当仅当依据计划,资产受让公司的股票或证券在一个符合第354、355或356条[3]规定的交易中被分配
	分裂型D型重组	§368(a)(1)(D) §355,356	

---

[1] 参见曾凡珠:《我国免税并购所得税政策研究》,北京交通大学2015年硕士学位论文。
[2] 《联邦税收法典》(Internal Revenue Code,IRC)不是一部独立的法典,它是《美国法典》的第26个标题,美国联邦税收制度基本集中在该标题之下。
[3] See 26 USC § 356:Receipt of Additional Consideration. 该条款主要规定了重组交易中额外对价接收的税收待遇。第354条下的收购型D型重组交易和第355条下的分裂型D型重组交易中使用的对价都可能涉及额外对价。

（续表）

重组类型	IRC 条款	重组定义
E 型重组	§368(a)(1)(E)	资本结构调整（recapitalization）；IRC 并没有对 E 型重组作出更进一步的解释，只是指明 E 型重组是一个资本重组
F 型重组	§368(a)(1)(F)	公司法律形式的改变；F 型重组仅仅是一个公司组织身份、形式或地址的改变
G 型重组	§368(a)(1)(G)	破产公司重组：一个公司在破产案件或者类似程序中，转移全部或部分资产至另一个公司。但是，作为重组计划的一部分，该公司收到的收购公司的股票或证券必须在第 354、355 或 356 条规定的一个交易中被分配给其股东或证券持有人

中国企业所得税政策中关于企业重组的文件主要是 59 号文。表 5-2 对比了 IRC 和 59 号文的相关税收规则。

表 5-2 中美免税并购税收政策比较

IRC			59 号文	
重组类型		IRC 条款	重组类型	59 号文条款
A 型重组	法定兼并	§368(a)(1)(A)	合并　吸收合并	第 1 条第 5 项
	法定合并		新设合并	
B 型重组		§368(a)(1)(B)	股权收购	第 1 条第 3 项
C 型重组		§368(a)(1)(C)	资产收购	第 1 条第 4 项
D 型重组	收购型 D 型重组	§368(a)(1)(D) §354,356		
	分裂型 D 型重组	§368(a)(1)(D) §355,356	分立	第 1 条第 6 项
E 型重组		§368(a)(1)(E)	债务重组①	第 1 条第 2 项
F 型重组		§368(a)(1)(F)	企业法律形式改变	第 1 条第 1 项
G 型重组		§368(a)(1)(G)	债务重组②	第 1 条第 2 项

由图 5-1 和图 5-2 可以看出，中国目前的企业重组含义及类型与美国公司重组的含义及类型基本一致，同时存在如下主要区别：

(1) IRC 没有对"重组"（reorganization）作出整体的定义；而 59 号文第 1

---

① 59 号文规定的债务重组包含"债转股"以及其他豁免部分债务的债务重组，它部分地与 E 型重组（资本结构调整）相类似。

② 59 号文规定的债务重组还广义地包括破产清算中的债务重组。

条明确规定,"本通知所称企业重组,是指企业在日常经营活动以外发生的法律结构或经济结构重大改变的交易,包括企业法律形式改变、债务重组、股权收购、资产收购、合并、分立等"。

(2)美国公司各种重组类型的普通法和制定法要件与59号文规定的特殊性税务处理的要件有所不同。

(3)除了七大类公司重组外,美国公司并购重组还包含对应的正向和/或反向三角重组交易类型。比如,正向三角A型兼并重组交易和反向三角A型兼并重组交易。在中国税法中,由于并不支持使用收购公司的控股母公司的股权作为支付对价,也不支持并购重组的关联公司集团内部的向下资产转移,因此不存在三角重组交易类型。

(4)在美国联邦税法中,与公司并购重组所得税制相配套的公司清算、公司设立及资本投入、公司分配和回赎等制度健全完备。在中国税法中,有配套的企业清算制度(《财政部 国家税务总局关于企业清算业务企业所得税处理若干问题的通知》),但是相应的关于企业投资、企业分配和回赎制度的规定并不清晰和健全。①

第三节 企业免税并购适用要件的比较

中国企业重组与美国公司重组的类型基本一致,但是在适用免税重组的要件上还存在一些区别,下面根据不同重组形式进行比较分析。

一、A型重组和合并

美国公司A型重组适用的要件要求兼并支付对价必须有至少50%是股份;而59号文要求"企业股东在该企业合并发生时取得的股权支付金额不低于其交易支付总额的85%,以及同一控制下且不需要支付对价的企业合并",才有权选择适用特殊性税务处理。中国税法要求的股权支付比例明显高于美国联邦税法的要求,这可能不利于非同一控制下的企业合并的实施。同时,中国税法还提出了"同一控制下且不需要支付对价的企业合并"的概念,这在美国联邦税法中是不存在的。在实务中,这也是争论较多的地方。在A型重组交易中,并不要求收购公司必须获得目标公司的"几乎全部资产"。因此,在重组之前,目标公司可以通过分立或剥离等方式将收购公司不需要的资产转移出去,

---

① 参见雷霆:《美国公司并购重组业务所得税制研究——原理、制度及案例》,中国法制出版社2014年版,第553页。

这并不妨碍交易符合 A 型重组的要件。但是，在分立或剥离之后，目标公司剩余的所有资产和负债必须全部转移给收购公司，这一点与中国税法的规定相同。

二、B 型重组和股权收购

美国公司 B 型重组适用的要件要求收购公司"仅仅以本身或其控股公司的表决权股票为对价"以及"取得对被收购公司的控制"（双重 80％标准），即不得使用现金或其他非现金财产作为支付对价；而 59 号文要求"收购企业购买的股权不低于被收购企业全部股权的 75％，且收购企业在该股权收购发生时的股权支付金额不低于其交易支付总额的 85％"。可见，美国联邦税法的要求更为严格。

三、C 型重组、收购型 D 型重组和资产收购

美国公司 C 型重组、收购型 D 型重组的法定要件为：第一，仅仅以本身或其控股公司的表决权股票为对价，即仅仅使用表决权股票要件，只是要求目标公司至少 80％的资产以表决权股票为对价交换。也就是说，最多可以有 20％的现金或其他财产作为额外对价。第二，收购"几乎全部资产"要件。"几乎全部资产"，是指收购公司必须在交易中获得目标公司净资产的公允市场价值的至少 90％和总资产的公允市场价值的至少 70％。中国资产收购重组的要求是，"受让企业收购的资产不低于转让企业全部资产的 75％，且受让企业在该资产收购发生时的股权支付金额不低于其交易支付总额的 85％"。显然，两者之间的主要区别在于，关于收购实质经营性资产的要求不同，美国不仅要求总资产的至少 70％，还要求净资产的至少 90％，而中国只要求总资产的至少 75％。相比之下，美国的规定更为细致。第三，目标公司必须清算分配要件。如果目标公司的全部或几乎全部实质经营性资产都被收购了，那么目标公司基本上是一个"空壳"公司，已经不再或不能再从事任何实质性经营活动。除了持有股权之外，目标公司已经没有更多的存在价值，走清算分配程序似乎更合理、合规。中国税法中并没有这样的要求。

四、E 型重组和债务重组

美国公司 E 型重组实质上就是公司的资本结构调整，也包含债券交换股票，类似于中国债务重组中的"债转股"。不同的是，E 型重组的表现形式更多样，它还包括债券交换债券、股票交换股票、股票交换债券等。二者存在差异的

根本原因在于,美国的公司法允许存在类别股,并且其重组税法认可某些(长期)债券属于适格对价即中国税法规定的股权支付对价;同时,59号文明确规定了针对企业债务重组的一般性税务处理和特殊性税务处理及其适用要求,而美国IRC则没有类似的明确规定。

五、F型重组和企业法律形式改变

美国公司的F型重组与59号文中的"企业法律形式改变"的定义几乎完全一样。但是,美国联邦税法明确,如果一个交易仅仅因为小于1%的股东不同意交易而放弃股份并收到现金,那么该交易并不会被认定为不符合F型重组的要求。59号文并没有明确规定这种情形的处理原则和方法。

总之,中国税法中的"企业法律形式改变"与美国联邦税法中的F型重组基本不存在区别。

六、G型重组和债务重组

59号文并没有明确规定其是否适用于破产清算中的债务重组,但是按照相关定义和一般性理解似乎应当包括。美国联邦税法则明确规定了G型重组交易(破产重组)的含义和适用要件。

七、分裂型D型重组和分立

第一,在美国联邦税法中,公司分立重组交易被归类为分裂型D型重组交易。在税法实践中,公司分立分为比例分配型公司分立(spin off)、换股型公司分立(split off)和股权分割型公司分立(split up)三种类型。59号文第6条第5项有关企业分立的特殊性税务处理的规定,如"如需部分或全部放弃原持有的被分立企业的股权(以下简称'旧股')";"如不需放弃'旧股'"等规定,隐含上述三种分立方式。在这一点上,中美两国税法的规定并没有实质差异。

第二,在美国联邦税法中,分裂型D型重组的制定法要件有:(1)控制要件。所谓控制要件,是指在分配即将发生之前,分配公司必须控制受控公司。分配公司持有的受控公司的权益必须满足"双重80%控股"的要求。(2)活跃的贸易或营业要件(active trade or business requirement)。(3)避税工具限制要件。为了使IRC第355条适用于受控公司股票的分配(可以享受免税分立的待遇①),该分配不得主要作为一个对分配公司、受控公司或两者的盈利进

---

① 在分配公司和分配公司的股东层面,中美两国都不确认任何收益或损失的税收待遇。

行分配的避税工具。59号文规定的适用特殊性税务处理的企业分立的要件有:(1)被分立企业所有股东按原持股比例取得分立企业的股权;(2)分立企业和被分立企业均不改变原来的实质经营活动;(3)被分立企业股东在该企业分立发生时取得的股权支付金额不低于其交易支付总额的85%。

中美两国税法中的免税企业分立重组主要存在如下异同:(1)中国的免税企业分立重组只适用于成比例分配的企业分立,即按原持股比例取得分立企业的股权;而美国联邦税法并没有明确限定为成比例分配的企业分立。(2)美国联邦税法对被分立的受控公司提出了控制要件,该要件要求分配公司必须分配其受控公司的全部或构成控制的足够股份。如果分配公司没有分配其受控公司的所有股份,而是分配了构成控制的足够股份,则分配公司有义务证明该股份的保留主要并不是出于避税之目的。中国税法没有详细提出"受控公司"的概念以及控制的要求,这给企业分立,特别是存在多个股东的现有企业的分立留下了避税空间。(3)中国税法提出了分立企业和被分立企业均不改变原来的实质经营活动的要求,这非常类似于美国联邦税法中的活跃的贸易或营业要件,只是后者对此有诸多的国税局规范文件和司法判例作为支撑,而中国税法对此要件的规定还停留在原则阶段。(4)美国联邦税法对不得作为避税工具作出明确规定,这与中国税法的一般要求中的反避税原则相一致。同时,59号文将股权支付对价比例规定为85%,体现了股权权益连续规则的要求,而在美国联邦税法中则属于普通法创制的规则。

第三,中美两国税法对被分立企业(分配公司)的要求都是,如果属于应税分立,则被分立企业(分配公司)视同对股东的应税财产分配处理;如果属于免税分立,则被分立企业(分配公司)视同对股东的免税财产分配处理。

第四,中美两国有关免税企业分立重组中计税基础(税基)在被分立企业和分立企业之间的分配原则基本相同。不同的是,美国联邦税法更深入研究了不同时间、不同批次股票(成本不同)在公司分立时计税基础如何分配的问题,并建立了相应的规则,而中国目前并没有类似的规则。

综上所述,美国联邦税法的公司分立相对于59号文所称的"企业"而言,不论是定义还是免税企业分立的法定要件、计税基础、分配规则都更显复杂,两者在免税要件上存在一定的区别,特别是有关"控制"的规定。[①]

[①] 参见雷霆:《美国公司并购重组业务所得税制研究——原理、制度及案例》,中国法制出版社2014年版,第557页。

第四节 美国税改对跨境并购的税收影响

美国税改是为了增强本国在全球市场的竞争力,也试图修正那些一直以来被视为造成在美国以外地区储备现金和分流劳动力的政策缺陷。最终结果是,政府大幅降低企业税整体的法定税率,使美国的企业所得税税率更接近OECD国家的平均水平,并对企业所得税的关键条款(如股息豁免)进行更新,以更加接近其他OECD国家采用的方式;落实一系列针对税基侵蚀和利润转移的措施,如受控外国公司、混合工具、利息的税收扣除等。此外,美国还采取一些新措施,将重点放在减少利润被转移出美国方面,包括增加各种限制以及大幅扩大适用于美国企业境外关联公司的规则。

一、美国税制改革概述

2017年12月,美国参议院通过了对税收进行全面改革的法案。此次税改(又称"特朗普税改")中实行的减税,是1986年以来美国力度最大、涉及面最广的一次减税。在企业税收方面,特朗普税改的最大亮点是大幅降低企业所得税税率至21%。欧盟企业所得税的平均税率为22%,OECD国家的平均税率为24%。[①]

在税改前的美国税收体系下,对企业采用累进税率,而对以所有人形式存在的中小企业采用的最高税率也达到了39.6%。此次税改改变了之前的累进税率,提出了单一税。

此次税改通过的法案包含改善美国投资环境的措施(主要通过减税和简化税制),以及鼓励跨国公司将海外资金汇回国内并减少某些海外资产或经营活动的措施。一揽子改革还包括针对跨国公司通过复杂的跨境投资结构避税的反避税措施。

此次税改继续保留海外个人控股公司的被动收入政策,包括股息、利息和特许权使用费。在实行新的税收制度之前,必须对海外留存收益征税,即对以非流动资产方式持有的未分配利润征收8%的税,对以现金及现金等价物方式持有的未分配利润征收15.5%的税,税收宽限期为8年。

---

① 参见许娜:《美国税制改革对全球外国直接投资的影响》,载《国际经济合作》2018年第3期。

二、美国税改法案的税收影响

(一)减税法案有利于吸引境外投资

世界银行公布的《2019年营商环境报告》显示,中国营商环境世界排名第46,美国排在第8位。[①] 特朗普税改之后,美国所得税税率明显下降,营商环境得到改善。根据OECD的统计,2016年和2017年,美国联邦、州和地方企业所得税税率为35.0%,是世界主要发达国家中最高的。

表5-3 1986—2016年部分发达国家的企业所得税税率(%)演变历程

国家	1986年	1996年	2006年	2016年
美国	48.0	35.0	35.0	35.0
法国	45.0	36.7	34.4	34.4
意大利	46.4	53.2	33.0	31.4
德国	60.0	55.9	38.9	30.2
澳大利亚	49.0	36.0	30.0	30.0
日本	50.0	50.0	39.5	30.0
加拿大	49.8	42.9	33.9	26.8

资料来源:国家税务总局网站。

由表5-3可以看出,美国税改前,主要发达国家的企业所得税税率总体呈逐渐下降趋势,而美国则多年未变。与主要发达国家相比,美国的企业所得税税率明显高于德国、英国、加拿大、日本等国。美国税改后的企业所得税税率21%低于发达国家的平均水平。德国企业除了企业所得税外,还要承担10%—18%的营业税;如果企业所得税税率降至20%,接近某些"避税天堂"的税率,那么美国的竞争优势将显著增强,这将使跨国公司在美国投资更具吸引力。

根据全球竞争力报告,美国多年来一直是世界上最具竞争力的经济体之一,其贸易投资环境具有很大的优势。由于中国企业实际负担的有效税率比美国高,加上美国在技术、创新和能源价格等方面的优势,一些中国企业可能受到美国低税率的诱惑,将投资转移至美国,以削减成本。

[①] 参见孔闻峥:《中美营商环境比较:差距在哪里?》,http://www.sohu.com/a/304790448_610982,最后访问时间:2019年7月30日。

(二) 可能迫使中国境内企业外迁

当前,在企业所得税方面,法国为 33.3%,中国为 25%,日本为 23.9%,美国为 21%,英国和俄罗斯均为 20%,德国为 15.83%,瑞士为 8.5%。① 美国减税政策施行之后,将会对英国、法国、中国、日本、俄罗斯等国的企业投资产生影响。2018 年 1 月,苹果公司宣布缴纳 380 亿美元海外利润税款。随后,谷歌、甲骨文等公司宣布将向美国境内汇回资金。

中国对企业征收的增值税税基包括劳动力成本,制造业的税负成本较高。如果无法降低制造业成本,一些制造业工厂有可能撤离中国市场。美国的制造业在边境调节税中受益,中国的制造业则面临较大的冲击。根据美国的边境调节税,在出口时能扣除劳动力成本,企业竞争力提高。② 中国传统的人口红利逐渐消退,科技创新水平仍有待提高,在全球税改浪潮中,如果不及时完善现行税制设计,很可能使境内高端制造业企业选择离开,还会给"走出去"企业增加税收成本,导致其在国际市场失去竞争力。

(三) 可能导致企业利用境外投资绕过关税壁垒

近年来,中美贸易战愈演愈烈,两国互相增加关税。如果美国对中国出口美国的产品在入境时征收 45% 的关税,将对中国对美出口产生直接的负面影响。绕过关税壁垒的一个方法便是到美国投资设厂。20 世纪 80 年代,日本汽车企业在高额的关税面前纷纷选择到美国投资设厂。最终,日本的汽车行业不仅没亏损,利润反而因此猛增。

在美国通过大幅减税刺激经济增长的情况下,中国企业可以参考美国税法中的免税并购重组政策,对美国企业进行跨境并购,在美国开展生产经营。当然,在中美贸易战进行过程中,中国监管部门应加强监管,推进立法,加强企业"走出去"合规性审查和境外大项目协调,开展对外直接投资统计工作考核,加强对优质企业的监管,防止企业借机向境外转移资产。

---

① 参见田素华:《特朗普减税的均衡约束与全球效应》,https://www.sohu.com/a/210947754_778336,最后访问时间:2019 年 8 月 29 日。

② 参见石子云:《美国税制改革对海外直接投资的影响——以中国对美国直接投资为例》,载《对外经贸》2018 年第 2 期。

第六章
跨境并购过程涉及的税收架构研究

近年来,中国越来越多的企业"走出去"开展跨境并购业务。做好税务规划,是企业顺利开展跨境并购业务的一项重要保障。中国"走出去"企业在跨境并购过程中主要以买方身份出现,作为受益方的目标公司一般在境外,导致很多企业不太关注并购中的税务问题。这实际上是一种缺乏长远规划的表现。一方面,在并购业务中,买卖双方的身份不是一成不变的,可能出现相互转化;另一方面,出于不同的并购目的所实施的收购和持有方案,将导致不同的税务成本。这些因素都要求企业在规划跨境并购业务时进行周详的税务方案设计。

第一节 跨境并购相关架构设计

一、控股架构设计

(一)控股架构设计的目的

以并购股权转让的资本利得以及境外股息汇回的方法收回现金流是目前跨国企业的常用选择。海外并购项目控股架构设计其实就是在对境外企业股息收入免收预提所得税的国家或地区设立中间控股平台,先将在海外经营地赚取的利润分配给中间控股平台,然后中间控股平台再分配回国外母公司。

海外并购控股架构设计的目的是,在充分了解企业经营计划与投资目的的前提下,针对并购标的国的实际经营所面临的税收环境,对集团的现有整体控股架构进行设计,以减少子公司向其控股母公司汇回利润或者转让股权时产生的税负成本,帮助企业实现海外并购投资利益的最大化。

(二) 控股架构设计方式

控股架构设计主要有直接投资和间接投资两种方式。直接投资,是指境内的母公司直接向境外的投资标的公司进行投资。间接投资,是指境内的母公司先在境外设立一家或多家中间控股公司或投资平台,之后再由该公司或平台向投资标的公司进行投资。当境内的母公司并购境外的某公司,且与该公司所在国尚未签订双边税收协定时,如果采用图 6-1 所示的直接控股架构,那么未来标的国公司派发股息或汇回利润时将会面临较高的预提所得税税率。假如境内的母公司不直接并购标的公司,而是在与母公司所在国和标的公司所在国均签订双边税收协定的国家或地区,设立中间控股公司(即图 6-1 所示的一层控股架构)。此时,按照税收协定,母公司可以享受到预提所得税税率优惠。

图 6-1 所示的两层控股架构又被称为"脚踏石 SPV",图中的中间控股公司 B 与一层控股架构类似,一般设在享有较多双边税收协定优惠的国家或地区;而中间控股公司 A 则常设在对某些类型的公司实行税收优惠的国家。在两层控股架构的设计下,境内的母公司在进行海外并购时不仅能获得税收协定规定的优惠待遇,还可以享受到缔约国国内的税收优惠政策。

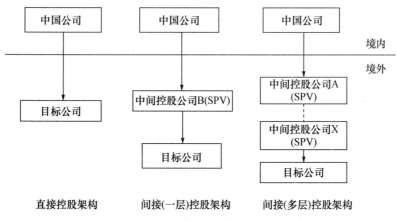

图 6-1 控股架构常见设计方法

相较于直接并购,间接并购的控股模式具有以下优势:

第一,灵活利用综合限额抵免法[①],即不按国别综合计算(不分国,不分项)。企业在综合计算各子公司的抵免限额时,较之采用分别计算的方法能够获得更多的税务收益;同时,设立中间控股平台,还能进一步增加跨国纳税主体

---

① 财政部、国家税务总局 2017 年发布的 84 号文中增加了综合限额抵免法的应用规定。

的税务抵免限额。

第二，合理使用税收协定中的税务优惠政策，即运用中间控股公司与并购标的所在国的双边税收协定，尤其是预提所得税税率、资本利得税方面的优惠条款，减轻集团在股权转让、利润回流等环节的税负。

第三，资金使用效率与资金的流动性较高，即以境外投资平台作为集团现金池，可在境内企业需要的时候将现金及时汇回境内。

第四，可获得中国税收的递延，即推迟缴纳股息与资本利得方面的国内所得税，从而获得递延税款的时间价值，使留存在境外的现金达到最大化。

第五，提高未来退出投资的灵活性，即在间接控股的架构下，可选择在目标公司层面或中间控股公司层面退出。

（三）控股架构设计应考虑的影响因素

表 6-1　间接控股架构下利润回流与股息的纳税环节

环节	纳税主体	纳税客体	税收管辖国	税种
1	目标公司	税前利润	目标国或地区	企业所得税
2	目标公司	股息	目标国或地区	预提所得税
3	中间控股公司（SPV）	股息	中间控股公司所在国或地区	企业所得税
4	中间控股公司（SPV）	股息	中间控股公司所在国或地区	预提所得税
5	投资公司	股息	投资公司所在国或地区	企业所得税

表 6-1 反映了间接控股架构下国外子公司向中国母公司汇回利润与派发股息将会经历的五个纳税环节。为了有效控制第二环节至第四环节的税负成本，中间控股公司的选择需要经历至少三个步骤的考量：

第一，通常，企业会首先基于商业安排，针对并购标的所在国与母公司所在国以及相关国家或地区之间税法规定的不同，同时考虑双边税收协定的安排，初步甄选出股息与资本利得方面的预提所得税税率均较低的国家或地区，作为中间控股公司所在地。

第二，在此基础上，还要考虑这些国家或地区的税法规定，以及商业法律方面的规定、外汇管制情况、文化与习俗等方面的影响因素，从而选择出一个投资环境较佳的国家或地区，作为海外投资架构中的中间控股公司的所在地，规避税收风险。

第三，控股架构设计还要进行相关的成本费用方面的测算，如果实际维护控股架构的经营成本过高，那么就没有必要再进行股权架构设计了。

表 6-2 是当前国际上企业跨境并购基于上述步骤考量后经常选择的控股架构平台所在地及其优缺点分析，这一分析将为本书后续案例的控股架构设计

方案提供思路。

表 6-2 控股架构平台所在地及其优缺点分析

国家或地区	优点	缺点
开曼群岛、英属维尔京群岛	法制健全,税负较低,方便上市融资	较难确立商业实质,容易受到并购标的国税务机关的挑战
中国香港	对海外收入免税,且无股息与资本利得税;离中国内地更近,便于确立商业实质	税收协定网络相对狭窄;在股权交易环节可能被征收印花税
新加坡	离中国较近;税收协定网络较为广泛;税负低,为达到要求的国家或地区公司的总部与营运中心提供了较为丰富的税收优惠政策	对享受股息收入免税的要求较高,将限制控股架构设计的灵活性;在股权交易环节可能被征收印花税
英国、荷兰、卢森堡等	税收协定网络较为广泛;税负成本较低,可享受欧盟税收优惠政策	当地的税法规定较为复杂,税收筹划以及后期的管理成本较高;在股权交易环节可能被征收印花税

二、融资架构设计

(一)融资架构设计目的

以中国某企业并购印度尼西亚某公司为例(印度尼西亚的企业所得税税率为 25%,预提所得税税率为 10%),假设印度尼西亚该公司当年的经营利润所得为 100 万美元。如表 6-3 所示,两种不同融资支付方式下的实际税率相差 15%。采用债权融资支付方式进行海外并购的税收效益明显。由于境内对外商投资的限制等原因,采用股权融资支付方式可能难以获得监管部门的审批。

表 6-3 不同融资支付方式下税负比较

项目(万美元)	股权融资支付(万美元)	债权融资支付(万美元)
利润所得	100	100
支付所得	—	100
应税所得	100	—
应缴企业所得税(25%)	25	—
分配的股息或利息	75	100
预提所得税(10%)	—	10
中国投资者得到的现金收入	75	90
实际税率	25%	10%

境外并购项目债权融资架构的设计,简言之,就是在不违反境外并购标的公司所在国资本弱化限定的情况下,在不对境外利息支付征收预提税的国家或地区免征预提税,设立中间控股公司或国际财务公司。具体而言,将原由境内母公司借给境外实体经营的子公司的款项由控股公司或国际财务公司进行贷款或转贷,子公司向控股公司或国际财务公司支付利息,中间控股公司或国际财务公司再将其转给境内母公司。

通过上述安排,一方面,可以免除并购标的公司所在国向中国企业支付利息时被征收的预提所得税;另一方面,通过资本结构方面的筹划安排,可以使相关的利息费用在并购的实际经营公司层面即获得税前扣除,最大限度地减少实际经营公司的所得税税负。此外,中间控股公司或国际财务公司可以暂时不将利润分配给中国境内母公司,从而起到延迟缴纳利息部分的境内企业所得税的作用,避免上述资金频繁出入境可能引起的税务与汇兑成本。

(二)融资架构设计方式

针对不同国家的标的公司与资金筹措安排及路径,融资架构设计方式的选择也各有不同,其中内保外贷是企业跨境并购常用的融资方式。所谓"内保外贷",是指境内的金融机构为境内企业的境外参股公司提供贷款担保,而由境外的金融机构给境外的子公司发放相关贷款的融资方式。

图 6-2 所示的直接贷款与内保外贷方式的融资安排中,先要明确的一点是,中间控股公司所在国与并购标的公司所在国、母公司所在国之间有双边税收协定,从而可以享受到较低的利息预提所得税的优惠。在上述基础上,直接贷款方式下,中间控股公司作为直接的贷款主体,在境外银行获取贷款后收购标的公司。在税收协定优惠条款的规定下,中间控股公司在向境外银行支付利息时,通常可以以较低的预提所得税税率纳税,甚至免缴利息预提所得税。

在内保外贷方式下,境内母公司取得银行贷款担保,并通过境外银行提供给中间控股公司,再由中间控股公司收购标的公司股权。在内保外贷的融资安排下,除可以获得税收协定在预提税方面的优惠外,还克服了中间控股公司因自身资信问题而难以获得大量收购资金的融资困难。

此外,如果将中间控股公司设立在标的公司所在国,那么中间控股公司通常可以与标的公司进行亏损结转。如果此时标的公司有足够的税前利润用于利息扣除,那么中间控股公司支付给境外银行的利息还可以用于抵减标的公司的税前利润。

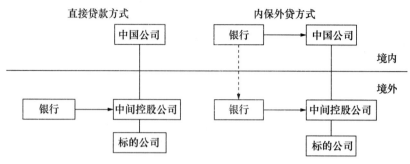

图 6-2 融资架构常见设计方法

（三）融资架构设计应考虑的影响因素

不同于控股架构设计，融资架构设计主要的关注点在于税前利息扣除、资本弱化规定以及其他资金运作方面税收筹划方法选择的影响。具体而言，要经过以下两方面的权衡：

第一，要考量中间控股公司或国际财务公司所在国与并购标的公司所在国、母公司所在国之间是否有关于利息预提所得税税收优惠的协定安排。

第二，要重视标的公司所在国关于反避税的税收规定，特别是资本弱化、转让定价方面的限制，防止税务机关将中间控股公司或国际财务公司与标的公司之间的利息划分为权益工具而导致相关利息费用无法在税前扣除。如此，才能选择出最佳融资方案，以提高资金融通的灵活性，降低资金流动和使用的成本。

第二节　跨境并购税收案例法律分析

中国母公司洲际油气股份有限公司（以下简称"洲际油气"）通过其境外控股子公司 Singapore Geo-Jade Energy United Holding Pte. Ltd.（以下简称"新加坡洲际"）收购 Trade Commerce Oil LLP（以下简称"TCO"）持有的哈萨克斯坦油气运输公司 Petroleum LLP（以下简称"哈国油气运输公司"）50％股权，交易对价为 10030 万美元。[①]

洲际油气收购哈国油气运输公司采用间接投资架构模式，即投资者在进行并购之前，首先在其他国家或地区设立中间控股公司，再通过中间控股公司并购投资国目标公司。以下通过分析该案例，介绍企业跨境并购的常见架构

---

① 参见《洲际油气关于收购哈国油气运输公司 50％股权的公告》，http://guba.eastmoney.com/news,600759,577660389.html，最后访问时间：2019 年 7 月 29 日。

模式。

一、洲际油气收购哈国油气运输公司的架构解析[①]

交易完成后,哈国油气运输公司以不低于每个财务年度可分配净利润的60%分配股息给股东新加坡洲际。如果洲际油气直接收购哈国油气运输公司,根据《中国—哈萨克斯坦税收协定》第10条第2款的规定,中国企业从哈萨克斯坦取得的股息红利需要在哈萨克斯坦缴纳10%的股息预提税。但是,如果选择间接并购方式,通过中间控股公司新加坡洲际进行收购,则根据哈萨克斯坦和新加坡的双边税收协定,新加坡企业从哈萨克斯坦企业取得的股息红利只需缴纳5%的股息预提税。根据新加坡国内税法的规定,新加坡居民企业支付给非居民企业的股息红利免征预提税,即子公司新加坡洲际向母公司洲际油气支付股息红利的预提税为零。如果新加坡洲际将境外利润用于再投资,则这笔来自哈国油气运输公司的股息就无须在中国境内纳税。总体来说,母公司洲际油气通过设立在新加坡的中间控股公司新加坡洲际收购哈国油气运输公司,在境外缴纳的股息预提税的税负仅为5%,节省了一半的股息预提税。

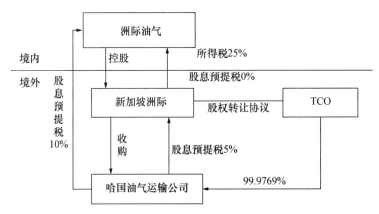

图6-3 洲际油气收购哈国油气运输公司架构

二、跨境并购税务风险防控分析[②]

企业跨境并购中,每个环节都可能存在一定程度的税务风险。在项目启动阶段,主要的风险在于未能通过税务尽职调查发现目标公司原本就存在的历史

[①] 参见王文静、褚方圆、刘丽丽:《企业跨境并购税务风险及对策分析——以中国企业"走出去"到哈萨克斯坦为例》,载《国际税收》2017年第9期。

[②] 同上。

性税务风险。由于不了解被投资公司所在地的税收政策,或未能在并购前发现目标公司尚未解决的税务事项,部分企业在进行境外投资决策前就可能面临未来经济利益损失的风险。在交易谈判阶段,不合理的股权投资架构可能导致企业利润汇回时产生额外的税务成本。随着 BEPS 行动计划的推进,国际税收规则的新变化也会对跨境并购股权架构设计产生重要影响。在交易完成后,可能存在的风险主要是指并购成功后,由于并购企业在整合目标公司资源、开展实际业务操作时未能对境外税务事项进行有效管理而造成的合规性税务风险。

(一)跨境并购前期税务风险分析

在并购项目启动之前,投资者可能因税务尽职调查不充分而承担历史性税务风险。在本案例中,洲际油气对哈国油气运输公司进行了财务、税务等领域的调查,发现哈萨克斯坦公司法认定的公司组织形式与中国现行税法存在较大差异,并且 2009 年哈萨克斯坦税制改革后,油气行业的整体税负大幅上升。

哈国油气运输公司的组织形式为有限责任合伙公司,这是哈萨克斯坦国内常见的注册公司形式,合伙人不承担公司的债务,而是根据其投资额承担相应的公司经营风险。[①] 与国际通行的有限责任合伙形式有所不同,《哈萨克斯坦共和国有限责任公司和补充责任公司法》规定,有限责任合伙企业是一个独立的法人团体,合伙人无权单独申报纳税,而是在公司层面申报纳税,即相当于通常意义上的有限责任公司。若中国企业不知晓这一规定,认为在哈萨克斯坦收购"合伙企业"的税务处理与国内一致,即合伙企业的税收征管遵循"先分后税"原则,利润分给每个合伙人之后,合伙人按照生产经营所得缴纳个人所得税,最高税率为 35%,那么据此制定的税务规划方案可能导致更高的税务成本。

(二)股权架构设计产生的税务风险

股权架构设计是企业在跨境并购过程中提高收益的重要方式。合理的股权架构不仅能够降低境外利润汇回母公司所在国的税务成本,也能够为企业在境外组织架构布局、未来业务整合提供一定的灵活性。随着 BEPS 行动计划的逐步落地,很多国家不断加强跨境税收管理和国际税收协作,以遏制跨境交易对本国税基的侵蚀。企业跨境并购的股权架构设计需要根据国际税收动态及时进行调整,并积极适应本国税法的修订和更新。

在本案中,洲际油气通过中间控股公司新加坡洲际,利用新加坡国内税法

---

① 参见于新:《外国企业在哈萨克斯坦注册公司指南》,http://images.mofcom.gov.cn/kz/accessory/201008/1283223548947.pdf,最后访问时间:2019 年 7 月 29 日。

以及新加坡与哈萨克斯坦的税收协定中的优惠措施进行税务规划。新加坡洲际属于豁免私人公司，注册程序简单，并且无大量人员参与实际运营，有极大可能是专为投资目的而开设的。新加坡公司法规定，豁免私人公司在关联方贷款、资产负债表审计等方面享受一定程度的优惠，甚至可以不召开董事会，仅以书面决议取代股东大会决议，在运营操作上具有较大的弹性。随着BEPS行动计划成果的逐步转化，各国开始调整国内税法，完善中间控股公司、受益所有人、反滥用税收协定等税法规定。如果中国企业仍然简单地采用在传统避税地设立中间控股公司的方法进行股权架构设计，可能面临较大的税务风险。①《企业所得税法》第45条规定："由居民企业，或者由居民企业和中国居民控制的设立在实际税负明显低于本法第四条第一款规定税率水平的国家（地区）的企业，并非由于合理的经营需要而对利润不作分配或者减少分配的，上述利润中应归属于该居民企业的部分，应当计入该居民企业的当期收入。"因此，在新加坡的中间控股公司可能面临中国税务机关的反避税管理。

包括哈萨克斯坦、新加坡在内的多国政府正在加快推进BEPS第6项行动计划，即重塑税收协定、防止税收协定优惠的不当授予。基于该项行动计划，各国应同意在协定中增加旨在防止滥用协定的利益限制条款（LOB规则）或主要目的测试（PPT规则）。根据LOB规则，税务部门依据缔约国居民实体的法律性质、所有权及日常活动，确定该实体是否与其所在国有足够关联，从而将协定优惠对象限定于满足特定条件的实体。该规则规定，享受协定优惠的"有资格的人"，不仅需要是缔约国居民，还应当通过所有权和税基侵蚀测试，即至少50%的表决权由该款其他项规定的"有资格的人"直接或间接持有。

在本案中，中国母公司洲际油气设立在新加坡的控股子公司新加坡洲际的性质较为特殊，并不属于BEPS第6项行动计划中的"有资格的人"。按照BEPS第6项行动计划，新加坡洲际不应享受新加坡与哈萨克斯坦的双边税收协定优惠。新加坡已承诺加入BEPS的包容性框架，并积极执行四项最低标准，即打击有害税收实践、防止滥用税收协定优惠、转让定价文档和国别报告、争端解决。随着BEPS行动计划相关成果的落地，新加坡也在不断完善反避税法律法规，于2016年承诺运用多边工具修订双边税收协定，并在2017年年初发布了修订的转让定价指南。在后BEPS时代，通过中间控股公司避税的方式可能受到主管税务机关的反避税调整，具有一定的税务风险。企业应充分熟悉税收协定中的优惠款项，尽享所应享受的税收优惠政策。

---

① 参见王文静、褚方圆、刘丽丽：《企业跨境并购税务风险及对策分析——以中国企业"走出去"到哈萨克斯坦为例》，载《国际税收》2017年第9期。

(三)并购后未进行有效境外税务管理产生的税务风险

在并购交易完成后,企业若要对目标公司进行有效整合,充分利用目标公司资源以达到并购目的,就需充分重视东道国的税收政策,关注最新税务动态。如果企业在境外经营活动中未能清楚地掌握被投资企业的具体生产经营状况,或是对当地税务法规、转让定价条款等不够了解,仅按照国内的税收管理方法开展境外企业经营管理,就可能产生不当的境外税务处理,进而引发合规性税务风险。

三、积极应对跨境并购税务风险的对策建议

(一)做好税务尽职调查,提高税务风险防范意识

针对被投资企业可能存在的历史性税务风险,企业在进行跨境并购初期要做好充分的税务尽职调查工作。企业在进行境外投资决策时,要提前熟悉东道国的税收环境和投资环境,了解并掌握东道国与本国的税制差异,特别是要重视东道国最新的税收政策变化和投资优惠政策,尽量减少因信息不对称而导致的税务风险。与此同时,税务尽职调查要求企业在有限的时间内尽可能详细、准确地获取目标公司及其子公司已有的税务信息,并针对潜在税务风险采取相应的措施。例如,投资者可以在有关收购协议中增加担保条款,或者以托管账户的方式达到冻结部分交易的效果,从而降低税务风险。

(二)关注 BEPS 行动计划,优化跨境并购架构设计

自 2017 年 1 月 1 日起,中国正式执行《多边税收征管互助公约》,与低税率地区、避税港的税收情报交换能力进一步增强。包括中国在内的多国税务机关还加强了对金融账户的监管力度,执行金融账户涉税信息自动交换标准,加强跨境税源管理。

企业跨境并购方案需要充分考虑后 BEPS 时代各国关于 BEPS 行动计划的最新进展,对现有的投融资架构进行复核、调整,在此基础上设计合理的、符合法律规定的跨境并购方案。随着 BEPS 行动计划成果的逐步落地,包括主要目的测试条款、利益限制条款以及限制导管公司规则在内的多项反避税措施被运用到双边税收协定中,无实质经营活动的中间控股公司可能被认定为导管公司,不属于协定所规定的"有资格的人",无法享受税收协定待遇。并购企业应充分了解国际税收领域的最新动态,掌握本国与东道国顺应国际税收新规则变化的各项举措,在跨境并购中加强实质性管理,合理安排境外控股公司的经营

活动,尤其是资金活动。

(三)熟悉东道国税收政策,积极防控涉税风险

企业成功并购后,仍需持续防范境外税务风险,了解东道国税务申报及合规性要求,建立专业化、信息化的海外税务合规系统,并利用税务风险管理工作网络,提高与财务、法务等部门的有效合作,实现对税务风险的有效识别与控制。在处理关联交易问题上,企业应意识到随着 BEPS 行动计划成果的转化,各国政府对于转让定价和关联交易的监管将愈加严格。税务机关有权要求跨国企业提供转让定价国别报告,分国别统计各项业务收入、应税利润等信息。在新的转让定价政策环境下,企业原有的转让定价安排可能受到税务机关的质疑,因而需要修订或重新制定以经济实质为核心的跨境关联交易方案。企业应尽早准备转让定价所涉及的合规性文本,有计划地开展国别报告所需的数据采集、评估系统整合、商业实质梳理、价值创造分析等工作,按照法律规定准备国别报告和转让定价文档,合理规划境外商业布局,合规处理境外资金交易。中国企业在跨境并购交易中还应增强与主管税务部门的沟通,合理采用预约定价安排、相互协商程序等方法控制境外税务风险。

第七章
跨境并购采用协议控制结构涉及的税收法律研究

企业通过跨境并购成为跨国公司,实现资源整合,进一步提高产能。实践中,大量跨国公司采用协议控制模式进行国际布局。本章将介绍协议控制(VIE)结构,并从税收法律角度,结合最新的税收法律法规进行深入的分析研究。

第一节 协议控制结构与跨境并购

一、VIE 结构概述

VIE 是 variable interest entities 的缩写,即可变利益实体,也称"协议控制",指公司不通过股权而通过协议控制的业务实体,可以给公司带来类似子公司的实际利益。VIE 是特殊目的公司(SPV)的一种,其概念与 SPV 的概念相近。建立 SPV 的目的是完成某项具体任务,如投资或收购某一项目,规避金融风险、税务风险及其他监管风险。凡是满足以下三个条件之一的,都可以被视作 VIE:(1)风险股本很少,实体(公司)主要由外部投资支持,其本身的股东只有很少的投票权;(2)实体(公司)的股东无法控制该公司;(3)股东享受的投票权和股东享受的利益分成不成比例。VIE 和 SPV 最大的不同在于,VIE 需要合并报表,而 SPV 可以不合并报表。[①] 在国内,VIE 主要被民营企业或高科技企业用于海外上市。处于新兴产业的跨国公司以及属于东道国严格监管行业的跨国公司则利用 VIE 进入东道国禁止或限制外商投资的行业,VIE 结构

---

① 根据美国财务会计标准委员会(FASB)制定的 FIN46 条款的规定,承担 VIE 主要风险和收益的"第一受益人"需要把 VIE 资产并入自己的财务报表,作为表内资产加以披露。

存在极大的法律风险和业务的不确定性。

(一) VIE 结构的由来

1. VIE 最初源于美国华尔街

VIE 是美国标准会计准则 FIN46 中关于被投资实体的一个术语。学界对 VIE 并没有一个通行的、固定的定义。根据 FIN46 的解释，VIE 是指投资企业持有具有控制性的利益，该利益并非来自基于股权的多数表决权。2001 年"安然事件"之后，[①]美国财务会计标准委员会紧急出台了 FIN46，将导致安然公司出事的部分风险资产划定为 VIE，以保证至少有一家机构会把这样的表外资产并入报表，而不至于损害公众的知情权。因此，只要这个实体符合 VIE 的标准，承担 VIE 主要风险和收益的"第一受益人"就需要把 VIE 资产并入自己的财务报表，作为表内资产加以披露。

使用 VIE 结构有多重目的：一是为了避免合并报表，以便跨国公司隐匿大量的表外资产，从而隐藏公司的风险、收益和亏损，避免普通投资者了解公司真实的经营业绩。安然公司的大量账外资产巨亏、雷曼兄弟过量的金融衍生品巨亏都是拜 VIE 所"赐"，使普通金融消费者的利益无从得以保护。二是为了隐瞒公司股东的真实身份。多数 VIE 结构涉及离岸公司，普通金融消费者无从得知它们的真实身份，既影响了透明度，又逃避了监管。三是为了避险。VIE 结构往往使用一系列"孤儿公司"，一旦 VIE 结构无法实现预期目标或出现巨亏，跨国公司可以"金蝉脱壳"，避免牵涉其中。四是为了避税。这也是 VIE 结构会大量存在于"避税天堂"的原因。因此，在国外，VIE 的风险主要在于透明度、信息披露、证券监管和财务报表是否真实完整。如果满足了上述监管要求，VIE 的风险是可控的。

2. VIE 模式进入中国

中国最早的 VIE 模式肇始于互联网业。互联网企业在草创时期，有良好的商业模式和技术，但是缺少资金。融资成为互联网企业生存和发展的关键。融资主要有两种方式：一是在国内主板上市，二是去海外上市融资。其中，在国内主板上市的门槛令互联网企业望而却步。于是，重监管、轻审批的海外资本市场成为互联网企业的首选。

2000 年以前，中国企业海外上市融资主要采取"反向收购"(reverse merger[②]，包

[①] "安然事件"，是指 2001 年发生在美国的安然(Enron)公司破产案。在此之前，一家公司对另一家公司拥有多数投票权(股权)才会要求合并报表。

[②] 参见胡鸿高、王仁荣：《反向收购及其法律规制初探》，载王保树主编：《中国商法年刊 2010》，法律出版社 2011 年版，第 289—294 页。

括买/借壳上市和红筹上市①)即"造壳上市"的模式。2000年6月,证监会发布《关于涉及境内权益的境外公司在境外发行股票和上市有关问题的通知》。根据该通知的规定,将境内资产通过收购、换股、划转或其他方式转移到境外非中资公司或非中资控股上市公司进行股票发行或上市的,应当由中国律师出具法律意见,并由证监会出具"无异议函"。由于证监会烦琐的审批程序,大部分企业无法顺利获得"无异议函"。这在一定程度上关紧了中国民营企业海外上市的大门。

2006年8月,商务部、国家税务总局等6部委联合发布《关于外国投资者并购境内企业的规定》(商务部 国务院国有资产监督管理委员会 国家税务总局 国家工商行政管理总局 中国证券监督管理委员会 国家外汇管理局令2006年第10号,以下简称"10号文")。10号文赋予证监会较大的审查权,企业需要出具公司沿革及业务概况、股本结构、筹资用途及经营风险分析、业务发展目标、筹资成本分析、招股说明书等材料。企业海外上市还需要获得商务部、国家外汇管理局的审批。② 10号文的严格限制使得红筹上市之路基本被封锁。

在此困境之下,VIE模式应运而生。通过VIE模式,在境外注册的上市公司和在境内运营业务的实体可以实施分离。外资企业虽然无法直接通过股权控制内资企业,但是可以通过特定的VIE协议获得内资企业的经营控制权,利润收益通过不同名目的合同约定最终仍由最终股东享有。这种既回避了内资企业、外资企业间的股权关系,又保障了外资企业实质利益的VIE模式,受到了希望在境外上市的民营企业的青睐。

中国一些互联网企业因接受境外融资而成为"外商",但是互联网业务的牌照只能由内资公司持有(境内持牌公司)。外国投资者多数为风险投资(VC)、私募基金(PE)和行业巨头,愿意帮助中国互联网企业"烧钱",很多是因为觊觎这些互联网企业的许可牌照以及中国庞大的互联网市场。因此,外国投资者如何分享境内持牌公司的庞大生意和利益成了这些互联网企业及其境外投资者关注的核心问题。VIE这种隐秘的"擦边球"模式应运而生,成为外商绕过上述

---

① 红筹上市,是指境内企业实际控制人以个人名义在开曼群岛、英属维尔京群岛、百慕大等离岸中心设立壳公司,再以境内股权或资产对壳公司进行增资扩股,并收购境内企业资产,以境外壳公司名义达到曲线境外上市的目的。

② 10号文第11条不但规定境内公司、企业或自然人以其在境外合法设立或控制的公司名义并购与其有关联关系的境内的公司,应报商务部审批,还要求当事人不得以外商投资企业境内投资或其他方式规避前述要求。至于哪些方式属于"其他方式",监管部门未予解释。10号文第45条还规定,设立特殊目的公司需经商务部初审同意,境内公司凭商务部批复函向证监会报送申请上市的文件。10号文还对企业并购的支付手段作出规定,外国投资者以其合法拥有的人民币资产作为支付手段的,应经外汇管理机关核准。

准入限制,潜入"禁止"类和"限制"类行业的有效工具。VIE模式成为中国民营企业境外上市的一种重要方式,互联网企业盛大、空中网、百度、阿里巴巴、京东等都是通过此种模式在境外成功上市的。同时,这一模式逐步延伸至其他"禁止"类或"限制"类行业,如教育、传媒和医疗等。一些传统行业也使用VIE模式在境外上市。

由于政府在VIE问题上一直未明确表态,VIE模式遂成为没有政策、法规背书的"裸奔"模式。从严格意义上说,各类规避法律和政策的方法都具有法律上的瑕疵,存在着很大的法律风险。一旦VIE模式被政府认定违法,采用VIE模式的境内持牌公司将无法申请各种必需牌照或保留现有牌照。一旦VIE协议出现问题,境外上市的壳公司将一文不值。一旦VIE模式被认定不合法,中国投资的法律环境将遭受严重质疑,跨国公司对中国的敏感行业将望而生畏,境外资本市场对中国公司的估值将大打折扣。

(二)VIE结构的相关概念

1. VIE模式

所谓VIE模式,是指境外离岸公司不直接收购境内经营实体,而是在境内投资设立一家外商独资企业,为境内经营实体企业提供垄断性咨询、管理等服务,境内经营实体将其利润以"服务费"的方式支付给外商独资企业。同时,该外商独资企业还通过签订合同取得对境内企业全部股权的投票表决权、抵押权、优先购买权、经营控制权等权利。[①]

2. 协议控制

协议控制的含义包括广义和狭义两方面。广义上的协议控制,是指不同主体之间就特定事项达成协议,从而实现一方对另一方或对某些事项的控制。狭义上的协议控制,是指在进入某些限制性或禁止性行业时,外国投资者不对国内企业进行股权收购,而是通过协议控制等一系列安排以获得实际控制权。[②] VIE结构在国内被称为"协议控制结构"或者"新浪模式。"[③] 本书中,VIE结构与协议控制结构的意思相同。

二、VIE结构的税收分析

(一)VIE结构境外上市的税收问题

根据VIE结构,境内中资企业的资产运营、借款合同、股权质押、认股选择

[①] 参见王仁荣:《VIE模式:山雨欲来风满楼》,载《学术前沿》2011年第10期。
[②] 参见张朝元、于波、丁旭:《企业上市前改制重组》,中国金融出版社2009年版,第182页。
[③] 同上。

权、投票权等均受全资外资企业控制。但是,这种控制并不是通过获得控股权实现的,不存在股权转让问题。这样,VIE 结构就规避了股权转让的所得税事项。更为重要的是,根据独家服务协议,境内中资企业实际业务运营所需的知识产权、服务均由全资外资企业提供,而境内中资企业以绝大部分利润支付服务费、特许权使用费。在双边税收协定中,对特许权使用费等往往规定了一定的税收优惠。境内外商独资企业由境外企业投资设立,所以不存在股权转让事宜,股权转让过程中的评估、核税以及审查事宜统统不存在了。[①] 在中国,非居民企业在境外取得的资本利得不属于本国税收范围,由此规避了所得税纳税义务。在美国,上市主体不仅被视为非居民企业,其股权转让所得也不属于来源于美国的所得,由此规避了资本利得税。

(二) VIE 结构的税收分析

1. 经营实体公司的税收分析

经营实体公司利用 WFOE 进行关联交易,通过向 WFOE 支付特许权使用费、顾问费、技术转让费等方式将利润转移至 WFOE,进而在 WFOE 享受相应的所得税优惠,降低了整体所得税税负。

2. WFOE 的税收分析

第一,WFOE 往往比一般企业更容易享受税收优惠,如特定区域内生产性外商投资企业享受的优惠税率、针对经营期在 10 年以上企业的"两免三减半"政策、高新技术企业享受的所得税优惠税率、技术先进型服务企业享受的所得税和流转税优惠政策等。

第二,在 VIE 模式下,WFOE 是经营实体公司转移利润的承载体,使经营实体公司的实际税负大大降低了。

(三) VIE 结构企业的境外税务风险

VIE 结构企业的多个持股公司分布在境内外多个地方,各个地方的税收政策不一致,税收信息交换不及时、不完善,往往存在大量税款流失现象。这突出表现为:(1) 境外上市公司进行股息分红时,股东通过境外公司直接获得。这些行为发生在境外的多个地方,税务机关无法获取企业的全部信息,因此股息分红的个人所得税难以征收。(2) 创始人和机构投资者进行股权转让时,利用层层嵌套的公司结构特征,采用间接转让境内公司股权的方式。税务机关无法层层穿透公司股权结构,难以获取有效信息,因此存在税收征管风险。但是,居

---

① 参见解宏、李慧心、王莉莉:《中国概念股回归的税收驱动》,载《税务研究》2016 年第 3 期。

民转让境外股权并不是十分安全,很可能遭到税务机关的反避税调整。

(四) VIE 结构企业涉税案例

2014 年 10 月,两名中国居民在北京市海淀区税务局办理股权转让个人所得税缴税业务,转让 Z 公司的全部股权给 M 公司(两公司的注册地均在开曼群岛)。从表面来看,中国税务机关对此无征税权。税务人员遵循审慎原则,审核了纳税人的全套股权转让合同,发现 Z 公司是空壳公司,全资持有境内 F 公司的股权;F 公司拥有位于北京市海淀区的一座写字楼 A 大厦,是此次交易的核心资产。北京市海淀区税务局、北京市税务局和国家税务总局纵向沟通协作,共同完成了此项股权转让交易应纳税款为 6853 万元的工作。

第二节 终止协议控制结构概述

一、终止 VIE 的原因和经过

(一) 终止 VIE 的原因

1. 国家政策鼓励外商投资

2015 年 6 月 19 日发布的《工业和信息化部关于放开在线数据处理与交易处理业务(经营类电子商务)外资股比限制的通告》(工信部通〔2015〕196 号,以下称"196 号文")规定,在全国范围内放开在线数据处理与交易处理业务(经营类电子商务)的外资股比限制,外资持股比例可至 100%。

《中华人民共和国外商投资法》第 3 条第 1 款规定:"国家坚持对外开放的基本国策,鼓励外国投资者依法在中国境内投资。"国家鼓励外国投资者进入中国市场扩大投资生产,对外商投资实行准入前国民待遇加负面清单管理制度,并且进一步放开了外商投资领域。

2. 科创板注册制有利于科技创新企业上市

2019 年 7 月 22 日,科创板开市,采用注册制是一大亮点。这一机制有利于提升企业上市的竞争力和开放性,简化上市门槛,同时强化上市之后的市场淘汰。科创板是资本市场基础制度建设的创新举措,有助于鼓励创新创业,加强对实体经济的创新服务。科创板的以下特点有利于吸引优质企业境内上市:

第一,审核标准和流程透明度提升。一是审核规则全公开。2019 年 3 月,上海证券交易所发布两份《科创板股票发行上市审核问答》,共 32 条审核要点,明确持续经营能力、三类股东、对赌协议等审核标准。这是首次以官方口径且成文形式公开IPO审核规则,赋予市场机构明确预期。二是审核过程全透明。现行A股主板、创业板乃至港股均不单独披露监管问询,投资者只能对比招股说明书前后变化推断问询情况。科创板实行审核过程全披露,将监管问询与公司回复均公之于众,给全方位社会监督提供了条件。

第二,审核效率大幅提高,平均不超过3个月。科创板给出明确时间表,上海证券交易所审核不超过3个月,回复不超过3个月,中止审核不超过3个月,最长不超过9个月。从实践案例看,25家科创板企业从证监会受理到同意注册平均用时75天,大幅降低企业上市的时间成本。

第三,发行承销市场化,放权于市场。一是在定价方面,打破新股上市不得超过23倍市盈率的限制。首批25家上市企业的平均市盈率高达53倍,是同期核准制下新上市企业市盈率的2.4倍。其中,中微公司以170.75倍市盈率力拔头筹,市场对其半导体设备制造领先地位给予充分认可。二是在申购量上,科创板机构投资者比例被提高到50%,对个人投资者设立50万元门槛,平均中签率为0.06%,略高于核准制下0.05%的网上打新中签率。三是在平均募资额上,科创板首批25家企业拟筹资12.44亿元,剔除中国通号105亿元巨额IPO外,平均筹资8.58亿元,与同期核准制下新上市企业持平。市场化定价有利于打破新股上市一致性预期,短期内上市后炒作预期较高,应长期引导投资者理性估值,不排除未来高市盈率发行常态化后出现破发情形。①

第四,允许符合条件的红筹企业上市。符合《国务院办公厅转发证监会关于开展创新企业境内发行股票或存托凭证试点若干意见的通知》(国办发〔2018〕21号)规定的相关红筹企业,可以申请在科创板上市。其中,营业收入快速增长,拥有自主研发、国际领先技术,在同行业竞争中处于相对优势地位的尚未在境外上市红筹企业,如果预计市值不低于人民币100亿元,或者预计市值不低于人民币50亿元且最近一年营业收入不低于人民币5亿元,可以申请在科创板上市。②

3. 税收政策变化

国家税务总局于2015年2月3日发布的7号公告彻底扭转了跨境上市获取税收套利的机会。7号公告旨在进一步规范和加强非居民企业间接转让中国居民企业股权等财产的企业所得税管理。与过去规定的明显不同之处在于,7号公告明确了间接转让中国应税财产应该在中国履行纳税义务,即非居民企

---

① 参见任泽平、曹志楠:《科创板开市 给勇敢的改革派多一些包容和掌声!》,载微信公众号"泽平宏观",最后访问时间:2019年8月25日。

② 参见《上交所:科创板业务规则进一步明确了红筹企业上市标准》,https://baijiahao.baidu.com/s?id=1626853656116337608 3&wfr=spider&for=pc,最后访问时间:2019年8月25日。

业通过转让直接或间接持有中国应税财产的境外企业股权及其他类似权益(以下称"股权"),被认定为与中国有实际联系的所得,将产生与直接转让中国应税财产相同或相近实质结果的交易。

一旦被认定为来源于中国的所得,即使是在境外间接转让中国应税财产,也应就其所得在中国纳税,并通过"判断合理商业目的"条款确定是否调整所得纳税事项。为确保有效执行,7号公告直接列明了"应直接认定为不具有合理商业目的"的条件,其中有两条对采用红筹上市和VIE结构上市时的避税行为具有不利影响:(1)"境外企业股权75%以上价值直接或接来自于中国应税财产";(2)"间接转让中国应税财产交易发生前一年内任一时点,境外企业资产总额(不含现金)90%以上直接或间接由在中国境内的投资构成,或间接转让中国应税财产交易发生前一年内,境外企业取得收入的90%以上直接或间接来源于中国境内"。按照这两个条件,采用VIE结构实现境外上市,当初始股东开始减持股票的时候,其资本利得即使按照当地法律免于纳税义务,也仍然要按照中国法律在中国履行纳税义务。① 对于在境外上市的中国概念股(以下简称"中概股")来说,7号公告出台之后,境外的税收待遇不比境内优惠,税收因素在某种程度上将不是企业跨境上市考虑的重点事项。

(二) 终止 VIE 的经过

终止 VIE 需要考虑一系列的法律问题和复杂的税务问题,如股权转让个人所得税处理、境外资本利得税等,还会遇到外币基金如何退出、国内基金如何进入、股权激励延续等问题。企业根据实际经营情况,可以采取多种终止 VIE 的方式。但是,如下几个核心步骤是终止 VIE 过程中不可避免的:

1. 境外投资人股权处理

这里涉及的问题主要是企业的主营业务是否允许外商投资。② 如果允许外商投资,在政策层面不存在障碍,境外投资人的去留主要看投融资双方的意愿和利益分配。若境外投资者希望继续持有境内经营实体股份,则可以参照境外特殊目的公司的股权结构,通过股权转让或增资的形式将原股权结构平移至境内经营实体;如果境外投资人选择退出,则需要将股权转让给境内投资基金或者实际控制人等。如果企业的主营业务属于限制类或禁止类行业,由于政策限制或禁止外资进入,则需要回购境外投资人股份。一般的操作思路是:对 WFOE 进行重组并支付股权转让款,如境内经营实体收购 WFOE 的全部股权,该

---

① 参见解宏、李慧心、王莉莉:《中国概念股回归的税收驱动》,载《税务研究》2016年第3期。
② 参见《鼓励外商投资产业目录(2019年版)》(中华人民共和国国家发展和改革委员会 中华人民共和国商务部令第27号)。

款项是对境外投资者退出的补偿。境外上市主体收到价款后,用该价款回购境外投资者持有的股票,并注销回购的股票,境外投资者退出,从而完成私有化。

2. 终止控制协议

境外主体作出决议,终止 WFOE 与境内经营实体签订的所有控制协议。同时,各方需要就此后各项事务的具体安排签署书面协议。境内经营实体存在股权质押的,需要解除质押并办理解除质押的变更登记。

3. 终止境外股票期权计划

在大部分 VIE 结构下,境外上市主体都会实施员工股权激励计划(employee stock ownership plans,ESOP)。因为 VIE 的终止,境外主体私有化或不再继续境外上市进程,ESOP 无法继续执行,所以需要境外主体在终止 VIE 的同时终止 ESOP 并与员工签署终止协议,对员工丧失的股票期权作出补偿,如支付补偿金或者对境内上市主体的员工进行股权激励。

4. 对 WFOE 进行重组

终止 VIE 往往是为了登陆境内资本市场,因而选择一个合适的法人作为上市主体显得尤为重要。由于境内经营实体拥有核心资源,并且能够满足境内资本市场经营持续性、利润、资产规模等方面的要求,因此作为上市主体较为便捷。在终止 VIE 的过程中,需要对 WFOE 进行重组,理顺关系,以便于业务开展和日后在境内上市。为了便于研究,以图 7-1 作为 VIE 股权结构图。

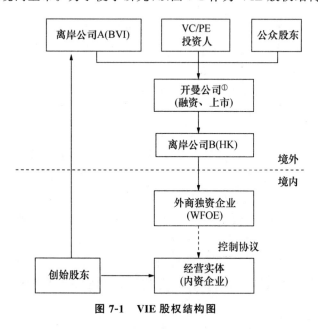

图 7-1　VIE 股权结构图

---

① 开曼群岛的支柱产业是金融服务业,主要开展离岸金融业务,在此注册的公司被称为"开曼公司"。

重组可采取以下几种方式：

（1）股权重组，直接转让 WFOE，其中包括股权交易和股权交换的方式。股权交易即离岸公司 B 直接将 WFOE 转让给境内经营实体。转让后，境内经营实体成为 WFOE 的母公司。股权交换即离岸公司 B 以 WFOE 的股权作为对价向境内经营实体进行增资。这样，离岸公司 B 以股东身份进入境内经营实体。转让后，境内经营实体成为 WFOE 的母公司，能确保经营实体的控制权在境内。在产业政策允许的情况下，少数股东有外资背景时可以采用这一方案。①

（2）股权重组，间接转让 WFOE。这种操作方式与前一种直接转让的区别在于股权出让主体和股权不同。间接转让是境外上市公司将离岸公司 B 的股权转让给境内经营实体。转让完成后，境内经营实体将成为离岸公司 B 的母公司，WFOE 将成为境内经营实体的孙公司。

（3）吸收合并，即离岸公司成为境内经营实体的股东。采用这种方式需要一定的前提条件：一是需要符合国家产业政策，外商能够进入境内的行业；二是 WFOE 存在实际经营业务，吸收合并是为了整合 WFOE 的资源，增强境内经营实体的生产发展。在具体操作时，可能通过境内经营实体并购 WFOE，采用股权支付形式等。

（4）资产收购，主要是境内经营实体收购 WFOE 的有用资源，如资产、人力资源等，可以采用债权融资形式。这种方式可能需要大量的资金支持，但是形式较为灵活，不必经过国内证券等相关部门的审批。

5. 注销境内外实体

在完成上述过程之后，境外实体成为不存在实际经营业务的空壳公司。为了消除同业竞争以及避免可能产生的潜在纠纷，为今后登陆境内资本市场扫清障碍，决策者往往会选择注销境外公司，如开曼公司、BVI 公司②等。此外，WFOE 因被经营实体并购而失去了经营价值，也将会被注销。

二、与终止 VIE 相关的税务风险概述

终止协议控制实际上就是拆除 VIE 结构，其中涉及股权私有化、境外投资方的退出或股份赎回、VIE 相关协议的解除、境内股权结构的调整、相关主体的注销等复杂程序，每个程序都会涉及大量的税务问题。企业在拆除 VIE 架构的过程中，应谨慎评估相关税务成本和涉税风险，并采取有效的应对措施。

---

① 参见朱松胜：《论终止协议控制模式时的所得税监管：问题及完善建议》，浙江大学 2017 年硕士学位论文。
② 英属维尔京群岛（BVI）是世界上发展最快的海外离岸投资中心之一，在此注册的公司被称为"BVI 公司"。

(一) 境外投资方转让 WFOE 股权的涉税风险

在拆除 VIE 结构的过程中,境内投资方或境内经营实体可能直接或间接从 WFOE 股东手中收购其持有的 WFOE 股权。根据《企业所得税法》的规定,非居民企业在中国境内未设立机构、场所的,或者虽设立机构、场所但取得的所得与其所设机构、场所没有实际联系的,应当就其来源于中国境内的所得缴纳 10% 的预提所得税。同时,支付方有义务代扣代缴该非居民企业应缴纳的所得税。如果支付方未履行代扣代缴义务,且转让方未自行申报缴纳税款,则按照《税收征收管理法》第 68、69 条的规定处理。第 68 条规定:"纳税人、扣缴义务人在规定期限内不缴或者少缴应纳或者应解缴的税款,经税务机关责令限期缴纳,逾期仍未缴纳的,税务机关除依照本法第四十条的规定采取强制执行措施追缴其不缴或者少缴的税款外,可以处不缴或者少缴的税款百分之五十以上五倍以下的罚款。"第 69 条规定:"扣缴义务人应扣未扣、应收而不收税款的,由税务机关向纳税人追缴税款,对扣缴义务人处应扣未扣、应收未收税款百分之五十以上三倍以下的罚款。"

7 号公告和 37 号公告进一步完善了对非居民企业间接转让中国应税财产(包括股权和其他财产)的征税规则。7 号公告第 8 条第 1 款规定:"间接转让不动产所得或间接转让股权所得按照本公告规定应缴纳企业所得税的,依照有关法律规定或者合同约定对股权转让方直接负有支付相关款项义务的单位或者个人为扣缴义务人。"第 3 款规定:"扣缴义务人未扣缴,且股权转让方未缴纳应纳税款的,主管税务机关可以按照税收征管法及其实施细则相关规定追究扣缴义务人责任;但扣缴义务人已在签订股权转让合同或协议之日起 30 日内按本公告第九条规定提交资料的,可以减轻或免除责任。"37 号公告第 7 条第 1 款规定:"扣缴义务人应当自扣缴义务发生之日起 7 日内向扣缴义务人所在地主管税务机关申报和解缴代扣税款。扣缴义务人发生到期应支付而未支付情形,应按照《国家税务总局关于非居民企业所得税管理若干问题的公告》(国家税务总局公告 2011 年第 24 号)第一条规定进行税务处理。"因此,中国非居民企业间接转让中国应税财产,应及时与主管税务机关进行沟通,做好纳税申报事项。

股权转让所得,是指股权转让价减除股权成本价后的差额。股权转让价,是指股权转让人就转让的股权所收取的包括现金、非货币资产或者权益等形式的金额,且不得从股权转让价中扣除被持股企业的未分配利润或税后提存的各项基金。《企业所得税法》规定,关联企业之间的交易应符合独立交易原则。在拆除 VIE 结构的过程中,会涉及众多关联交易。如果关联股权交易的价格明显偏低而无合理解释,或不符合独立交易原则,则税务机关有权按照合理的方法进行调整。除此之外,股权转让的双方还需要各自按合同约定的股权转让金额的万分之五缴纳印花税。

(二) WFOE 变为内资企业时的补税风险

《外商投资企业和外国企业所得税法》第 8 条第 1 款规定:"对生产性外商投资企业,经营期在十年以上的,从开始获利的年度起,第一年和第二年免征企业所得税,第三年至第五年减半征收企业所得税……外商投资企业实际经营期不满十年的,应当补缴已免征、减征的企业所得税税款。"[①]根据《国家税务总局关于外商投资企业和外国企业原有若干税收优惠政策取消后有关事项处理的通知》(国税发〔2008〕23 号)的规定,2008 年后,企业生产经营业务性质或经营期发生变化,导致其不再符合旧税法规定的定期减免税优惠条件的,应补缴其此前已经享受的定期减免税税款。若 WFOE 在股权转让时经营期限不满十年,但是享受了旧税法下有关生产性外商投资企业的定期减免税优惠,则应补缴其此前(包括在优惠过渡期内)已经享受的定期减免税税款。

(三) WFOE 资产转让中的相关税收问题

在 WFOE 持有必要资产(主要是一些专有技术等无形资产)的情况下,在拆除 VIE 结构时,也可能涉及境内公司或关联方收购 WFOE 持有的必要资产的交易。

通常情况下,WFOE 需要就相关资产的转让所得(如有溢价)缴纳 25% 的企业所得税。如果相关的资产或股权转让交易符合 59 号文及配套规定的特殊重组条件,则可以适用特殊重组的税收优惠待遇,在符合一定条件的情况下,企业可以享受税收递延待遇。除此之外,WFOE 还需要就相关的资产转让行为缴纳相应的增值税。但是,在例外情况下,WFOE 可以不缴纳增值税。根据《国家税务总局关于纳税人资产重组有关增值税问题的公告》(国家税务总局公告 2011 年第 13 号)的规定,纳税人在资产重组中,将全部或者部分实物资产以及与其相关联的债权、负债和劳动力一并转让给其他单位和个人的,可排除在增值税的征税范围,其中涉及的货物转让,不征收增值税。

(四) VIE 内资公司股权调整中的相关涉税问题

如果相关投资方以增资的方式获得内资公司的部分股权,则原股东不涉及缴纳任何所得税。但是,如果投资方以收购原股东部分股权的方式投资内资公

---

① 该项政策就是通常所说的"两免三减半"税收优惠。

司,则原股东(转让方)须确认相关的转让所得并计算缴纳所得税。原股东为企业的,须按照25%的税率缴纳企业所得税;原股东为自然人的,须按照20%的税率缴纳个人所得税。

如果投资方以货币性资产增资或购买原股东的股权,则投资方或原股东不涉及缴纳任何税收。但是,如果投资方以非货币性资产出资或购买原股东股权,则投资方需要将该非货币性资产视同销售,缴纳相应的所得税和其他税收,如增值税等。根据《财政部 国家税务总局关于非货币性资产投资企业所得税政策问题的通知》(财税〔2014〕116号,以下简称"116号文")的规定,企业对外投资确认的非货币性资产转让所得,可在不超过5年期限内,分期均匀计入相应年度的应纳税所得额,按规定计算缴纳企业所得税。同时,根据《财政部 国家税务总局关于个人非货币性资产投资有关个人所得税政策的通知》(财税〔2015〕41号)的规定,纳税人一次性缴税有困难的,可合理确定分期缴纳计划并报主管税务机关备案后,自发生上述应税行为之日起不超过5个公历年度内(含)分期缴纳个人所得税。非货币性资产投资同时符合59号文规定的特殊重组条件的,可以选择适用特殊重组的免税处理。

(五)终止VIE的税收影响

协议控制的目的在于,将境内经营实体的利润转移至境外投资方控制的WFOE和其他关联实体,并最终分配给境外投资方。因此,在VIE模式下,存在大量的境内外实体之间的关联交易,如境内经营实体和WFOE之间有关技术服务的关联交易等。关联交易的存在,一方面使得企业可能面临潜在的转让定价调整的风险;另一方面也导致部分的重复征税,增加了整个交易的税收负担。

终止协议控制本身并不会导致相关方产生任何的纳税义务。但是,随着协议控制的终止,以及原VIE结构下相关实体的注销(如WFOE或其他境外实体的注销),相关的关联交易(尤其是跨境关联交易)和重复征税可能因此而减少,整体税负可能有所降低。

(六)境外投资方利润汇回的税收问题

如果WFOE有以前年度未分配利润或在资产收购中获取部分利润,则境外投资方可以通过分红或注销清算方式将利润分配给境外投资方。根据《企业所得税法》的规定,境外非居民投资方从WFOE获得的股息红利所得需要缴纳10%的预提所得税。如果WFOE的股东所在国或地区与中国签订了双边税收协定,协定中对股息红利所得设置了优惠款项,而且WFOE的股东符合协定规定的优惠条件,那么可以申请享受协定优惠待遇。

（七）员工股权激励计划延续中的税收问题

在 VIE 结构中,境外(拟)上市主体基本都制定了员工股权激励计划,而且部分员工可能已经行权。在拆除 VIE 结构时,为保证员工的权益,需将原来的期权计划以适当的方式在境内拟上市主体中予以延续。

搭建适当的员工持股平台,有助于股权激励计划的有效实施,并减少未来员工行权和转让时的税收负担。实践中,有限合伙是常用的员工持股平台设立形式。很多地方都规定,有限合伙企业的合伙人是自然人的,对其从有限合伙企业分得的所得计征个人所得税。一些地方还对自然人缴纳的个人所得税予以部分返还。因此,选择员工持股平台的设立地点与未来的个人所得税税负有关,应综合考虑各地的合伙企业个人所得税征收管理政策,提前做好个人所得税的税收筹划,从而进一步降低员工未来从股权激励计划中获得相关收益的税收负担。

（八）可能涉及的其他税收问题

拆除 VIE 结构时,可能涉及注销某些公司(如 WFOE 等)。注销时,一方面,企业需要按照《财政部 国家税务总局关于企业清算业务企业所得税处理若干问题的通知》(财税〔2009〕60 号)的规定进行清算的所得税处理;另一方面,税务机关会核查企业在历史经营期间(通常为近三年)的纳税情况。同时,未来境内企业上市时,监管机构也可能要求其就 VIE 结构设立及拆除过程中的纳税情况进行说明。例如,暴风科技回归境内 A 股上市时,监管机构要求发行人及中介机构补充说明其 VIE 结构搭建及拆除过程中是否存在应缴未缴税款的问题。如果企业在历史经营期间对于税务问题处理不合规或者缺少相关的证明材料,应及时与主管税务机关进行沟通,查找税务系统中相关的纳税记录或请税务机关开具完税证明等,以免产生不必要的涉税争议。①

第三节 终止协议控制结构的税收法律研究

基于经营实体寻求境内上市等商业目的的考虑,VIE 结构需要被拆除。由于 VIE 结构下对于 WFOE 的功能定位或商业安排存在差异,因而拆除方式存

---

① 参见明税律师事务所:《VIE 架构拆除回归中的八大税务考虑》,http://www.minterpku.com/uploads/soft/150630/1-150630105229.pdf,最后访问时间:2019 年 8 月 18 日。

差异，对各纳税主体会产生不同影响。下文通过分析拆除 VIE 结构的不同方式，分析终止协议控制结构涉及的税收法律问题。

一、不对 WFOE 进行重组涉及的税务风险

此种方式适用于 WFOE 是壳公司或对于经营实体无利用价值的情况。在此种情况下，VIE 模式下的相关纳税主体及税收政策不会变化。对于经营实体而言，由于切断了与 WFOE 之间的利润转移，避免了关联交易环节的流转税金及附加，按独立交易价格原则进行交易，其盈利能力和所得税税负都回归到正常合理的状态；同时，以前年度的关联交易转移利润行为可能引起主管税务机关的注意，存在被纳税调整及处罚的风险。

二、对 WFOE 进行重组涉及的税务风险

此种方式适用于 WFOE 是经营实体，并且其中部分或全部生产（经营）要素对于确保经营实体的独立持续经营都是必需的。在此种情况下，需要对 WFOE 进行重组，将部分或全部生产（经营）要素纳入经营实体之中。重组方式根据实际情况而有所不同，对相应的涉税主体的影响也会不同。

（一）股权重组，WFOE 成为境内经营实体的子公司

1. 直接股权交易模式涉及的税务问题

WFOE 的股东离岸公司 B（图 7-1）把其持有的 WFOE 的股权转让给境内经营实体，WFOE 成为境内经营实体的子公司。[①] WFOE 由外商投资企业变更成为内资企业，即"外转内"。WFOE 以前享受外商投资企业所得税优惠政策，若经营期未满十年，根据国家相关政策规定，应补缴相应的企业所得税。

股权转让方离岸公司 B 在股权转让环节会确认股权转让所得，计缴企业所得税。一般情况下，香港公司[②]被认定为非居民企业时，股权转让所得需按 10% 扣缴预提所得税。但是，香港公司也可能被认定为居民企业，会被要求按 25% 税率计缴企业所得税。将香港公司认定为居民企业不是不可能，只是实操中几乎没有这样认定的先例。

2. 换股合并模式涉及的税务问题

离岸公司 B 以其持有的 WFOE 的股权向境内经营实体增资，进而成为境

[①] 参见梁俊娇、宗贞：《我国境外上市企业拆除可变利益实体（VIE）结构的税收风险分析》，载《商学研究》2018 年第 3 期。

[②] 中国香港是全球知名的离岸公司注册地，在此注册的离岸公司被称为"香港公司"。

内经营实体的股东之一，WFOE 则成为境内经营实体的全资子公司。采用此种重组模式的前提条件是经营实体的控制权在境内，产业政策允许少数股东有外资背景。

一般情况下，香港公司(图 7-1)被认定为非居民企业时，上述交易系跨境重组。根据 59 号文，只有非居民企业向与其具有 100% 直接控股关系的居民企业转让其拥有的另一居民企业股权时，可适用特殊性税务处理规定，享受递延纳税的优惠政策。

假如香港公司根据 82 号文^①被认定为居民企业，则上述交易系境内重组，根据 59 号文，可以适用特殊性税务处理规定，离岸公司 B 的股权转让所得享受递延纳税的优惠政策。但是，一旦离岸公司 B 被认定为中国的居民企业，则此前 VIE 结构中境内 WFOE 以股息、技术服务费等形式向境外转移利润的行为便会引起税务机关的注意。在 BEPS 行动计划发展的大背景下，离岸公司 B、境内 WFOE、境内经营实体都将面临税务机关进行纳税调整和处罚的风险。

在境内经营实体方面，由创始股东全资控股变更为创始股东与离岸公司 B 共同持有境内经营实体股权，境内经营实体变更为中外合资经营企业(即"内转外")，税收成本、纳税义务等相关内容均不会发生变化。由香港公司控制的 WFOE 变更成为境内经营实体(后变更为中外合资经营企业)的全资子公司后，若不符合经营期满十年的规定，则需补缴相应的税款。

（二）间接股权转让，WFOE 成为境内经营实体的孙公司

在此模式下，与上述交易模式基本相同，只是交易的双方是境内经营实体与开曼公司(图 7-1)，开曼公司转让其持有的香港公司股权。WFOE 仍然是香港公司的子公司，继续保留外资企业身份，不会因交易引起税务因素变化。对于开曼公司而言，转让香港公司股权的税收成本与香港公司转让 WFOE 股权的税收成本一致，甚至可能更低。

开曼公司通过转让其持有的香港公司股权实现转让 WFOE 股权的目的。从表面上看，交易发生在境外，交易标的也是境外公司股权，因而无须在境内缴

---

① 82 号文第 2 条规定："境外中资企业同时符合以下条件的，根据企业所得税法第二条第二款和实施条例第四条的规定，应判定其为实际管理机构在中国境内的居民企业(以下称非境内注册居民企业)，并实施相应的税收管理，就其来源于中国境内、境外的所得征收企业所得税。(一) 企业负责实施日常生产经营管理运作的高层管理人员及其高层管理部门履行职责的场所主要位于中国境内；(二) 企业的财务决策(如借款、放款、融资、财务风险管理等)和人事决策(如任命、解聘和薪酬等)由位于中国境内的机构或人员决定，或需要得到位于中国境内的机构或人员批准；(三) 企业的主要财产、会计账簿、公司印章、董事会和股东会议纪要档案等位于或存放于中国境内；(四) 企业 1/2(含 1/2)以上有投票权的董事或高层管理人员经常居住于中国境内。"

纳企业所得税,但是会导致双重不征税的问题。

为了规范通过转让中间控股公司股权间接转让中国居民企业股权以进行避税的行为,税务机关可能适用穿透原则,要求开曼公司缴纳预提企业所得税。这里涉及的是 WFOE 股东与股东之间的纳税义务,虽然其应税所得在形式上与中国并无关系,但是涉及的税务风险需要引起重视。

穿透原则,是指在税法上否认形式上的纳税义务主体,而穿透到最终实际控制人的一种征税原则。它与法人人格否认制度具有一定的相似性,却又不完全相同。《企业所得税法》第 47 条、《特别纳税调整实施办法(试行)》第 94 条是穿透原则的法条基础。7 号公告对不具有合理商业目的的间接转让中国居民企业股权行为可以按照交易的实质进行调整作了具体的规定。7 号公告规定根据来源地征税,扩大了中国税务机关对间接股权转让的监管范围。7 号公告是国家税务总局积极参与 G20 税改、应对 BEPS 问题的重要举措,是一般反避税规则在间接转让股权中的具体表现。[①]

当前对非居民企业间接转让股权行为的监管主要有三种方式:一是依据国内法中的一般反避税规则进行个案调整;二是通过来源地规则直接将非居民企业间接转让股权的利得纳入所得税征税范围;三是收紧境内居民在境外交易境内股权的税收政策,减少间接转让以避税的可操作空间。

对于开曼公司间接转让 WFOE 的行为是否可能被适用穿透原则而在境内缴税,要看交易的商业目的合理与否。根据 7 号公告第 3 条的规定,间接转让合理商业目的的认定,要从整体角度进行考虑。7 号公告列举了需结合实际情况进行总体分析的要素,具体归纳如下:

第一,资产价值构成收入来源分析。采用协议控制模式的企业几乎全部收入都来自中国境内的 WFOE 和经营实体,几乎全部资产都归属于 WFOE 和经营实体。被转让的中间控股公司的主要资产是现金和对境内企业的长期股权投资,因此其股权的价值基本上是由境内主体的价值或经营状况决定的。

第二,功能风险分析。该因素要求从企业股权结构、资产、收入等方面着手,对被转让企业股权与相关企业实际履行功能和承担风险的关联性、在集团结构中的实质性经济意义进行分析。

第三,存续时间分析。该因素要求从时间间隔上考量间接转让交易及相关安排的筹划痕迹。举例而言,如果境外股权转让方在转让前短时间内搭建了中间层公司并完成间接转让,那么这种交易安排就具有明显的筹划痕迹,非常不

---

① 《一般反避税管理办法(试行)》是对一般反避税的总体性规定,7 号公告是一般反避税规则在具体领域的适用,两者在反避税之税收规制方面互相配合。

利于合理商业目的的判定。

第四,境外纳税分析。该因素要求从境外应缴税情况判断是否存在跨国税收利益。

第五,可替代性分析。该因素要求分析是否可以直接投资、直接转让替代间接投资、间接转让,以判断间接交易是否具有合理商业实质。

第六,税收协定分析。该因素主要考虑间接转让行为适用的税收协定中对征税权的分配。

此外,7号公告第4条①规定了可以直接认定为不具有合理商业目的的四种特定情形,是对7号公告第3条②的具体量化。

按照穿透原则,判断交易是否具有合理商业目的,关键要看香港公司是否存在实际经营业务。在香港公司是实体公司,存在其他经营业务的情况下,开曼公司转让香港公司股权,一般不会被认定为直接转让WFOE股权,也就不适用穿透原则。此时,开曼公司的股权转让所得无须在中国境内缴纳相关所得税。但是,当香港公司是壳公司时,开曼公司可能被认定为通过滥用组织形式等安排,间接转让中国居民企业股权,且不具有合理商业目的,规避企业所得税纳税义务的,主管税务机关在呈报国家税务总局审核后可以按照经济实质对该股权转让交易重新定性,适用穿透原则。此时,开曼公司的股权转让所得需要在中国境内缴纳相关所得税。③

---

① 7号公告第4条规定:"除本公告第五条和第六条规定情形外,与间接转让中国应税财产相关的整体安排同时符合以下情形的,无需按本公告第三条进行分析和判断,应直接认定为不具有合理商业目的:(一)境外企业股权75%以上价值直接或间接来自于中国应税财产;(二)间接转让中国应税财产交易发生前一年内任一时点,境外企业资产总额(不含现金)的90%以上直接或间接由在中国境内的投资构成,或间接转让中国应税财产交易发生前一年内,境外企业取得收入的90%以上直接或间接来源于中国境内;(三)境外企业及直接或间接持有中国应税财产的下属企业虽在所在国家(地区)登记注册,以满足法律所要求的组织形式,但实际履行的功能及承担的风险有限,不足以证实其具有经济实质;(四)间接转让中国应税财产交易在境外应缴所得税税负低于直接转让中国应税财产交易在中国的可能税负。"

② 7号公告第3条规定:"判断合理商业目的,应整体考虑与间接转让中国应税财产交易相关的所有安排,结合实际情况综合分析以下相关因素:(一)境外企业股权主要价值是否直接或间接来自于中国应税财产;(二)境外企业资产是否主要由直接或间接在中国境内的投资构成,或其取得的收入是否主要直接或间接来源于中国境内;(三)境外企业及直接或间接持有中国应税财产的下属企业实际履行的功能和承担的风险是否能够证实企业架构具有经济实质;(四)境外企业股东、业务模式及相关组织架构的存续时间;(五)间接转让中国应税财产交易在境外应缴纳所得税情况;(六)股权转让方间接投资、间接转让中国应税财产交易与直接投资、直接转让中国应税财产交易的可替代性;(七)间接转让中国应税财产所得在中国可适用的税收协定或安排情况;(八)其他相关因素。"

③ 参见朱松胜:《论终止协议控制模式时的所得税监管:问题及完善建议》,浙江大学2017年硕士学位论文。

(三) 吸收合并,境内经营实体吸收合并WFOE

WFOE的资产、业务被转移至境内经营实体。采用此种重组模式的前提条件是,产业政策允许境内经营实体的少数股东有外资背景。WFOE最终需要注销清算,外资身份消失,以前享受的外商投资企业"两免三减半"的税收优惠不再继续享受,可能被税务机关要求补缴相应的所得税。

(四) 业务重组涉及的税务问题

WFOE的资产、业务、人员等相关要素被纳入境内经营实体,具体可分为三种情况:

1. 不存在资产或资产组的交易行为

由于WFOE的业务比较简单,相关资产、技术并不复杂,不涉及资产收购,境内经营实体只承接员工、客户,如将研发或销售团队及销售合同转入境内经营实体,而人员只需重新聘用就可以实现整合之目的。在此种情况下,由于没有支付对价,不存在交易行为,因此不存在相关税务问题。

2. 存在资产或资产组的交易行为,不构成一项业务合并

由于存在资产或资产组的交易行为,对于WFOE而言,需要计缴相关资产交易的流转税金及附加,并对资产交易产生的所得额计缴企业所得税。

3. 存在资产或资产组的交易行为,构成一项业务合并

境内经营实体在承接WFOE的研发或销售团队、客户的同时,还承接资产或资产负债组合,包括生产或研发必需的设备、技术、专利、商标等,即存在交易行为,构成业务合并。根据《国家税务总局关于纳税人资产重组有关增值税问题的公告》(国家税务总局公告2011年第13号),纳税人将全部或者部分实物资产以及与其相关联的债权、负债和劳动力一并转让给其他单位和个人,不属于增值税的征税范围,其中涉及的货物转让,不征收增值税。对于WFOE而言,上述业务重组无须缴纳流转税金及附加,但是相关资产转让产生的所得额仍需计缴企业所得税。

三、终止VIE涉及的其他税务风险

(一) 对于已经在境外上市的VIE模式,终止VIE时,在上市公司退市环节的税务问题

如图7-1所示,境外上市公司(开曼公司)的股东分三类:创始股东控股的

离岸公司、VC/PE投资人和公众股东。开曼公司退市,投资人退出上市公司,根据股东不同,分为境外公众股和VC/PE投资人两种情况。在境外上市公司(开曼公司)回购境外公众股东持有的上市公司股份环节,不涉及来源于中国境内所得问题,因此不涉及中国税收。VC/PE投资人退出境外上市公司的,可以把股权转让给创始股东,此时股权转让所得需扣缴预提所得税;也可以由上市公司直接回购VC/PE投资人的股份,此时不涉及所得税问题。

(二)境外上市公司(开曼公司)退市后,VC/PE投资人仍然继续投资境内经营实体公司时的税务问题

在此模式下,境外VC/PE并不实质性退出,而只是从以前投资开曼公司转变为投资境内经营实体。VC/PE投资人直接向境内经营实体投资,根据获取股权方式的不同,税负也有差异:

第一,VC/PE合伙人直接受让创始股东持有的境内经营实体的股权。由于创始股东转让了股权,可能产生较大金额的股权转让所得,因此需计缴个人所得税。

第二,VC/PE合伙人直接向经营实体单向增资,然后在境内直接上市。在此种情况下,若是货币性资产,则无涉税事项;若是非货币性资产,则视同销售而产生流转税、个人所得税事项。

(三)自然人股息红利的税负会上升,居民企业股息红利可免税

终止VIE前,在WFOE向境外BVI公司分红环节,按中国税法的现行规定,向境外投资企业支付股利,应按10%扣缴预提所得税;若与境外公司所在国家(地区)签订税收协定,最低可能达到零税率。终止VIE后,分红模式发生了变化,经营实体向创始股东和境外VC/PE投资人分红。在此环节,若直接向自然人股东分红,适用20%税率的个人所得税;若实际控制人是法人股东,则可以免缴企业所得税;若向境外VC/PE投资人分红,则应按10%税率扣缴预提所得税。①

---

① 参见宋新潮、方敬春、董智、章建良:《拆除VIE模式下的企业税务处理》,载《财务与会计》2016年第4期。

第四节 终止协议控制结构经典案例之税收法律研究

一、科锐国际搭建及拆除 VIE 结构概述

北京科锐国际人力资源股份有限公司(以下简称"科锐国际")在中国、印度、新加坡、马来西亚、美国等国家(地区)拥有分支机构,为客户提供中高端人才访寻、招聘流程外包、灵活用工、培训与发展等人力资源全产业链服务。

(一)科锐国际跨境并购新加坡公司概述

科锐尔人力资源服务(苏州)有限公司(以下简称"苏州科锐尔")成立于 2010 年 11 月 24 日,是科锐国际的全资子公司,主要经营人才推荐、人才招聘、国内劳务派遣、国际商务咨询等业务。

Career International-FOS Pte. Ltd.(以下简称"新加坡公司")成立于 2013 年 9 月 23 日,主要经营范围为人才推荐、人才招聘、企业管理咨询,原为自然人 Ong Hak Kiong Henry 100%持股。2014 年 3 月,苏州科锐尔与 Ong Hak Kiong Henry 等签署《投资框架协议》,支付 60 万新元,受让新加坡公司 70%的股权。2015 年 4 月,苏州科锐尔与 Ong Hak Kiong Henry 等签署《股权转让协议》,用 16 万新元受让新加坡公司 20%的股权。通过两次股权转让,苏州科锐尔持有新加坡公司 90%的股权,投资总额为 810 万元,折合 135 万美元;Ong Hak Kiong Henry 持有 10%的股权,投资总额为 90 万元,折合 15 万美元。

在这两次股权转让过程中,苏州科锐尔无受益所得,不涉及所得税缴纳事宜。股权转让合同属于《中华人民共和国印花税暂行条例》的规制范围。该条例第 1 条规定:"在中华人民共和国境内书立、领受本条例所列举凭证的单位和个人,都是印花税的纳税义务人(以下简称纳税人),应当按照本条例规定缴纳印花税。"根据该条例第 2 条第 2 项,产权转移书据属于应纳税凭证。股权转让应按照股权转让金额的万分之五贴花。因此,苏州科锐尔应缴纳 4050 元印花税。

(二)科锐国际搭建 VIE 结构,拟赴境外上市

招股书显示,科锐国际人力资源(北京)有限公司(以下简称"科锐有限")是科锐国际的前身的股东曾于 2004 年至 2013 年期间计划境外上市。2004 年 10 月,以高勇为首的创业团队搭建海外融资平台,成立了科锐开曼。同年 10—11 月,实际控制人高勇等股东开始搭建红筹结构。2008 年,经纬中国 I 向科锐国

际投资了 400 万美元。

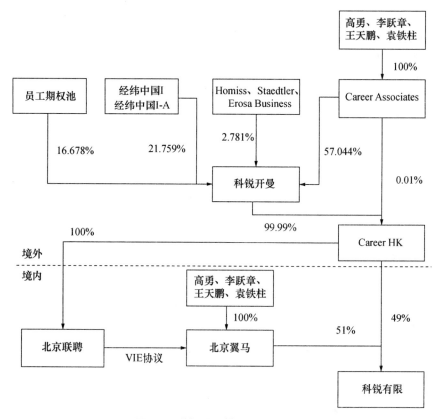

图 7-2 科锐国际搭建 VIE 架构图

资料来源:《北京科锐国际人力资源股份有限公司创业板首次公开发行股票招股说明书》(申报稿 2017 年 4 月 17 日报送证监会,简称"科锐招股说明书")。

注:1. 实线为股权关系,虚线为 VIE 关系。

2. VIE 协议签署后,北京联聘咨询有限公司(以下简称"北京联聘")合并北京欧格林咨询有限公司(简称"北京欧格林"),高勇、李跃章、王天鹏、袁铁柱全资持有 100% 的权益。

3. VIE 协议签署后,科锐开曼间接持有科锐有限 49% 的权益。

4. 北京联聘通过 VIE 协议控制科锐有限 51% 的权益。

5. VIE 结构搭建完成后,科锐开曼根据国际会计准则可以合并科锐有限 100% 的权益。

6. "北京翼马"是"北京翼马人力资源有限公司"的简称;经纬中国 I 和经纬中国 I-A 是指 Matrix Partners China I. L. P. 和 Matrix Partners China I-A., L. P.;Hormiss 是指 Hormiss Trading Corp.;Staedtler 是指 Staedtler Investment Ltd.;Erosa Business 是指 EROSA Business Ltd.;Career Associates 是指 China Career Associates Co., Limited;Career HK 是指 Career International (Hong Kong) Limited,即可瑞尔国际(香港)有限公司。

(三)科锐国际拆除 VIE 结构,在深圳证券交易所创业板上市

2008年,国际金融危机爆发,全球经济萧条。美国资本市场曾让中概股荣极一时。然而,文化、环境的差异同样让中概股"水土不服"。2010年,中概股在美国屡屡遭到做空,科锐国际由此放缓了赴美上市的步伐。2013年10月30日,科锐国际开始拆除红筹结构,终止 VIE 协议。自此至2014年7月,科锐国际又完成了员工持股平台和人民币基金摩根士丹利的增资。2015年11月,科锐国际出现在了创业板的排队名单中。科锐国际于2017年6月8日成功在深圳证券交易所创业板上市,证券简称为"科锐国际",证券代码为"300662"。

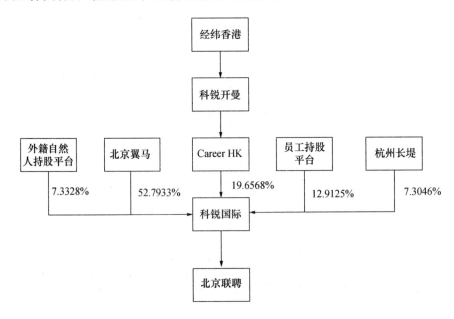

图 7-3 科锐国际拆除 VIE 结构后的股权结构图

资料来源:科锐招股说明书。

注:经纬香港是指 Matrix Partners China Hong Kong Limited;杭州长堤是指杭州长堤股权投资合伙企业(有限合伙)。

二、科锐国际重组方案分析

在拆除 VIE 结构过程中,一般采用两种方式:一是只终止 VIE 协议,不对 WFOE 进行业务重组;二是在终止协议的同时进行重组,可由 WFOE 收购境内经营实体或者由境内经营实体收购 WFOE。

科锐国际拆除 VIE 结构时,确定由科锐有限作为上市主体。2013年之前,

北京联聘曾为科锐有限提供咨询服务，若终止 VIE 协议，不进行重组，则以前年度的咨询服务可能引起税务机关的关注而需要补税。

若选择重组，一种方式是北京联聘收购科锐有限，另一种方式是科锐有限收购北京联聘。在第一种情况下，由于 2013 年年底北京联聘流动资产中的货币资金仅为 61.90 万元，而科锐有限的净资产 13691.59 万元，引入外部投资者筹措资金会直接导致创始人的控制权被稀释，而实际控制人通过自有资金进行该项重组则需要支出大量现金。可见，在重组方式的选择上，科锐有限收购北京联聘更为合适。

在科锐有限收购北京联聘后，根据 2013 年年底科锐有限的现金及现金等价物金额和北京联聘的净资产情况分析，用于收购北京联聘的现金支出仅占 32.36%，不会对科锐有限的正常生产经营造成极大影响。Career HK 将收购款项以分红的形式返还给科锐开曼，科锐开曼再以回购的方式将现金支付给科锐开曼的股东。这样获得的资金再用于对科锐有限的增资入股，从而实现控制权的平行转移。这种交易安排方式有效利用了资金流转，也不会引起税务机关对以前年度关联方交易的关注。

三、科锐国际搭建和拆除 VIE 结构涉税分析

科锐国际搭建 VIE 结构属于相关当事人的资金投入，在此过程中未产生收益，相关当事人不涉及中国税收法律规制问题。科锐国际拆除 VIE 结构时，涉及的税收主要是企业所得税和个人所得税。

（一）企业所得税问题

Career HK 与杭州长堤签订了股权转让协议，由后者支付 2739.21 万元受让科锐有限 7.3% 的股权，杭州长堤代扣代缴了 273.92 万元企业所得税。

根据《企业所得税法》及其实施条例，非居民企业在中国境内未设立机构、场所的，仅就来源于中国境内的所得缴纳企业所得税。Career HK 依照香港的公司法设立，注册地在香港，并且由于实际支配 Career HK 的控制人是科锐开曼，因此实际管理机构不在境内，属于非居民企业。Career HK 应就来源于中国境内的所得缴纳企业所得税。根据所得确定原则，Career HK 转让的位于中国境内的"权益资产"——科锐有限，属于来源于中国境内的所得，应该按照 10% 的税率征税；同时，对于非居民企业，采用源泉扣缴模式，由支付人代扣代缴预提税。

Career HK 将持有的北京联聘 100% 的股权转让至科锐国际，对价为 350 万美元。Career HK 此次股权转让的价格低于税务局核定的北京联聘净资产

份额的部分需要进行纳税调整。科锐国际就此项业务向国家税务总局北京市朝阳区税务局缴纳企业所得税13.32万元,完成代扣代缴义务。

科锐国际以相当于北京联聘注册资本金额的价格从Career HK收购北京联聘,属于同一控制下的企业合并。在税法上,关联方交易需符合独立交易原则,否则税务机关有权按照合理的方法进行调整。本案例中,被核定低于净资产的部分按照10%的税率补缴了税款。

(二)个人所得税问题

1. 股东个人所得税

2013年10月3日,高勇、李跃章、王天鹏、袁铁柱将其持有的Career Associates的全部股份以158.68万美元转让给经纬中国I。此次股权转让所得的溢价部分按照20%税率缴纳个人所得税,共计194.62万元(按照6.13的汇率计算),由扣缴义务人科锐国际代扣代缴。

2. 员工期权个人所得税

科锐有限按照1.6元/股的价格对104名员工自愿放弃科锐开曼的员工期权给予现金补偿。104名员工放弃的期权合计450360股,根据现金补偿计算,共有720576元。

《个人所得税法》第1条规定:"在中国境内有住所,或者无住所而一个纳税年度内在中国境内居住累计满一百八十三天的个人,为居民个人。居民个人从中国境内和境外取得的所得,依照本法规定缴纳个人所得税。"由于不能准确认定这104名员工的身份条件,在这里,我们假设这104名员工属于中国的税收居民,因此应依照《个人所得税法》缴税。2018年,个人所得税由综合税制修改为综合与分类相结合的税制,相关的税收政策作了相应改变。根据《财政部 国家税务总局关于完善股权激励和技术入股有关所得税政策的通知》(财税〔2016〕101号)第4条,个人从任职受雇企业以低于公平市场价格取得股票(权)的,凡不符合递延纳税条件,应在获得股票(权)时,对实际出资额低于公平市场价格的差额,按照"工资、薪金所得"项目,参照《财政部 国家税务总局关于个人股票期权所得征收个人所得税问题的通知》(财税〔2005〕35号)有关规定计算缴纳个人所得税。根据《财政部关于个人所得税法修改后有关优惠政策衔接问题的通知》(财税〔2018〕164号)第2条第1款,居民个人取得股票期权、股票增值权、限制性股票、股权奖励等股权激励,符合《财政部 国家税务总局关于个人股票期权所得征收个人所得税问题的通知》规定的相关条件的,在2021年12月31日前,不并入当年综合所得,全额单独适用综合所得税率表,计算纳税。

第八章
跨境并购融资支付涉及的税收法律研究

随着"一带一路"倡议的实施,以及在人民币汇率贬值预期等多重因素影响下,2016年以来,中资企业跨境并购总量呈现"井喷"态势。由于跨境并购的资金总量需求较大,企业往往需要通过融资筹措并购所需的巨额资金。合理安排融资方式,最大限度地降低融资成本,是决定被并购方未来能否持续良好经营的重要因素。由于并购融资的整体规模较大,因此对融资方的经营现金流也有可能产生较大的影响。在极端情况下,并购融资结构的规划甚至可以决定整个企业未来的发展。本章从税收法律角度研究跨境并购的支付和融资方式。

第一节 跨境并购支付方式的税收法律研究

一、关于跨境并购支付方式的研究

(一)境外跨境并购支付方式研究理论

1. 境外跨境并购支付方式综述

马丁(Martin)认为,收购企业越有好的未来发展机遇,就越愿意以自身的股权作为支付对价。管理层持股只有在一个适中的范围内才会影响到所选择的支付方式。①

戈什(Ghosh)和鲁兰德(Ruland)认为,采用股权支付还是现金支付方式与被并购公司的管理层是否有动力在合并后的新公司继续任职大有关系,如果他

---

① See Kenneth J. Martin, The Method of Payment in Corporate Acquisitions, Investment Opportunities, and Management Ownership, *The Journal of Finance*, Vol. 51, No. 4, 1996.

们想继续任职,则更偏向于接受股权支付方式。①

林恩(Linn)和斯威泽(Switzer)在研究了超过400例美国并购案例后发现,采用现金支付方式在并购后的表现要优于采用股权支付方式。②

布鲁斯利(Bruslerie)认为,并购的支付手段是交易双方间的内生因素,通过研究发现现金支付比例是并购双方传递并购完成后是否具有协同效应及融资结果是否成功的重要因素。③

2. 境外跨境并购支付方式理论评述

境外对于跨境并购采用股权支付还是现金支付方式的探讨主要集中在管理层的代理关系以及并购绩效方面。早期的研究对于融资方式涉及较少,往往假设仅有内部融资一种方式可以作为现金支付的融资手段。

(二)境内跨境并购支付方式研究理论

1. 境内跨境并购研究综述

王宛秋和赵子君认为,中国企业进行跨境并购时的支付方式集中于现金支付的主要原因是跨境并购经验不足、资本市场规模较小以及缺少中介机构的服务。④

鲍亦腾认为,中国企业并购的支付方式过于单一,仍以现金支付为主;并购融资渠道少,市场化程度低。⑤

吴小龙认为,只有在信息不对称问题得到妥善解决后,并购行为才会发生。相比现金支付方式,股权支付方式需要标的公司承担更高的代理成本。⑥

2. 境内跨境并购理论评述

境内关于跨境并购支付方式的研究起步较晚,大部分学者都注意到了中国跨境并购支付方式过于单一的问题,并对其原因进行了探讨。中国学者的研究大部分停留在定性分析上,相比国外的研究,实证与模型分析的内容较少。这一缺憾可能也与中国跨境并购融资兴起的时间不长,相关数据还比较欠缺

---

① See Aloke Ghosh and William Ruland, Managerial Ownership, the Method of Payment for Acquisitions, and Executive Job Retention, *The Journal of Finance*, Vol. 53, No. 2, 1998.
② See Scott C. Linn and Jeannette A. Switzer, Are Cash Acquisitions Associated with Better Post-Combination Performance than Stock Acquisitions?, *Journal of Banking & Finance*, Vol. 25, No. 6, 2001.
③ See Hubert de la Bruslerie, Crossing Takeover Premiums and Mix of Payment: Empirical Test of Contractual Setting in M&A Transactions, International Conference of the French Finance Association (AFFI), May 11-13, 2011.
④ 参见王宛秋、赵子君:《我国企业海外并购支付方式问题研究》,载《经济纵横》2008年第8期。
⑤ 参见鲍亦腾:《我国企业并购支付方式选择的影响因素研究》,河南大学2014年硕士学位论文。
⑥ 参见吴小龙:《中国企业跨国并购融资支付方式选择》,山东大学2014年硕士学位论文。

有关。

二、不同支付方式下的跨境并购

按照对目标公司的支付方式,跨境并购可分为现金式跨境并购、股票式跨境并购以及承担债权债务式跨境并购三种基本形式。

(一) 现金式跨境并购

1. 现金式跨境并购的定义

现金式跨境并购,又可称为"资产式跨境并购",一般分为三种情况:(1) 并购方筹集足额的现金购买被并购方的全部资产或主要资产,使被并购方除现金外没有持续经营的物质基础,成为有资本结构而无生产资源的空壳,不得不从法律意义上消失。(2) 并购方用除合并企业股权以外的现金、有价证券和其他资产等非股权支付方式直接投资于目标公司,在对目标公司增资扩股后获得大股东的控制性地位。(3) 并购方通过资本市场、柜台或协商以现金购买目标公司的股票或股权,一旦拥有目标公司大部分或全部股本,目标公司就被并购了。现金是并购中经常使用的支付方式。即使是在以股份或债券作为收购对价时,并购方也常向目标公司股东提供现金选择。

2. 现金支付的税负分析

现金支付是并购交易中最简单的价款支付方式,其优点在于交易简单、迅速。但是,现金支付会造成优势企业短期内大笔现金流出,一旦无法通过其他途径获得必要的资金支持,将对企业形成较大的财务压力,甚至有可能因现金流出量太大而造成交割上的困难;同时,目标公司收到现金后,账面会出现一大笔投资收益,从而增加税负。

现金支付方式往往给目标公司的原有股东带来一次性的大量资本利得,相应地也会带来沉重的税负压力。根据现行的所得税法和相关税收政策,取得资本利得的法人应缴纳企业所得税。根据《企业所得税法》第 3 条,居民企业应当就其来源于中国境内、境外的所得缴纳企业所得税。《企业所得税法实施条例》第 6 条规定:"企业所得税法第三条所称所得,包括销售货物所得、提供劳务所得、转让财产所得、股息红利等权益性投资所得、利息所得、租金所得、特许权使用费所得、接受捐赠所得和其他所得。"根据该条例第 16 条,转让财产收入,是指企业转让固定资产、生物资产、无形资产、股权、债权等财产取得的收入。个人取得的资本利得应缴纳个人所得税。根据《个人所得税法》第 2 条,财产转让所得应当缴纳个人所得税。根据《中华人民共和国个人所得税法实施条例》(以下简称《个人所得税实施条例》)第 6 条,财产转让所得,是指个人转让有价证券、股权、合伙企业中的财产份额、不动产、机器设备、车船以及其他财产取得的所得。如果两国间签有税收协定,在符合条件的情况下,可以优先适用税收协定的优惠待遇。原有股东很难进行合理避税或者递延纳税,这对目标公司股东是一项较大的交易成本和费用支出。

3. 现金支付方式的外汇管制

2017年1月26日,国家外汇管理局发布并施行《国家外汇管理局关于进一步推进外汇管理改革完善真实合规性审核的通知》(汇发〔2017〕3号),要求加强境外直接投资真实性、合规性审核。境内机构办理境外直接投资登记和资金汇出手续时,除应按规定提交相关审核材料外,还应向银行说明投资资金来源与资金用途(使用计划)情况,提供董事会决议(或合伙人决议)、合同或其他真实性证明材料。银行按照展业原则加强真实性、合规性审核。

境内机构可以使用自有外汇资金、符合规定的国内外汇贷款、人民币汇购或者实物、无形资产及经外汇局核准的其他外汇资产来源等进行境外直接投资。境内机构境外直接投资所得利润也可留存境外用于其境外直接投资。其中,自有外汇资金包括经常项目外汇账户、外商投资企业资本金账户等账户内的外汇资金。

国家外汇管理局于2009年7月13日发布的《境内机构境外直接投资外汇管理规定》(汇发〔2009〕30号)规定,外汇局对境内机构境外直接投资及其形成的资产、相关权益实行外汇登记及备案制度。境内机构境外直接投资获得境外直接投资主管部门核准后,持规定的材料到所在地外汇局办理境外直接投资外汇登记。

随着中国企业境外并购规模的扩大,简政放权、简化监管的进程也在同步进行。《国家外汇管理局关于进一步改进和调整直接投资外汇管理政策的通知》(汇发〔2012〕59号)取消了直接投资项下外汇账户开立及入账核准、直接投资项下购汇及对外支付核准以及直接投资项下境内外汇划转核准,进一步放宽了境外放款管理。《国家外汇管理局关于进一步简化和改进直接投资外汇管理政策的通知》(汇发〔2015〕13号)进一步取消了境外直接投资项下外汇登记核准审批;取消了直接投资外汇年检,改为实行存量权益登记。外汇制度的简化无疑为中国企业境外并购重组减小了阻力,有利于中国企业境外并购的继续发展。

(二)股票式跨境并购

换股并购,是指投资者不以现金为媒介对目标公司进行并购,而是增加发行本公司的股票,以新发行的股票替换目标公司的股票。股权式并购包括两种形式,即以股票购买资产和以股票交换股票。换股并购可以使两家公司相互持股,结成利益共同体;同时,并购行为不涉及大量现金,避免了所得税支出。但是,换股并购方式将导致股权结构分散,可能不利于企业的统一经营和管理。

第一,以股权换股权,即并购方向目标公司的股东发行股票,目标公司的股东将其所持有的目标公司股票作为对价交付给并购方,并从并购方处取得并购方所发行的股票,并购方由此达到控制目标公司的目的。目标公司或者成为并购方的分公司或子公司,或者解散后被并入并购方。

第二,以股权换资产,即目标公司的股东将目标公司的资产折算成一定数量的并购方的股票,并将其分配给自己的股东,使他们成为并购方的新股东。并购方获得目标公司的资产,并承担目标公司的全部或部分责任。股票式并购的特点是并购方无须支付现金,不影响并购方的现金状况,同时目标公司的股东不会失去其股份,只是股权从目标公司转到并购方,失去了对目标公司的直接控制权。

第三,股票式跨境并购税负分析。在采用换股支付方式的情况下,目标公司的控股股东在并购交易完成后并没有完全失去对新公司的控制,通常对公司具有一定的控制和影响能力,能按新的持股比例在公司获取红利和公司价值增值的收益。这种红利和受益不是一次性大量的资本利得,而是一种延迟的、长期的收益,可以进行合理避税或者延期纳税。

企业重组过程中,同时符合下列条件的,适用特殊性税务处理规定:

(1) 具有合理的商业目的,且不以减少、免除或者推迟缴纳税款为主要目的;

(2) 被收购、合并或分立部分的资产或股权比例符合规定的比例;

(3) 企业重组后的连续 12 个月内不改变重组资产原来的实质性经营活动;

(4) 重组交易对价中涉及股权支付金额符合规定比例;

(5) 企业重组中取得股权支付的原主要股东,在重组后连续 12 个月内,不得转让所取得的股权。①

股权收购,收购企业购买的股权不低于被收购企业全部股权的 50%,且收购企业在该股权收购发生时的股权支付金额不低于其交易支付总额的 85%,可以选择按以下规定处理:

(1) 被收购企业的股东取得收购企业股权的计税基础,以被收购股权的原有计税基础确定;

---

① 参见 59 号文第 5 条。

(2) 收购企业取得被收购企业股权的计税基础，以被收购股权的原有计税基础确定；

(3) 收购企业、被收购企业的原有各项资产和负债的计税基础和其他相关所得税事项保持不变。①

(三) 承担债权债务式跨境并购

承担债权债务式跨境并购基本发生在企业兼并活动中，特别是在优势企业兼并劣势企业时。在劣势企业资不抵债或者资产与负债基本相等的情况下，若优势企业想要兼并劣势企业，而该劣势企业也愿意被兼并，往往会由优势企业以承担劣势企业的全部债权债务为条件取得其资产所有权和经营权，无须另外支付任何对价。在这种方式下，支付价格不是一个明确的价格，而是目标公司债务和整体产权之比。支付也是一种特殊方式的支付，即并购方经由目标公司的原债权人以偿还债务的方式间接完成向目标公司的支付。

1. 债务承担

债务承担，是指在资产与债务等价的情况下，优势企业以承担目标公司债务为条件接受其资产的方式，实现零成本收购。债务承担的对象一般是净资产较低、经营状况不佳的企业。优势企业不必支付价款。

2. 债权支付

债权支付，是指优势企业以自己拥有的对目标公司的债权作为并购交易的价款。这种操作实质上是目标公司以资产冲抵债务。债权支付方式的优点是，找到了一条很好地解决并购双方原债权债务问题的途径，把并购和清偿债务有机地结合起来。对优势企业来讲，在回收账款的同时，可以扩大企业资产的规模。另外，债务方资产的获利能力有时可能超过债务利息，对优势企业的发展是比较有利的。

3. 债权债务式跨境并购的税负分析

根据59号文的规定，企业债务重组的一般性税务处理如下：

(1) 以非货币资产清偿债务，应当分解为转让相关非货币性资产、按非货币性资产公允价值清偿债务两项业务，确认相关资产的所得或损失。

(2) 发生债权转股权的，应当分解为债务清偿和股权投资两项业务，确认有关债务清偿所得或损失。

(3) 债务人应当按照支付的债务清偿额低于债务计税基础的差额，确认债务重组所得；债权人应当按照收到的债务清偿额低于债权计税基础的差额，确

---

① 参见59号文第6条、109号文第1条。

认债务重组损失。

（4）债务人的相关所得税纳税事项原则上保持不变。

企业债务重组的特殊性税务处理如下：

（1）企业债务重组确认的应纳税所得额占该企业当年应纳税所得额50%以上，可以在5个纳税年度的期间内，均匀计入各年度的应纳税所得额。

（2）企业发生债权转股权业务，对债务清偿和股权投资两项业务暂不确认有关债务清偿所得或损失，股权投资的计税基础以原债权的计税基础确定。企业的其他相关所得税事项保持不变。[①]

三、跨境并购支付方式评论

在企业并购中，可以采取一种支付方式，也可以选择几种支付方式组合使用。由于多数企业的融资渠道受到限制，能筹集到的资金有限，因此完全采用现金支付方式的不多。换股并购可以避免大量现金流出企业，这对筹集资金较难的企业特别重要，节省下来的现金可以投入正常的生产经营之中，有利于新设公司或存续公司的发展。同时，换股并购可以使目标公司的股东自动成为新设公司或存续公司的股东，继续享有并购后新设公司或存续公司新增加的收益。并购企业和目标公司的原股东建立起股权纽带关系，可以为日后目标公司的经营发展奠定基础，在某些情况下还能为并购企业的相关业务提供支持。如果并购双方能把目标都放在并购后企业的长远发展上，便均可从企业的壮大中分得长远利益，如现金与股票购买相结合式并购。在并购完成后，并购方一般会立即着手对目标公司进行整合，以增强凝聚力，改善经营管理，提高经济效益，增强核心竞争力。并购方还会剥离一些次要业务，或者出售目标公司的部分资产，以获得的收入偿还并购时的负债，或者待经营好转时转让，从其差价中获取可观的收益。

第二节 跨境并购融资方式的税收法律研究

随着研究的推进，相关文献的关注点也开始逐步拓展。债务融资、股权融资也被纳入现金支付的融资范围。此外，并购后的融资行为、财务杠杆的运用对并购的影响以及融资选择的顺序都成为学者们研究的对象。国外学者的研究主要采用实证分析的方式，以多年积累的并购数据为分析对象建立模型进行

---

① 参见59号文第4条、第6条。

分析。

一、跨境并购融资相关理论基础

跨境并购融资结构研究的主要问题是如何选取不同期限、种类的融资产品，合理安排融资结构，以实现企业资本成本最低的问题。在这一点上，资本结构理论及其衍生理论是非常合适的理论基础。

（一）MM理论

美国经济学家莫迪格利亚尼（Modigliani）和米勒（Miller）提出的MM理论，标志着现代企业资本结构理论的诞生。MM理论认为，在"完美市场"这一假设条件下，公司的资本结构与公司价值无关。"完美市场"这一假设也为今后的研究指明了方向。1963年，莫迪格利亚尼和米勒将企业所得税纳入假设条件，从而提出了修正的MM理论，指出杠杆公司的价值等于无杠杆公司的价值加上利息税盾的现值。1977年，米勒又在修正的MM理论基础上进一步考虑了个人所得税的存在。对MM理论假设条件的不断放宽，推动了现代企业资本结构理论的蓬勃发展。

（二）权衡理论

权衡理论又被称为"最优资本结构理论"，是对MM理论另一个角度的补充。权衡理论认为，尽管债务的增加能带来税盾，从而提升公司的价值，但是也会提高破产风险，最优的资本结构应该是利息税盾与破产成本现值权衡之后的平衡。而后，权衡理论又进一步扩展，利息税盾中增加了折旧带来的税盾等，负债的成本也扩展到财务困境成本。权衡理论逐渐发展成为一个权衡各种利益与成本最优点的资本结构理论。

（三）代理成本理论

詹森（Jensen）和梅克林（Meckling）指出："代理成本包括委托人为激励和约束代理人而发生的监控成本、管束成本，以及因委托人和代理人之间的目标冲突而对委托人所造成的剩余损失。"[①]代理成本理论认为，经营者无法分享公司盈利的全部收益，却要为公司经营风险承担责任，由此造成经营者选择最大化自身利益，进一步导致公司价值的下降。增加经营者在公司中的股权比例可

---

① Michael C. Jensen and William H. Meckling, Theory of the Firm: Managerial Behavior, Agency Costs and Ownership Structure, *Journal of Financial Economics*, Vol. 3, No. 4, 1976.

降低代理成本。

此外,代理成本问题还会造成管理者的过度投资,即管理者倾向于扩大投资规模,从而扩大公司规模,寻找自身的寻租空间。此时,增加负债可以有效地解决这一问题。一方面,负债能够减少管理者控制的资源,降低其寻租空间;另一方面,引入外部债权人可以起到监督的效果。

(四)优序融资理论

优序融资理论又被称为企业融资的"啄食顺序",由迈尔斯(Myers)和迈基里夫(Majluf)在1984年首次提出。该理论认为,一般来说,企业比较喜欢用内部融资方式即留存收益进行融资,只有在资金量不能满足需求时,才会寻求外部融资渠道,而外部融资的首选是债务融资,最后才会转向权益融资。

迈尔斯通过模型分析了在并购中企业希望通过股权融资的方式筹措资金,但是管理层拥有的信息多于投资者的情况,得出的结论是:在这样的情况下,发行股票可能失败,发行证券可能被市场认为是一种问题信号,投资者或许会认为管理层在通过高价售卖新的股份以改善公司糟糕的财务状况。企业不得不寻求内源性融资或债务融资。

优序融资理论仍旧是基于信息不对称而发展起来的融资结构理论,尽管在提出后受到争议,但是它首次将融资结构与市场反应有机结合在了一起。

(五)激励理论

激励理论是针对代理问题提出的一种解决方案,主要研究的是企业的融资结构与经营者之间的关系。该理论认为,资本结构导致的信息不对称使得经营者产生"道德风险"问题。在债权融资和股权融资之中,债权融资更有激励作用,因为债权人会对自身的债权负责,从而对企业进行监督。在债权人的监督下,管理人员必须非常尽职地履行管理职责,降低经营风险,从而有效地降低代理成本。

(六)控制权理论

控制权理论是研究在融资契约不完全时,公司控制权最优配置情况的理论。该理论主要研究资本结构选择与公司控制权之间的关系。阿吉翁(Aghion)和博尔顿(Bolton)研究了债务存在时控制权转移,进而实现企业价值最大化的原理。当企业家的个人利益与企业整体利益保持一致时,将企业控制权交给企业家是最有效率的。当企业家的个人利益与企业整体利益不一致时,企业的融资中必须有一定比例的债务融资。经营者如果可以按期还本付息,则对企业拥有控制权；如果资不抵债，控制权可以由经营者转移到债权人手中。控制权的不同安排意味着公司利益与私人收益之间的关系，一个良好的控制权安排对应着一个合理的融资结构。

二、跨境并购融资方式理论研究概况

（一）跨境并购融资方式国外研究情况

马什（Marsh）根据英国企业的实证数据研究指出，企业选择债权融资还是股权融资与市场环境以及自身的目标负债比例有关，而企业自身的目标负债比例又与企业的规模、破产风险以及资产构成相关。[①]

莫雷莱克（Morellec）和日丹诺夫（Zhdanov）将关注的重点放在了财务杠杆与收购行为上，经研究，指出较低的财务杠杆更容易取得并购的成功，而且企业在并购成功后往往会增加自身的财务杠杆。[②]

玛蒂诺娃（Martynova）和瑞尼伯格（Renneboog）通过研究1993—2001年在欧洲市场发生的并购案例，发现支付方式相同而融资方式不同现象在并购中是明显存在的。研究显示，融资方式的选择取决于融资"啄食顺序"、被收购标的的潜在增长以及所处的宏观环境；同时，融资决定与经理人和股东化及股东和债权人之间的代理关系无关。[③]

（二）跨境并购融资方式国内研究情况

常璟认为，中国企业并购融资方式的创新在于，未来不断探索信托、并购基金、可转债、融资租赁等多种金融工具模式。[④]

谷留锋认为，中国企业在跨境并购中表现出非常强烈的债务融资偏好，其深层次的原因是受到融资工具选择的约束。要破解这一难题，需放松行政管制，创造公平竞争的环境。[⑤]

田昌文认为，中国企业在进行跨境并购时，需要采用不同的融资方式进行

[①] See Paul Marsh, The Choice Between Equity and Debt: An Empirical Study, *The Journal of Finance*, Vol. 37, No. 1, 1982.

[②] See Erwan Morellec and Alexei Zhdanov, Financing and Takeovers, *Journal of Financial Economics*, Vol. 87, No. 3, 2008.

[③] See Marina Martynova and Luc Renneboog, A Century of Corporate Takeovers: What Have We Learned and Where Do We Stand?, *Journal of Banking & Finance*, Vol. 32, No. 10, 2008.

[④] 参见常璟：《我国企业并购融资方式发展与创新——基于"吉利并购"的分析》，载《财会通讯》2011年第6期。

[⑤] 参见谷留锋：《债务融资偏好与我国企业海外并购融资方式研究》，南昌大学2012年博士学位论文。

组合,以降低融资风险和融资成本。①

李志铭认为,企业进行杠杆收购时,必须注重事前的调查分析以及并购完成后的资源整合,这样才能降低杠杆收购风险,减少收购给企业财务状况带来的影响。②

三、跨境并购融资方式

在现金并购方式下,支付的现金可以是现有的自有资金,也可以通过融资方式筹集。跨境并购融资主要有以下几种方式:

(一) 增资扩股

1. 增资扩股的定义和类型

所谓增资扩股,是指公司为扩大生产经营规模,优化股权比例和结构,提高资信度和竞争力,依法增加注册资本金的行为。在实践中,增资扩股融资分为平价增资、折价增资和溢价增资三种情况。选择这种方式,最重要的是要考虑股东对现金增资意愿的强弱。就上市公司而言,拥有经营权的大股东可能考虑其自身认购资金来源的资金成本、小股东认购愿望等因素,同时还要考虑增资扩股对股东控制权、每股收益、资产收益率、每股净资产等财务指标产生的不利影响。就非上市公司而言,若股东资金不足,大股东可能出于保持控制权的考虑增加借款,而不愿扩股以完成收购行为。

2. 增资扩股的所得税分析③

(1) 平价增资的所得税处理

平价增资,是指新投资者对被投资企业的投入资金等于新投资者在被投资企业所占的投资比例乘以接受新投资者投资后的被投资企业的净资产公允价值。或者说,被投资企业的旧投资者在接受新投资者投资后的被投资企业所占的投资比例乘以接受新投资者投资后的被投资企业的净资产公允价值等于新投资者投资前的被投资企业的净资产公允价值。平价增资行为对被投资企业的新旧股东都没有产生所得,因此都没有产生纳税义务。

---

① 参见田昌文:《中国企业海外并购融资问题研究》,中国社会科学院研究生院2012年硕士学位论文。
② 参见李志铭:《杠杆收购在我国农业企业海外并购的应用》,暨南大学2014年硕士学位论文。
③ 参见肖太寿:《公司增资扩股融资的法律分析与涉税处理》,http://www.shui5.cn/article/e9/76877.html,最后访问时间:2019年7月16日。

(2) 折价增资的所得税处理

折价增资,是指新投资者对被投资企业的投入资金小于新投资者在被投资企业所占的投资比例乘以接受新投资者投资后的被投资企业的净资产公允价值。或者说,被投资企业的旧投资者在接受新投资者投资后的被投资企业所占的投资比例乘以接受新投资者投资后的被投资企业的净资产公允价值小于新投资者投资前的被投资企业的净资产公允价值。折价增资后的被投资企业以后发生股权转让时,计算股权转让所得的历史基础是不变的,而且股权转让价格是以后发生股权转让时点的公允价,不会发生国家税收流失问题。目前,对折价增资后的被投资企业的新股东拥有的净资产溢价没有征税的法律依据,不征收所得税。

(3) 溢价增资的所得税处理

溢价增资,是指新投资者对被投资企业的投入资金大于新投资者在被投资企业所占的投资比例乘以接受新投资者投资后的被投资企业的净资产公允价值。或者说,被投资企业的旧投资者在接受新投资者投资后的被投资企业所占的投资比例乘以接受新投资者投资后的被投资企业的净资产公允价值大于新投资者投资前的被投资企业的净资产公允价值。溢价增资后的被投资企业以后发生股权转让时,计算股权转让所得的历史基础是不变的,而且股权转让价格是以后发生股权转让时点的公允价,不会发生国家税收流失问题。目前,对溢价增资后的被投资企业的旧股东拥有的净资产溢价没有征税的法律依据,不征收所得税。

(二) 杠杆收购

1. 杠杆收购的定义和步骤

杠杆收购(leveraged buyout,LBO)本质上是举债收购,是指收购者仅以少量资金,举债借入资金以收购目标公司,从后者的现金流量中偿还负债的一种收购方式。这里的"杠杆",是指企业的融资杠杆,反映企业股本与负债的比例。

杠杆收购通常由主收购企业、投资银行或其他商业银行、各类金融机构及机构投资者组成一个投资群体完成。收购方先投入少量资金,设立一家完全在其控制下的壳公司。壳公司以其资本以及未来买下的目标公司的资产和盈利能力为担保举债,如向银行借款、发行债券、向公开市场借债等,以举债借来的资金完成收购。杠杆收购的特点是只需少量的资本即可进行,并且常常以目标公司的资本和盈利能力作为信贷抵押。杠杆收购起源于 20 世纪 80 年代的美国,是美国投资银行的一大创新,现已成为一种重要的收购方式。

具体来说,杠杆收购大致通过以下步骤完成:

第一,收购方出资设立一家壳公司,用于发起收购行为;

第二,壳公司从外部融资,收购标的公司51%(或以上)股权,实现对标的公司的控股;

第三,壳公司与标的公司合并,合并后的公司(新标的公司)承接壳公司之前收购51%(或以上)股权时发生的债务;

第四,收购方以新标的公司的资产作为抵押从外部融资,收购新标的公司剩余股权,从而实现全资控制。

2. 杠杆收购的税务处理

(1) 壳公司融资环节

债务承担方为壳公司。对于壳公司按约定支付给融资方的利息支出和融资过程中发生的合理费用,如果融资方为金融企业,准予在企业所得税税前扣除;如果融资方为非金融企业,仅就不超过金融企业同期同类贷款利率计算的部分准予扣除。

(2) 壳公司收购标的公司股权环节

壳公司融资后,基本以现金支付形式向标的公司的原股东收购标的公司的股权。此操作虽然满足"购买的股权不低于被收购企业全部股权的50%"这一条件,但是未同时符合"股权支付金额不低于其交易支付总额的85%"的要求,因此多不符合特殊性税务处理条件。根据企业重组的一般性处理原则:标的公司原股东如为法人企业,应按规定计算股权转让所得企业所得税;壳公司取得标的公司股权的计税基础以其支付的金额(包括收购过程中发生的相关税费)确定。

(3) 标的公司合并壳公司环节

如果标的公司以增发股份的形式作为支付对价,不涉及现金或实物支付,符合特殊性税务处理条件,则标的公司取得壳公司的资产和负债的计税基础以原壳公司的计税基础确定,壳公司股东即收购方取得壳公司股权的计税基础以其原持有的壳公司股权的计税基础确定。

如果标的公司以增发股份的形式作为支付对价,同时涉及部分现金或实物支付,但是非股权支付比例不超过交易支付金额的15%,也符合特殊性税务处理条件。需要注意的是,对于壳公司股东即收购方取得的非股权支付金额,应按规定计算非股权支付对应的资产转让所得缴纳的企业所得税。

另外,如果壳公司有尚未弥补完的亏损,则可由新标的公司在剩余年限内继续弥补。但是,每年弥补亏损有限额,限额以壳公司净资产公允价值与合并当年年末国家发行最长期限国债利率的乘积计算。

标的公司合并壳公司,如果标的公司以非股权支付金额超过交易支付金额

15%,则不符合特殊性税务处理规定。根据企业重组的一般性处理规定,标的公司按公允价值确定接受壳公司各项资产和负债的计税基础,壳公司及其股东即收购方均按清算进行所得税处理,且壳公司的亏损不得在新标的公司进行弥补。

(4) 收购方以新标的公司股权质押融资环节

债务承担方为收购方。对于收购方按约定支付给融资方的利息支出和融资过程中发生的合理费用,如果融资方为金融企业,准予在企业所得税税前扣除;如果融资方为非金融企业,仅就不超过金融企业同期同类贷款利率计算的部分准予扣除。

(5) 收购方收购剩余股权环节

收购方融资后收购新标的公司的剩余股权以实现全资控制的过程,同样多以现金支付为主,交易对价中涉及股权支付金额未能达到规定比例的,不符合特殊性税务处理条件。因此,新标的公司原股东应按规定计算股权转让所得企业所得税,收购方取得新标的公司股权的计税基础以其支付的金额确定。①

(三) 债务融资

债务融资,是指企业通过银行或非银行金融机构贷款或发行债券等方式融入资金。债务融资包括商业银行贷款和发行公司债券、可转换公司债券。相对于权益性融资来说,债务融资不会稀释股权,不会威胁控股股东的控制权。此外,债务融资还具有财务杠杆效益。但是,债务融资具有还本付息的刚性约束,对企业现金规划能力的要求较高,若风险控制不好,会直接导致企业发生违约事件。在债务融资方式中,商业银行贷款是中国企业并购时获取资金的主要方式。这主要是由于中国金融市场尚不发达,其他融资渠道不畅或融资成本太高。此外,有些并购活动是政府"引导"下的市场行为,旨在解决国有企业产权问题,比较容易获取国有商业银行的贷款。金融机构信贷收购,是指收购方通过向金融机构取得贷款以收购目标公司的行为。这种贷款不同于一般的商业贷款,金额大,偿还期长,风险高,因此要求收购方提前向可能提供贷款的金融机构提出申请,并就各种可能出现的情况坦诚磋商;即使要保密,也需在收购初期向金融机构提出融资要求。这种方式在国外比较流行,而在中国的运用则较少。

《财政部 国家税务总局关于企业关联方利息支出税前扣除标准有关税收

---

① 参见夏宇、罗洁华:《杠杆收购的企业所得税问题》,http://gkjj.dongao.com/c/2017-02-10/666295.shtml? f=gjhjs&s=gjhjs_swtd,最后访问时间:2019年7月16日。

政策问题的通知》第 1 条规定:"在计算应纳税所得额时,企业实际支付给关联方的利息支出,不超过以下规定比例和税法及其实施条例有关规定计算的部分,准予扣除,超过的部分不得在发生当期和以后年度扣除。企业实际支付给关联方的利息支出,除符合本通知第二条规定外,其接受关联方债权性投资与其权益性投资比例为:(一)金融企业,为 5∶1;(二)其他企业,为 2∶1。"

(四)其他跨境并购融资方式概述

管理层收购(management buy-outs,MBO),又称"经理层收购",是指一个企业的管理层人员通过大举借债或与外界金融机构合作,收购其工作、管理的企业的行为。管理层收购实质上是杠杆收购的一种。一般而言,利用杠杆收购重组目标公司的收购方可以是其他公司、个人或机构投资者等外部人,也可以是像目标公司的管理层这样的内部人。

卖方融资收购,是指收购方通过与目标公司谈判,以推迟部分或全部款项的方式收购目标公司的行为。它与分期付款方式相似,不过往往要求收购方有极佳的经营计划。

联合收购,是指一个投资者联合其他投资者通过达成某种协议或默契,积极配合,共同进行收购,而在表面上每个收购行为是独立的,从而规避法律规定的行为。

第九章
跨境并购税收筹划理论研究

跨境纳税人作为独立的经济主体追求经济利益最大化,是跨境并购税收筹划产生的最主要原因。国家之间与税收相关的政策法规或者管理部门的差异是国际税收筹划产生的客观基础。掌握跨境并购税收筹划的基本原理,熟悉东道国的税制,有利于"走出去"企业提前进行合理合法的税收筹划,充分享受税收优惠待遇,避免不必要的税收争端,从而降低"走出去"的成本,实现企业利益最大化。

第一节 跨境并购税收筹划原理

一、跨境并购税收筹划概述

税收筹划,是指纳税人以实现合理减轻税收负担为目标而预先安排涉税事项的自主理财行为。税收筹划具有不违法性、事前筹划性、目的性、多样性四大特性。不违法性,即有效税收筹划不得与现行法律法规相悖;事前筹划性,即税收筹划的进行先于纳税义务的确认;目的性,即税收筹划以纳税最小化或税后收益最大化为目的;多样性,即不同主体的税收筹划各具特色。四大特性相互依存,彼此作用:不违法性是最基本特征,目的性决定事前筹划性,事前筹划性服务于目的性,多样性是重要补充。

二、跨境并购税收筹划的差别

由于经济发展水平、人口分布状况、自然条件等各不相同,因此各国基于本国实际情况制定的税收政策也不同,主要有以下几方面的差别:

(一) 税收管辖权的差别

税收管辖权,是指一个国家在征税方面拥有的管辖权力,即国家在税收领域的主权。一国政府有权决定对什么人征税、征什么税以及征多少税。国际上,确定税收管辖权通常有以下两个原则:

1. 属地原则

即以一国的领土疆域范围为标准,确定其税收管辖权,该国领土疆域内的一切人(包括自然人和法人),无论是本国人还是外国人,都受该国税收管辖权管辖,对该国负有有限纳税义务。

2. 属人原则

即以纳税人(包括自然人和法人)的国籍,登记注册所在地,或者住所、居所和管理机构所在地为标准,凡属该国的公民和居民(包括自然人和法人)来自世界范围内(而不考虑其是否在国内)的全部所得,都受该国税收管辖权管辖,对该国负有无限纳税义务。

(二) 课税范围和方式的差别

由于各种原因,各国即使对于同一税种,其课税范围和方式也不相同。比如,中国增值税的征税范围包括销售货物、进口货物及部分加工性劳务(如修理、修配劳务),对大部分一般性劳务和农业不征收增值税。不同国家和地区的征税范围存在差异,如欧洲、美洲、大洋洲涉及农业、工业、批发零售业、服务业;亚洲的韩国、印度尼西亚、土耳其等涉及工业、批发零售业、服务业,菲律宾仅涉及工业、批发零售业;至于非洲国家,目前主要侧重于制造业。

(三) 税率的差别

在各国的所得税制中,税率主要有比例税率、定额税率和累进税率。税率的差异、应税所得级距的大小以及名义利率和实际利率的差异都是纳税人进行税收筹划的影响因素。税率是衡量税收负担轻重的重要标志。

(四) 税基的差别

税基,是指政府征税的客观基础,即课税依据。税基和税率是影响税收收入的两个主要因素。在税率不变的情况下,税收收入与税基呈正相关关系。在税率确定的情况下,税基的大小、宽窄决定着税负的轻重。有些国家的税收政策规定某一纳税人的某项所得在本国不能扣除,而该项所得在另一国家则可以扣除。以所得税为例,不同国家对其应税所得中可以扣除的项目之规定各有不同。例如，中国《企业所得税法》规定可以通过加速折旧、减计收入、加计扣除、单独计算和扣除等方法减少企业税基；美国联邦公司所得税的可扣除费用主要包括：经营费用（销售费用、管理费用等）、税收（已纳州、地方和外国政府的税收）、营业损失（呆账损失、自然灾害等）、折旧与损耗（固定资产折旧、油井损耗等）以及其他扣除。若税率一定，税基对纳税人所承担的税费轻重具有决定性作用。因此，税基差异也是跨国纳税人进行税收筹划时会考虑的一个因素。

（五）税收优惠措施的差别

为了获得大量资金，促进本国经济发展，很多发展中国家实行了一些税收优惠政策以吸引更多的国际投资。由于比其他国家的税前扣除项目更多，税收减免优惠幅度更大，在这些发展中国家并购、投资的企业所承担的实际税率会远低于名义税率，因此吸引了很多纳税人在这些国家成立公司以减轻税负。

（六）征收管理水平的差别

不同国家由于实行的征收制度、程序的不同或者政府部门的征收管理水平的差异，如有的国家税收征管部门的管理特别懒散、内部征管人员的职业素质不高，造成国内税收法规不能完全发挥应有的作用，非法的逃税行为比比皆是，更不用说合法的税收筹划了。另外，国家之间的税收情报交换不充分或者不及时，为税收筹划提供了客观条件。

（七）避免国际双重征税方法的差别

避免国际双重征税的方法主要有：扣除法、免税法、抵免法和税收饶让。各国税制或税收协定中规定的避免国际双重征税方法的差别，也促成了跨境并购税收筹划的产生。

第二节 跨境并购税收政策要点和筹划办法

在经济全球化的发展趋势下，企业跨境并购已经成为常态。为了帮助企业获得最大合法利益，减轻运行负担，税收筹划成为企业管理的重点。本节将讨论如何筹划税收节点，分析税收筹划的关键要素以及具体的税后筹划策略，旨在为企业在跨境并购过程中科学地进行税收筹划提供合理的税收法律意见。

一、跨境并购重要税收政策解读

(一) 企业并购重组的几个重要税收政策及配套文件

企业并购涉及企业所得税、增值税、个人所得税、契税、土地增值税、印花税等几大税种,相关的税收政策文件、批复、公告等内容繁多。本节主要针对企业并购中涉及的企业所得税的现行政策进行简要解读。

在59号文、109号文、116号文中,企业重组按不同条件分别适用特殊性税务处理规定和一般性税务处理规定,以及明确非货币性资产投资行为的适用条件等,是在企业并购重组过程中较为重要的内容,也是税收筹划的重点。

(二) 特殊性税务处理与一般性税务处理解读

企业重组中适用特殊性税务处理规定的"五条件"如下:

第一,具有合理的商业目的,且不以减少、免除或者推迟缴纳税款为主要目的。

合理商业目的在实务中不容忽视,需要从合同签署、相关证明材料准备等方面进行提前筹划。实务中,被认定为无合理商业目的之"失败筹划"屡见不鲜。我们可从重组交易的方式和实质结果、重组各方涉及的税务和财务状况变化以及非居民企业参与重组活动的情况等方面,逐条说明企业重组具有合理的商业目的。

第二,被收购、合并或分立部分的资产或股权比例符合规定的比例。

109号文已将59号文中的该比例由75%调整至50%。至于调整原因,一方面是依照国际惯例,另一方面是放宽适用条件。在收购、合并情况下,这是针对标的企业资产(股权)总值的50%而言的。实务中,收购企业股权对价比例与被收购企业股权转让比例容易混淆。此外,资产价值是指公允价值,需要进行评估。在分立情况下,这是指分立的净资产价值占整体净资产的比例达50%,分立部分和整体净资产价值均为公允价值,需要进行评估。

第三,企业重组后的连续12个月内不改变重组资产原来的实质性经营活动。

确定企业重组的时点尤为重要。债务重组以债务重组合同(协议)或法院裁定书生效日为重组日。股权收购以转让合同(协议)生效且完成股权变更手续日为重组日。关联企业之间发生股权收购,转让合同(协议)生效后12个月内尚未完成股权变更手续的,应以转让合同(协议)生效日为重组日。资产收购以转让合同(协议)生效且当事各方已进行会计处理的日期为重组日。合并以合并合同(协议)生效、当事各方已进行会计处理且完成工商新设登记或变更登记日为重组日。按规定不需要办理工商新设或变更登记的合并,以合并合同(协议)生效且当事各方已进行会计处理的日期为重组日。分立以分立合同(协议)生效、当事各方已进行会计处理且完成工商新设登记或变更登记日为重组日。自重组时点起连续12个月内改变了重组资产原来的实质性经营活动的,视同销售行为,按照一般性税务处理进行企业所得税处理。

第四,重组交易对价中涉及股权支付金额符合规定比例。

在股权收购情况下,收购企业在该股权收购发生时的股权支付金额不低于其交易支付总额的85%。在资产收购情况下,受让企业在该资产收购发生时的股权支付金额不低于其交易支付总额的85%。对于这两个比例,59号文和109号文的规定相同,并未进行调整。需要特别注意,在非上市公司股权支付对价的确定上,需要以公允价值为基础进行评估。股权支付,是指企业重组中购买、换取资产的一方支付的对价中,以本企业或其控股企业的股权、股份作为支付的形式。其中,对于"以本企业或其控股企业的股权、股份为支付形式"的理解,各有不同。根据国际惯例,结合中国实际经营发展状况和国家税务总局的相关公告,我们可以将之理解为:以本企业以及本企业的控股母公司或本企业的控股子公司的股权、股份为支付形式,均可认定为股权支付。

第五,企业重组中取得股权支付的原主要股东,在重组后连续12个月内,不得转让所取得的股权。

除上述重组时点的确认外,需要注意的是,如果取得股权支付的原主要股东在重组后连续12个月内转让了股权,则需要补缴特殊性税务处理中可递延缴纳的企业所得税。需要明确,若转让前后均为非上市公司股权,则按一般性税务处理规定补缴税款。若转让时原股权由非上市公司股权变为上市公司股权,除按一般性税务处理规定先补缴重组环节的税款外,还需按《国家税务总局关于企业转让上市公司限售股有关所得税问题的公告》(国家税务总局公告2011年第39号)之规定缴纳税款。当然,转让上市公司股权的计税基础可按重组环节股权收购价格进行确认。如果转让方为个人,则不涉及企业所得税的一般性和特殊性税务处理规定,但是需要缴纳个人所得税,计税基础为上市公司首日发行价与个人取得股权发生的成本和税费之差,与转让当日上市公司股价无关。

二、资产收购与股权收购在实务操作中的筹划要点

(一) 充分运用税收政策,合理进行税收筹划

59号文和116号文对资产收购、股权收购、非货币性资产投资三类收购的概念界定表明,当符合某些特定条件时,一项交易既可以是资产收购,也可以是股权收购,并属于非货币性资产投资。当选择股权或资产收购类型时,可以考虑是否适用特殊性税务处理的递延纳税规定;当选择非货币性资产投资时,对交易各方后续经营活动、股权转让时间的限制解除,对交易标的资产的比例无限制,企业所得税的纳税时点、计税基础也会相应改变。实务中,结合交易各方的税收筹划需要,对于同一交易活动如何选择重组类型、适用不同的重组税收政策就成为税收筹划的重点。

(二) 合理进行税收筹划,节省税费支出

控制税务风险的目的在于实现企业税负最优化。在税收筹划中,对并购后企业整体运营的税收负担进行优化控制,应注意以下几点:

第一,组织结构,考虑是采用母公司—子公司结构,还是总公司—分公司结构,或是直接采用在对方看来非常灵活而我方也能接受的非公司实体结构。通过组织结构的优化,可以保证组织结构效率最大化。

第二,业务流程,在发票取得、款项结算、报销审批过程中,以及与上下游供应、渠道、物流、销售环节协调时,采用最有利于减轻税负的方式进行。

第三,税收优惠,包括不同国家(地区)的税收优惠、税收协定的税收优惠、特定行业的税收优惠,在实际经营中要充分有效地利用这些税收优惠,从而实现税负最优化的目标。[1]

(三) 合理处置收益,避免利润流失

在会计上,对投资收益、利润实现的常见处理方式有两种:第一种是完税后进行的利润分配,即海外分部在经营当地完成应税事项后,将利润汇回。第二种是应税前实现的经营收入,按照符合独立交易性的原则,通过利息费用、特许优惠、应税劳务优惠等方式,在履行纳税义务之前汇回利润。企业出于战略运营考虑而不分配利润时,也必须按照税法对留置利润长期不分配的现行规定进行筹划。企业可以把人员派驻到中间公司,并在当地适当进行绿地投资,以此

---

[1] 参见陈瑶:《海外并购涉税风险管理》,载《全国流通经济》2017年第23期。

形成人员与项目的对接,作为当地的经营业务处理。①

(四) 结合规则变化,调整筹划方案

税收筹划极具时效性,再好的筹划也需要密切关注国内外税收政策的变化。当下税收政策最显著的调整,就是 OECD 提出的 BEPS 行动计划,旨在防止跨国企业纳税人通过利用各国税制差异超额避税。细看条款不难发现,BEPS 第 8—10 项行动计划专门阐述"无形资产转让定价指引",显然是该行动计划着重关注的一个环节,但是其应用不具有普遍性。无形资产是知识产权高度发展的产物。发达国家更重视保护知识产权等无形资产,而发展中国家则更侧重于维护劳动力等有形资产。企业应根据所在国的税法规定以及国际反避税现状等进行筹划,采用传统的避税方式可能遭到反避税纳税调整,给企业经营带来损失。

三、跨境并购国际避税的主要方式

(一) 国际避税港避税

国际避税地,也称"避税港",是指能够为纳税人提供某种合法避税机会的国家和地区。跨国公司在国际避税地进行避税时,一般会在当地成立一家空壳公司,将其作为"中间商",以便于转移收入,从而少缴纳政府规定的税额。1984 年,英属维尔京群岛(BVI)通过了《国际商业公司法》。这一法律的颁布,大大地方便了跨国公司在此地合法地成立一家分公司,并且借此进行避税。同时,当地政府为跨国公司提供了大量的税收优惠条件。需要注意的是,2019 年,BVI 和开曼群岛颁布了经济实质法案,不符合经济实质要求的公司可能受到反避税调查。

(二) 利用国际税收协定避税

利用国际税收协定避税,是指某个第三国居民利用其他国家之间签订的国际税收协定获取其本不应得的税收利益。国际税收协定是两个或两个以上的主权国家为了解决国际双重征税的问题,并且对国与国之间的税收利益分配关系进行合理的调整,本着互惠互利的原则,通过政府协商签署的书面协议。各国政府为了解决双重征税问题,自身作了退让和牺牲,最终才出台了优惠条款。

---

① 参见林俊:《企业海外并购税务风险分析——基于并购阶段视角》,载《财会通讯》2019 年第 14 期。

但是,这种客观状况在无形之中又一次为国际避税创造了条件。值得注意的是,OECD 出台的 BEPS 第 6 项行动计划以择协避税为考察对象,对滥用税收协定的行为提出了反避税建议。

(三) 转让定价避税

转让定价,是指两家企业在进行商业合作时制定的只有在它们之间才能够采用的一个价格。转让定价通常不同于市场价格,可以根据跨国纳税人的需求制定。在全球范围内的经济活动中,转让定价避税的实质是,各国之间的税率互不相同或者税制规定上的不同导致跨国公司借此逃避纳税。[①] 转让定价避税是一种比较常见的避税方式,也是税务机关稽查的重点。比如,国家税务总局 2017 年发布的《特别纳税调查调整及相互协商程序管理办法》第 3 条第 4 款明确规定:"企业要求税务机关确认关联交易定价原则和方法等特别纳税调整事项,税务机关应当启动特别纳税调查程序。"关联企业在进行市场定价时,应充分考虑地域优势和非关联市场定价等因素,以免遭受反避税纳税调整。

除了以上几种方式之外,跨境并购通常采用的避税方式还有改变税收居民身份、利用数字经济等方式。随着 OECD 出台 BEPS 行动计划,加强国际反避税合作,建议企业合理进行税收筹划,尽量利用税收优惠待遇,通过利用东道国国内税法或国际税收协定规定的税收优惠政策,合理合法地享受政策红利,降低企业税负。

第三节 中国企业跨境并购税收筹划的主要策略

一、跨境并购架构设计的三种形式

(一) 直接控股形式

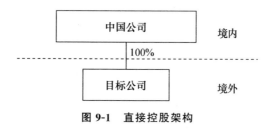

图 9-1 直接控股架构

---

① 参见张慧:《跨国企业并购中的国际避税研究》,载《经济师》2017 年第 7 期。

(二) 间接控股(单层海外架构)形式

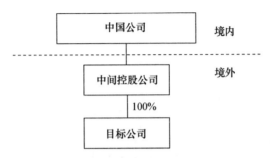

图 9-2　间接控股之单层海外架构

(三) 间接控股(多层海外架构)形式

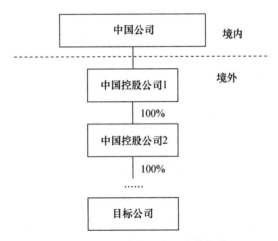

图 9-3　间接控股之多层海外架构

在母公司和境外项目公司之间设立中间控股公司,是很多企业为了方便企业经营管理以及实现利润最大化,从而走向全球市场的常用控股架构,也为很多中国"走出去"企业所用。

中间控股公司通常选择在避税地注册。目前,国际上共有三百多个避税地。国际避税地大致可分为三类:第一类是纯粹国际避税地。这种避税地不征收个人或公司所得税、财产税和赠与税,如 BVI、开曼群岛等。第二类是一般国际避税地。这种避税地一般只征收税率较低的所得税,并且对来源于境外的所得免税,如新加坡、中国香港等。第三类是不完全国际避税地。这种避税地一般实行正常的税收制度,但是有一些特殊的优惠政策,如荷兰、卢森堡、新加坡等。

中国企业"走出去"之后,利润多来源于股息及股权转让所得。在直接控股架构下,境外子公司的利润汇回中国母公司时,通常需要缴纳三种税收:一是就利润所得在境外子公司所在国或地区缴纳企业所得税。二是在境外子公司将税后利润以股息形式汇回中国母公司时,需要缴纳预提所得税。如果中国与该境外子公司所在国或地区签订了国际税收协定,可以进行部分抵扣。三是股息从境外汇回中国后,中国母公司需要缴纳企业所得税。在间接控股架构下,因为中间控股公司所在国或地区的税收体制比较宽松,或者中国与中间控股公司所在国或地区、中间控股公司所在国或地区与目标公司所在国或地区有比较优惠的税收政策,所以可以降低预提所得税税率,减轻企业的整体税负。

选择中间控股公司注册地应该进行全方位的考量,考量因素包括:该地区是否具备良好的法律环境、较为完善的与企业经营相关的法律规定、较好的资本环境;是否具备健全的、与税收相关的法律规定和规范的税收征管体系;对外资公司是否存在不平等的规定和要求,税率是否合适;对非在本国境内取得的股息红利是否征所得税;对向境外分配的股息和利息是否征收预提所得税;对来源于境外的收入是否征税,税率为多少,是否有抵免规定;税收协定安排是否优惠和全面;等等。另外,还应该考虑中间控股公司的设立程序是否简单易操作、注册资本的要求是高还是低、所处地区的地理位置是否方便日常经营管理和生活以及该地区的政治格局是否稳定等因素。

二、跨境并购税收筹划的节点和关键要素

(一)跨境并购税收筹划的节点

中国企业跨境并购的税收筹划主要聚焦于在遵守中国及境外税收法规的前提下,如何才能使以下三个节点的税收负担最小化:一是在并购交易过程中,需要考虑如何规划收购路径、标的、交易方式等,尽可能地降低交易过程的税收负担;二是在并购完成后,在日常经营过程中如有利润,需要考虑通过何种渠道将股息分红汇回国内母公司产生的税收负担最轻;三是如果打算投资退出,需要考虑退出后原出资款退回国内的税收负担问题。以上三个节点可以归纳为并购时、并购后以及投资退出时的税收筹划问题。在以现金形式分红和退出、以现金形式汇回国内的情形下,并购后和投资退出时的税收筹划设计需要在并购前就予以考虑,并购完成后再进行的组织框架调整视同另一单独的跨境并购交易。并购时的税收筹划设计是企业跨境并购交易的重中之重,在此过程中的税收筹划问题是企业进行跨境并购时应主要关注的关键风险点。

(二) 跨境并购税收筹划的关键要素

在企业跨境并购过程中，设计合理的交易架构可以对买卖双方的税收筹划、资金出境、资金回流等产生巨大的影响，甚至可以决定交易成功与否，其重要性无论如何强调都不过分。交易架构的设计又取决于企业并购的标的及路径选择、交易价格的确定及支付对价的方式等因素。

1. 企业跨境并购的标的及路径选择

企业跨境并购的标的有两类：资产和股权。一般来说，购买资产可以直接取得企业主业经营所需的资产和业务，非主业及其他资产、人员、法律瑕疵继续留在原企业，可以实现主业的整合，同时避免继承被收购企业潜在的负债和原有风险。从税务角度而言，对购买资产价格进行分摊，有可能增加可折旧资产的税务基础。资产并购的缺点是，需要缴纳一定的流转税，而且被并购企业的税务待遇（如税收优惠、税收抵免以及可弥补亏损等）不会延续到并购企业。股权并购只是股权的转移，除所得税和印花税外，可避免流转税的缴纳，不涉及大量资产权属（如土地、房产、机器设备）、资质的变更，可以保证业务的完整性和经营的持续性，交易程序也较为便捷。股权并购的缺点是，收购方在控制被收购企业的同时，也承继了其各类法律风险；同时，被收购企业的业务层级降低，可能面临来自管理层的阻力。

根据84号文的规定，在现行分国（地区）不分项抵免法的基础上，增加不分国（地区）不分项的综合抵免法，将抵免层级从三层扩大至五层，并追溯至2017年1月1日起执行。① 这里以国家税务总局公告2010年第1号中确认间接抵免层级的案例对政策的调整作简要说明：在原来文件的规定下，居民企业A通过其他公司对戊国企业E的间接控制由于已经超过了三层，所以不能纳入间接抵免的范围。但是，84号文出台以后，居民企业A对戊国企业E控股比例

---

① 84号文第1条规定："企业可以选择按国（地区）别分别计算（即'分国（地区）不分项'），或者不按国（地区）别汇总计算（即'不分国（地区）不分项'）其来源于境外的应纳税所得额，并按照财税〔2009〕125号文件第八条规定的税率，分别计算其可抵免境外所得税税额和抵免限额。上述方式一经选择，5年内不得改变。企业选择采用不同于以前年度的方式（以下简称新方式）计算可抵免境外所得税税额和抵免限额时，对该企业以前年度按照财税〔2009〕125号文件规定没有抵免完的余额，可在税法规定结转的剩余年限内，按新方式计算的抵免限额中继续结转抵免。"
第2条规定："企业在境外取得的股息所得，在按规定计算该企业境外股息所得的可抵免所得税额和抵免限额时，由该企业直接或者间接持有20%以上股份的外国企业，限于按照财税〔2009〕125号文件第六条规定的持股方式确定的五层外国企业，即：第一层：企业直接持有20%以上股份的外国企业；第二层至第五层：单一上一层外国企业直接持有20%以上股份，且由该企业直接持有或通过一个或多个符合财税〔2009〕125号文件第六条规定持股方式的外国企业间接持有总和达到20%以上股份的外国企业。"

为22.5%（居民企业A通过B2、C2、D间接控制E的比例为50%×50%×40%×100%=10%，居民企业A通过B3、C3、D间接控制E的比例为100%×50%×25%×100%=12.5%，合计比例为10%+12.5%=22.5%），且间接控制的层级为四层，属于间接抵免的范围。由于84号文将间接抵免层级扩大到五层，因此如戊国企业E还有个全资子公司，居民企业A对其的持股比例超过了20%，也属于间接抵免的范围。

2. 交易价格的确定

一般来说，独立第三方企业之间并购的交易价格的确定，需要双方平等协商确定，在税务方面不用作太多考虑。但是，在一些特殊情况下，如存在价格调整机制（又称"对赌"）时，并购交易价格的确定需要充分考虑税务负担。关联企业之间的股权并购则需要充分考虑交易价格是否符合公平市场独立交易原则，以及是否具有合理的商业目的。如果关联企业之间的并购价格高于独立交易市场价格，股权出售方会实现较高的收益，从而会缴纳较多的资本利得税。但是，购买方购买股权的计税基础价格也会提高，从而降低购买方后续的处置收益，进而减少购买方处置时的资本利得税。对于这种税收延后性质的交易，可以通过某些安排，降低关联企业整体的税收负担。如果关联企业之间的并购价格低于独立交易市场价格，股权出售方会实现较低的处置收益，从而会缴纳较少的资本利得税。但是，这样有可能引起当地税务机关的质疑，若不能合理解释交易价格的合理性，则税务机关会在对交易价格进行调整后予以征税。

交易价格的确定是转让定价反避税规制的重点内容。国税总局颁布的《特别纳税调整办法（试行）》指出，应对企业与其关联方之间的业务往来是否符合独立交易原则进行审核评估和调查调整等工作。国际上，一般采用同类市场溢价法判定关联企业之间的交易是否符合独立交易原则。如果交易价格与市场上非关联的市场价格相近，那么将不会受到税务机关的调整。但是，独立交易原则是一个比较笼统的原则性规定，对于一些高科技企业，在市场上缺少同类对比的情况下，交易价格的判定很难开展。

3. 支付对价的方式

企业跨境并购时支付对价主要采用现金、股权和混合支付三种，不同的支付方式可能导致不同的税务处理。以现金方式支付对价，处理起来最为简单快捷，涉及的税务问题也最少，但是会加重收购方的现金流压力。对目标企业股东来说，现金支付无法推迟资本利得的确认，从而不能享受税收优惠，因此目标企业可能要求较高的出售价格。股权支付能够缓解收购方的资金压力，可以采用有形资产、有价证券等支付方式。混合支付方式即采用现金和股权收购相结合的方式，既可以缓解资金压力，也可以有计划地吸引战略投资者，避免自身财务状况恶化,还可以防止控股权的转移。

跨境并购中,企业在选择支付方式时,需要考虑以下四方面因素:一是企业自身的实际情况。如果并购方是一家非上市公司,那么可采用的支付方式只能是现金支付,因为目标企业股东一般不想把自己的投资绑定在流动性很小的证券上;如果并购方是一家上市公司,那么可以灵活选择其他支付方式。二是并购企业股东对原股本结构变化的反应、本企业的融资能力等。三是目标企业股东的偏好以及目标企业的财务结构、资本结构、近期股价水平等。四是中国法律对于外商投资的限制以及对于返程投资的限制性规定。同样,中国"走出去"企业也应关注东道国对于境外投资者的限制性措施。

三、跨境并购后的税收筹划

(一)防范税收风险

并购完成后,企业在日常经营过程中,如产生经营利润,需要考虑利润的分配及汇回问题。《企业所得税法》第 45 条规定:"由居民企业,或者由居民企业和中国居民控制的设立在实际税负明显低于本法第四条第一款规定税率水平的国家(地区)的企业,并非由于合理的经营需要而对利润不作分配或者减少分配的,上述利润中应归属于该居民企业的部分,应当计入该居民企业的当期收入。"同时,根据《国家税务总局关于简化判定中国居民股东控制外国企业所在国实际税负的通知》(国税函〔2009〕37 号)的规定,设立在美国、英国、法国、德国、日本、意大利、加拿大、澳大利亚、印度、南非、新西兰和挪威的中国居民企业控制的外国企业,可免于将该外国企业不作分配或者减少分配的利润视同股息分配额,计入中国居民企业的当期所得。并购完成后,跨国企业在实际经营过程中,应按照实际经营活动分配利润,否则可能面临中国 CFC 款项的反避税调查。同时,开曼群岛和 BVI 等地出台了经济实质法案,在当地注册的企业还应满足经济实质法案的要求。

(二)积极运用税收抵免款项

境外子公司向境内母公司汇回股息、红利时,在境外缴纳的预提税,按照 125 号文和 84 号文申请税收抵免,可以选择"分国(地区)不分项"直接抵免或者综合抵免形式,一经选择,5 年内不得改变。企业应注意抵免对于股权架构和持股比例的限制,在符合条件的情况下尽可能进行税收抵免。

（三）利用税收饶让款项，享受税收优惠待遇

中国与部分国家签订的税收协定中规定了税收饶让款项，即子公司在东道国享受的税收优惠视为已经缴纳税款，汇回国内时不用就这部分优惠税款进行补缴。企业应了解中国与东道国所签税收协定中的税收饶让款项，充分享受税收优惠待遇。

（四）做好投资退出税务处理

在并购完成后，如果投资者打算退出，需要考虑退出后原投资款退回国内的税收负担问题。如以转让股权方式退出，需要考虑当地资本利得税以及中国企业长期股权投资的税务处理；如以转让资产方式退出，需要考虑当地所得税的税前扣除、资产流转税的处理等。跨境并购时的股权架构设计对于投资退出同样重要，因为不同国家和地区对于境外收入的规定不同，有的地区对于境外所得免税，有的双边税收协定对于股息、利息、红利等有优惠安排。

第十章
跨境并购税收筹划经典案例研究

在全球化并购浪潮中,已不仅仅是大企业吞并小企业,或是大企业之间的并购,还出现了新兴企业并购老牌大企业的成功案例。由于依托老牌企业的品牌效应、优质资源、知识产权等,新兴企业得到迅速发展,有的甚至成为国际知名企业。对跨境并购税收筹划经典案例进行研究,能为中国"走出去"企业提供实用性的指导,具有十分重要的现实意义。

第一节 闻泰科技并购安世集团案例研究

2019年,中国上市公司跨境并购项目有117单,交易金额约1245亿元。① 中国企业境外并购总量为323单,总值7380亿元。② 其中,交易金额排名第一的是长江三峡1800亿元收购葡萄牙电力公司(Energias de Portugal)。③ 本节选取交易金额排名第四的闻泰科技并购安世集团案例④进行税收法律研究,并提出相应的税收法律建议。

一、案例概述

(一)背景

闻泰科技股份有限公司(证券代码:600745,简称"闻泰科技")成立于1990年,⑤

---

① 参见刘艺文:《闫庆民:2019年上市公司跨境并购交易金额约1245亿元》,http://news.cnstock.com/news,bwkx-202001-4476208.htm,最后访问时间:2020年2月18日。
② 参见《2019年中国跨境并购50强》,载《上海商业》2019年5期。
③ 同上。
④ 案例信息及数据来自闻泰科技公开披露的并购重组报告书。由于跨境并购通常不会披露相关的税务信息,因此这里进行的相关税务法律研究只是合理预测,不一定是相关企业实际实施的税务安排。
⑤ 参见闻泰科技2018年12月1日发布的《闻泰科技股份有限公司发行股份及支付现金购买资产并募集配套资金暨关联交易预案(修订稿)》。

历经数次更名及股本变动,现为 A 股主板上市公司。安世集团(Nexperia Holding B. V.)的前身为恩智浦的标准产品事业部,拥有 60 余年半导体行业专业经验,于 2017 年 2 月 7 日以现金 27.60 亿美元收购了恩智浦所持有的安世半导体 100%的权益。

闻泰科技并购安世集团是目前中国半导体领域最大的境外并购项目。在国家政策的支持和市场环境的推动下,借助车联网、物联网、5G 等新兴产业对半导体的需求,闻泰科技抓住国家战略发展机遇,于 2019 年 6 月成功收购安世集团,成为中国最大的半导体上市公司,彻底弥补了国内在相关产品领域的短板,推进了中国半导体行业的发展。

(二)融资支付方案

由于收购标的体量较大,本次并购采用发行股份和支付现金相结合的方式购买资产与募集配套资金,包括银行借款、引入权益类资金方、股份支付、配套融资、第三方借款等,具体融资金额见表 10-1。其中,境外融资借款方案是值得关注的点。安世集团直接与境外银团所有参贷行签署贷款协议,其中 ABN AMRO Bank N. V.、Bank of America, N. A. 和 HSBC Bank plc 作为全球协调行、簿记行和牵头行。安世集团取得境外银团贷款后,将向裕成控股借款用于收购或回购其境外基金股东的财产份额及相关权益。

表 10-1 融资支付金额　　　　　　　　单位:亿元

资金来源		金额	支付方式		金额
自有资金		17.05	现金支付	收购合肥广芯	68.65
募集配套资金		43.37		支付境内 LP	32.54
债务融资	境内借款	51.65		支付 GP	10.83
	境外借款	56.32		支付境外 LP	56.32
			股份支付	支付境内股东	99.56
合计		168.39			267.90

收购方案大概有两个主要步骤:第一,闻泰科技收购安世集团境内大股东合肥广芯半导体产业中心[1]。闻泰科技控股公司合肥中闻金泰组成联合体[2]作为本次并购的受让方,以 114.25 亿元的对价收购合肥广芯 99.98%的财产份额。闻泰科技在收购合肥广芯 LP 财产份额中已出资金额为 58.50 亿元,且通

---

[1] 合肥广芯半导体产业中心(有限合伙,简称"合肥广芯"),成立于 2016 年 5 月,系为持有目标公司安世集团股权而设立的特殊目的企业,除间接持有安世集团股权外,不存在其他业务。

[2] 合肥中闻金泰半导体投资有限公司(简称"合肥中闻金泰"),成立于 2018 年 3 月,与云南省城投、上海矽胤组成的联合体是本次收购的受让方。

过合肥中闻金泰债务融资支付对价10.15亿元,此次交易合计支付68.65亿元(如图10-1右侧①处所示)。本次交易前,合肥广芯持有合肥裕芯半导体产业中心①42.94%的股权,合肥裕芯持有裕成控股78.39%的股权,裕成控股持有目标公司安世集团100%的股权(如图10-1左侧所示)。第二,闻泰科技以发行股份和支付现金相结合的方式购买安世集团境内外资产,交易对价199.25亿元,拟以发行股份的方式支付交易对价99.56亿元,全部用于支付境内股东;拟以现金方式支付交易对价99.69亿元,其中56.32亿元用于收购境外LP的全部财产份额。上述交易完成后,闻泰科技合计支付267.90亿元,对应取得裕成控股的权益合计比例约为79.98%(穿透计算后)。②

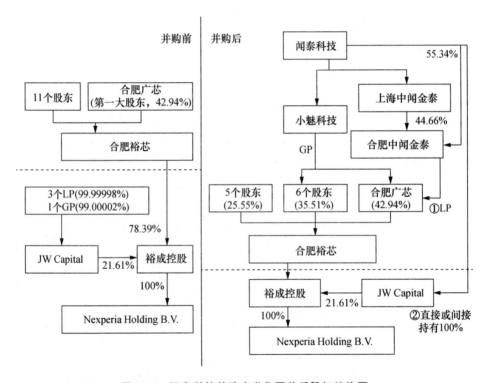

图10-1　闻泰科技并购安世集团前后股权结构图

注:横虚线以上部分为境内,以下部分为境外。上海中闻金泰资产管理有限公司(简称"上海中闻金泰")是闻泰科技的全资子公司,与闻泰科技合计持有合肥中闻金泰100%股权。上海小魅科技有限公司(简称"小魅科技")被闻泰科技直接或间接控制。

---

① 合肥裕芯控股有限公司(简称"合肥裕芯"),成立于2016年5月,系为持有目标公司安世集团股权而设立的特殊目的公司(境内SPV),除间接持有安世集团股权外,未实际经营。

② 参见丁蒙蒙、段芳媛:《闻泰系全面接盘 加速收购安世半导体》,http://www.wingtech.com/cn/wt_detail/2443,最后访问时间:2020年2月18日。

裕成控股持有目标公司安世集团100％股权，是安世集团设立在中国香港的特殊目的公司①，共有两个股东：JW Capital（持股21.61％）、合肥裕芯（持股78.39％）。闻泰科技通过收购合肥裕芯和JW Capital上层股东的股权，实现间接持有安世集团的并购目标。

二、融资支付方案涉税分析

（一）境外关联方直接进行融资支付

本次并购中，境外支付全部采用现金。在闻泰科技取得对安世集团的控制权之后，安世集团直接与境外银团所有参贷行签署贷款协议，取得贷款之后把钱借给裕成控股，由裕成控股收购境外LP持有安世集团的全部资产份额。安世集团及安世半导体负有偿还本息的义务。本次境外支付LP所需的银团贷款是8.235亿美元（假设汇率按照人民币兑美元汇率6.8389：1计算，折合56.32亿元人民币），预计每年将产生的利息费用约3.06亿元人民币。

1. 境外关联方融资可减少税收成本

由于对安世集团与境外银团贷款协议的具体内容及税收条款不清楚，我们假设贷款协议含有包税条款②，贷款利息预期所得税由安世集团及安世半导体缴纳。下文根据不同情况分析比较企业税负。这里，假设安世集团取得的贷款主要来自ABN AMRO Bank N.V.、Bank of America, N.A.和HSBC Bank plc。根据荷兰所得税法的规定，荷兰不对利息征收预提税。根据已知信息推测，安世集团归还境外银团贷款的利息免缴预提所得税。

如果并购方闻泰科技直接与境外银团签署贷款协议，负责偿还本息，并且贷款协议含有包税条款，那么闻泰科技每年将向中国税务机关缴纳大额的利息预提税。假如闻泰科技的贷款主要来自ABN AMRO Bank N.V.、Bank of America, N.A.和HSBC Bank plc，每年需向各家银行偿还利息1亿元。由于这三家银行位于不同国家，涉及的国际税收协定不同，需要分别计算税收。

---

① 《国家外汇管理局关于境内居民通过特殊目的公司境外投融资及返程投资外汇管理有关问题的通知》（汇发〔2014〕37号）第1条第1款规定："本通知所称'特殊目的公司'，是指境内居民（含境内机构和境内居民个人）以投融资为目的，以其合法持有的境内企业资产或权益，或者以其合法持有的境外资产或权益，在境外直接设立或间接控制的境外企业。"根据商务部2009年公布的《关于外国投资者并购境内企业的规定》第39条的规定，"特殊目的公司系指中国境内公司或自然人为实现以其实际拥有的境内公司权益在境外上市而直接或间接控制的境外公司"。前者比后者界定的范围更宽泛。

② 在国际商业银团贷款中，贷款人往往要求在贷款合同中加入一项条款，这项条款通常约定如下：如借款人在已付或应付的、已收到或应收到的金额中扣减或预提税费或其他费用，借款人应增加必需的金额，以确保贷款行（依具体情况可为经理行或代理行）于到期日收到全部到期款项，并保持其与没有进行过这些扣减、预提的净金额相等。

ABN AMRO Bank N. V. 即荷兰银行，根据《中国—荷兰税收协定》第11条第2款①的规定，利息来源国适用10%的限定税率。闻泰科技每年应代替 ABN AMRO Bank N. V. 缴纳1000万元的利息税。Bank of America, N. A. 是美国银行家协会，根据《中国—美国税收协定》第10条第2款②的规定，利息来源国适用10%的限定税率。闻泰科技每年应代替 Bank of America, N. A. 缴纳1000万元的利息税。HSBC Bank plc 是英国汇丰银行，根据《中国—英国税收协定》第11条第2款③的规定，利息来源国适用10%限定税率。闻泰科技每年应代替 HSBC Bank plc 缴纳1000万元的利息税。因此，如果闻泰科技直接与境外银团签署贷款协议，约定还款义务，那么闻泰科技每年将要负担3000万元的利息税。这部分税款本来应该由境外银团负担，由于贷款协议中存在包税条款，因此闻泰科技承担了额外3000万元的利息税，而且不能进行税前抵扣。

如果此次并购的资金全部由闻泰科技在境内进行贷款融资，虽然闻泰科技不必承担利息税，但是企业资本中债务资本所占的比例过高，增大税前列支、减少股息支出的做法可能涉及资本弱化的税收风险。中国企业所得税法对此采用独立交易原则④和固定比例法⑤进行规制，如果闻泰科技的债务融资超过规

---

① Agreement Between the People's Republic of China and the Kingdom of the Netherlands for the Avoidance of Double Taxation and the Prevention of Fiscal Evasion with Respect to Taxes on Income, Article 11, Para. 2: "However, such interest may also be taxed in the Contracting State in which it arises and according to the laws of that State, but if the beneficial owner of the interest is a resident of the other Contracting State, the tax so charged shall not exceed 10 percent of the gross amount of the interest. The competent authorities of the Contracting States shall by mutual agreement settle the mode of application of this limitation."

② Agreement Between the People's Republic of China and the Government of the United States of America for the Avoidance of Double Taxation and the Prevention of Fiscal Evasion with Respect to Taxes on Income, Article 10, Para. 2: "However, such interest may also be taxed in the Contracting State in which it arises and according to the laws of that Contracting State, but if the recipient is the beneficial owner of the interest, the tax so charged shall not exceed 10 percent of the gross amount of the interest."

③ Agreement Between the People's Republic of China and the Government of the United Kingdom of Great Britain and Northern Ireland for the Avoidance of Double Taxation and the Prevention of Fiscal Evasion with Respect to Taxes on Income and on Capital Gains, Article 11, Para. 2: "However, such interest may also be taxed in the Contracting State in which it arises and according to the laws of that State, but if the beneficial owner of the interest is a resident of the other Contracting State, the tax so charged shall not exceed 10 percent of the gross amount of the interest. The competent authorities of the Contracting States shall by mutual agreement settle the mode of application of this limitation."

④ 《企业所得税法》第41条第1款规定："企业与其关联方之间的业务往来，不符合独立交易原则而减少企业或者其关联方应纳税收入或者所得额的，税务机关有权按照合理方法调整。"第46条规定："企业从其关联方接受的债权性投资与权益性投资的比例超过规定标准而发生的利息支出，不得在计算应纳税所得额时扣除。"

⑤ 《财政部 国家税务总局关于企业关联方利息支出税前扣除标准有关税收政策问题的通知》第1条规定："在计算应纳税所得额时，企业实际支付给关联方的利息支出，不超过以下规定比例和税法及其实施条例有关规定计算的部分，准予扣除，超过的部分不得在发生当期和以后年度扣除。企业实际支付给关联方的利息支出，除符合本通知第二条规定外，其接受关联方债权性投资与其权益性投资比例为：（一）金融企业，为5∶1；（二）其他企业，为2∶1。"

定比例,将会受到相应的纳税调整。但是,相关各方的税法并无资本弱化的规定,如果境外关联方安世集团贷款,再借款给裕成控股开展境外收购,将不会产生资本弱化的税收风险。

2. 境外现金支付可避免外商投资审查

本案中,境外并购利用境外银团贷款进行现金支付,主要是缘于中国对于境外投资者的监管限制、境内资本市场相对不够成熟以及上市公司发行股份的审批制度等因素。具体而言,收购方闻泰科技属于 A 股上市公司,如果采用股权支付,将难以满足《外国投资者对上市公司战略投资管理方法》规定的持股比例、持股时间、资产规模、商务部审批等限制条件。[①] 再者,境外基金 JW Capital 的四个上层股东的注册地均在开曼群岛,由于当地的优惠税制,此次境外现金并购的税收成本可以忽略不计。

(二) 利用香港 SPV 搭建间接控制的股权架构

本案中,利用香港 SPV 搭建股权架构具有多重优势。首先,香港 SPV 裕成控股可以享受香港的低税率。香港对来源于境外的所得不征税。比如,境外公司派发的股息所得在香港可以免税。预计安世集团汇入裕成控股的资金很少或几乎不用交税。其次,香港与内地有较为优惠的税收协定安排。根据双边税收协定,香港与内地企业之间实行限制税率。[②] 如果裕成控股向内地股东派发股息,闻泰科技所承担的实际税负在 5% 左右。此外,香港 SPV 可以"隔离"母公司的某些法律责任,部分融资并购事项可以通过香港 SPV 裕成控股直接完成。由于香港优越的投融资环境和宽松的外汇管制,利用香港 SPV 可以进

---

① 《外国投资者对上市公司战略投资管理办法》第 5 条规定:"投资者进行战略投资应符合以下要求:(一) 以协议转让、上市公司定向发行新股方式以及国家法律法规规定的其他方式取得上市公司 A 股股份;(二) 投资可分期进行,首次投资完成后取得的股份比例不低于该公司已发行股份的百分之十,但特殊行业有特别规定或经相关主管部门批准的除外;(三) 取得的上市公司 A 股股份三年内不得转让;(四) 法律法规对外商投资持股比例有明确规定的行业,投资者持有上述行业股份比例应符合相关规定;属法律法规禁止外商投资的领域,投资者不得对上述领域的上市公司进行投资;(五) 涉及上市公司国有股股东的,应符合国有资产管理的相关规定。"

第 6 条规定:"投资者应符合以下要求:(一) 依法设立、经营的外国法人或其他组织,财务稳健、资信良好且具有成熟的管理经验;(二) 境外实有资产总额不低于 1 亿美元或管理的境外实有资产总额不低于 5 亿美元;或其母公司境外实有资产总额不低于 1 亿美元或管理的境外实有资产总额不低于 5 亿美元;(三) 有健全的治理结构和良好的内控制度,经营行为规范;(四) 近三年内未受到境内外监管机构的重大处罚(包括其母公司)。"

② 根据《内地和香港特别行政区关于对所得避免双重征税和防止偷漏税的安排》第 10 条的规定,"这些股息也可以在支付股息的公司是其居民的一方,按照该一方法律征收。但是,如果股息受益所有人是另一方的居民,则所征税款不应超过:(一) 如果受益所有人是直接拥有支付股息公司至少 25% 资本的公司,为股息总额的 5%;(二) 在其他情况下,为股息总额的 10%。双方主管当局应协商确定实施限制税率的方式"。

行大额的融资贷款,并购完成后利用境外营业收入进行还款,可以免除利息预提税,而且不用外汇部门层层审批,为融资并购提供了极大便利。

如果采用直接并购的形式,由于安世集团属于高科技企业,因此不可避免地将受到荷兰对外商投资的监管审查,而且需要巨额的并购资金,裕成控股和安世集团还可能需要缴纳大额的财产转让所得税。

(三) 发行股份和现金支付的混合支付方式

本案中,融资支付采用发行股份和现金支付相结合的方式,适当加大债务融资比例,成功实现了以小博大的跨境并购目标。此次跨境并购的大部分融资来自银行或第三方借款。根据《企业所得税法实施条例》的规定,企业在经营过程中发生的利息支出可以在税前扣除。① 适当增加贷款数额,可以防止控制权被稀释的问题发生,还可以增加税前扣除比例。股权融资通过发行股份,获得了大额配套资金,而且不用还本付息,还将引入战略投资者,能够改善公司的经营管理状况。但是,股权融资可能导致公司的控制权被稀释。只有合理配置股权融资和债权融资的比例,才能避免不必要的法律风险,成功实现并购目标。

对于境内标的公司,除了采用现金支付方式之外,还可以采用股权支付②方式,从而避免出现短期巨额现金流出给企业带来的资金压力。根据 59 号文关闻泰科技于一般性税务处理的规定③,被收购方应确认股权、资产转让所得或损失,被收购企业应按照财产转让所得计税。如果收购股权或资产占被并购企业全部股权或资产的比例超过 50%,且满足特殊性税务处理的相关条件,采用股权支付形式的并购重组业务可以适用免税并购,重组双方当期可以免税。

闻泰科技用现金进行收购,只涉及印花税,无须缴纳企业所得税。根据《企业会计准则第 2 号——长期股权投资》第 6 条第 1 款,以支付现金取得的长期

---

① 《企业所得税法实施条例》第 38 条规定:"企业在生产经营活动中发生的下列利息支出,准予扣除:(一) 非金融企业向金融企业借款的利息支出、金融企业的各项存款利息支出和同业拆借利息支出、企业经批准发行债券的利息支出;(二) 非金融企业向非金融企业借款的利息支出,不超过按照金融企业同期同类贷款利率计算的数额的部分。"

② 59 号文第 2 条规定:"本通知所称股权支付,是指企业重组中购买、换取资产的一方支付的对价中,以本企业或其控股企业的股权、股份作为支付的形式……"

③ 59 号文第 4 条第 3 项规定:"企业股权收购、资产收购重组交易,相关交易应按以下规定处理:1.被收购方应确认股权、资产转让所得或损失。2.收购方取得股权或资产的计税基础应以公允价值为基础确定。3.被收购企业的相关所得税事项原则上保持不变。"

股权投资,应当按照实际支付的购买价款作为初始投资成本。对于境内被并购企业来说,企业转让资产获得的收入应在减去取得该项资产的历史成本后按照一般性税务处理规定缴纳企业所得税,还涉及少量的印花税。但是,在以现金购买股权的情况下,被收购方境内 LP 应当申报缴纳财产转让所得税。[①]

三、对跨境并购的税收法律建议

(一)防控跨境并购融资支付的税收风险

开展跨境并购前,应关注目标公司的税务处理,提前做好税务尽职调查,查看目标公司有无历史遗留的税务问题。跨境并购往往涉及不同国家或地区的法律规制,应根据跨境并购融资支付方案,查明在不同税法规定中双方的税收法律责任,以及交易支付环节涉及的税款承担问题。这些事项均需在并购合同中予以明确。同时,还应关注目标公司所在国或地区的税务立法动向。有些税收法律法规可能破坏正在进行的并购交易。

(二)设计股权架构,降低融资税收成本

设计跨境并购股权架构,不仅应有利于推进跨境并购顺利完成,还应考虑企业未来的经营发展,降低企业的总体税负。实操中,很多跨境并购企业采用间接股权控制的架构,为企业节省了大额税费支出。具体来说,间接股权架构的重点是设立中间 SPV,利用 SPV 所在地的低税率以及发达的融资环境,降低并购成本。SPV 设立地点在很大程度上由并购目标公司所在地决定,如中国香港、新加坡、卢森堡、开曼群岛、百慕大、英属维尔京群岛等。本案中,SPV 设在香港,当地实行低税率,并且对于境外所得免税;目标公司所在国为荷兰,该国对于股息免征预提税。这样,将为并购企业节省一笔税费开销。

跨境并购设计间接股权控制架构,如果境外目标公司中有境内股东,境内收购方可利用股权支付形式收购境内股东,在收购过程中合理设计收购方案,

---

[①] 根据《国家税务总局关于企业取得财产转让等所得企业所得税处理问题的公告》(国家税务总局公告 2010 年第 19 号)第 1 条的规定,企业取得财产(包括各类资产、股权、债权等)转让收入、债务重组收入、接受捐赠收入、无法偿付的应付款收入等,不论是以货币形式还是非货币形式体现,除另有规定外,均应一次性计入确认收入的年度计算缴纳企业所得税。

尽可能利用特殊性税务重组的优惠安排降低并购税负。根据 59 号文第 5 条①、第 6 条第 2 项和第 3 项②,109 号文第 1 条、第 2 条③,若进行股权或资产收购,收购企业的股权或资产不低于被收购企业全部股权或资产的 75%,且收购企业在该股权或资产收购发生时的股权支付金额不低于其交易支付总额的 85%,双方取得股权的计税基础以原有计税基础确定,在当期均可以免税。

(三) 运用税收协定优惠安排,降低企业税负

跨境并购往往涉及不同国家或地区的税法和国际税收协定的规制。在开展跨境并购前,"走出去"企业应充分了解东道国的税收法律和国际税收协定,在符合法律规定的情况下开展跨境并购。同时,并购企业还应充分考虑税收优惠。一般情况下,税收协定规定了较为优惠的税收安排,如股息、利息、特许权使用费条款等规定了东道国实施限制税率,海运、空运、陆运、财产收益、政府服务、学生条款等规定了东道国提供免税待遇,常设机构、营业利润、独立个人劳务、受雇所得条款等提高了东道国的征税门槛,这些都限制了东道国按照国内税收法律征税的权力。④ 合理运用税收协定优惠安排将大大降低企业税负。

本案中,融资来源大部分是银行贷款,尤其是境外并购支付的现金全部来自银团贷款。如果充分利用利息税的优惠待遇,将会极大降低跨境并购融资的

---

① 59 号文第 5 条规定:"企业重组同时符合下列条件的,适用特殊性税务处理规定:(一) 具有合理的商业目的,且不以减少、免除或者推迟缴纳税款为主要目的。(二) 被收购、合并或分立部分的资产或股权比例符合本通知规定的比例。(三) 企业重组后的连续 12 个月内不改变重组资产原来的实质性经营活动。(四) 重组交易对价中涉及股权支付金额符合本通知规定比例。(五) 企业重组中取得股权支付的原主要股东,在重组后连续 12 个月内,不得转让所取得的股权。"

② 59 号文第 6 条第 2 项规定:"股权收购,收购企业购买的股权不低于被收购企业全部股权的 75%,且收购企业在该股权收购发生时的股权支付金额不低于其交易支付总额的 85%,可以选择按以下规定处理:1. 被收购企业的股东取得收购企业股权的计税基础,以被收购股权的原有计税基础确定。2. 收购企业取得被收购企业股权的计税基础,以被收购股权的原有计税基础确定。3. 收购企业、被收购企业的原有各项资产和负债的计税基础和其他相关所得税事项保持不变。"

第 6 条第 3 项规定:"资产收购,受让企业收购的资产不低于转让企业全部资产的 75%,且受让企业在该资产收购发生时的股权支付金额不低于其交易支付总额的 85%,可以选择按以下规定处理:1. 转让企业取得受让企业股权的计税基础,以被转让资产的原有计税基础确定。2. 受让企业取得转让企业资产的计税基础,以被转让资产的原有计税基础确定。"

③ 109 号文第 1 条规定:"将《财政部 国家税务总局关于企业重组业务企业所得税处理若干问题的通知》(财税〔2009〕59 号)第六条(二)项中有关'股权收购,收购企业购买的股权不低于被收购企业全部股权的 75%'规定调整为'股权收购,收购企业购买的股权不低于被收购企业全部股权的 50%'。"

第 2 条规定:"将财税〔2009〕59 号文件第六条第(三)项中有关'资产收购,受让企业收购的资产不低于转让企业全部资产的 75%'规定调整为'资产收购,受让企业收购的资产不低于转让企业全部资产的 50%'。"

④ 参见崔晓静:《中国与"一带一路"国家税收协定优惠安排与适用争议研究》,载《中国法学》2017 年第 3 期。

税收成本。这里以中国与荷兰签订的国际税收协定中利息税的优惠安排进行说明。《中国—荷兰税收协定》第11条第2款①规定,利息来源国适用10%的限定税率。第3款②规定,如果提供贷款的主体为政府机构、中央银行、完全为政府所拥有的金融机构,或提供贷款的主体的债权得到了上述主体的担保等,则对于贷款利息直接予以免税。第4款③列举了"完全为政府所拥有的金融机构",在中国有:国家开发银行股份有限公司、中国农业发展银行、中国进出口银行、全国社会保障基金理事会、中国出口信用保险公司、中国投资有限责任公司以及缔约国双方主管当局随时可能同意的任何其他机构;在荷兰有:荷兰发展中国家金融公司、荷兰发展中国家投资银行以及缔约国双方主管当局随时可能同意的任何其他机构。如果闻泰科技向荷兰发展中国家金融公司或荷兰发展中国家投资银行等金融机构贷款,那么可以免缴利息预提税。如果闻泰科技与ABN AMRO Bank N.V.签署了贷款协议且含有包税条款,那么应按10%的税率缴纳利息预提税;而当债权取得荷兰政府机构、中央银行、完全为政府所拥有的金融机构担保时,贷款利息就可以免缴利息预提税。

本案中,境外银团还有位于美国和英国的金融机构。根据《中国—美国税

---

① Agreement Between the People's Republic of China and the Kingdom of the Netherlands for the Avoidance of Double Taxation and the Prevention of Fiscal Evasion with Respect to Taxes on Income, Article 11, Para. 2:"However, such interest may also be taxed in the Contracting State in which it arises and according to the laws of that State, but if the beneficial owner of the interest is a resident of the other Contracting State, the tax so charged shall not exceed 10 percent of the gross amount of the interest. The competent authorities of the Contracting States shall by mutual agreement settle the mode of application of this limitation."

② Agreement Between the People's Republic of China and the Kingdom of the Netherlands for the Avoidance of Double Taxation and the Prevention of Fiscal Evasion with Respect to Taxes on Income, Article 11, Para. 3:"Notwithstanding the provisions of paragraph 2, interest arising in a Contracting State and paid to, or on loans guaranteed or insured by, the Government or a local authority, the Central Bank, or any financial institution wholly owned by the other Contracting State, shall be exempt from tax in the first-mentioned State."

③ Agreement Between the People's Republic of China and the Kingdom of the Netherlands for the Avoidance of Double Taxation and the Prevention of Fiscal Evasion with Respect to Taxes on Income, Article 11, Para. 4:"For the purposes of paragraph 3, the term 'any financial institution wholly owned by the other Contracting State' means: a) in the case of China: (i) China Development Bank Corporation; (ii) Agricultural Development Bank of China; (iii) Export-Import Bank of China; (iv) National Council for Social Security Fund; (v) China Export & Credit Insurance Corporation; (vi) China Investment Corporation; and (vii) any other institution as may be agreed from time to time between the competent authorities of the Contracting States; b) in the case of the Netherlands: (i) Netherlands Finance Company for Developing Countries; (ii) Netherlands Investment Bank for Developing Countries; and (iii) any other institution as may be agreed from time to time between the competent authorities of the Contracting States."

收协定》①关于利息的优惠安排,发生在缔约国一方而为缔约国另一方政府、行政区、地方当局、中央银行或者完全为其政府所拥有的金融机构取得的利息;或者为该缔约国另一方居民取得的利息,其债权是由该缔约国另一方政府、行政区、地方当局、中央银行或者完全为其政府所拥有的金融机构间接提供资金的,应在该缔约国一方免税。同样,《中国—英国税收协定》②规定了相应的利息税优惠安排。但是,由于上述税收协定没有对具体的免税金融机构进行明确列举,企业应及时咨询东道国主管税务机关。

第二节 炼石有色跨境并购税收筹划案例研究

一、案例概述

(一) 跨境并购买卖双方

1. 收购方简介

炼石有色资源股份有限公司(以下简称"炼石有色")的前身为咸阳偏转股份有限公司(以下简称"咸阳偏转")。咸阳偏转于1997年3月25日在深圳证券交易所上市,股票代码为"000697"。2012年,咸阳偏转在与陕西炼石矿业有限公司(以下简称"炼石矿业")进行重大资产重组后,更名为"陕西炼石有色资

---

① Agreement Between the Government of the People's Republic of China and the Government of the United States of America for the Avoidance of Double Taxation and the Prevention of Fiscal Evasion with Respect to Taxes on Income, Article 10, Para. 3:"Notwithstanding the provisions of paragraph 2, interest arising in a Contracting State and derived by the government of the other Contracting State, a political subdivision or local authority thereof, the Central Bank of that other Contracting State or any financial institution wholly owned by that government, or by any resident of the other Contracting State with respect to debt-claims indirectly financed by the government of that other Contracting State, a political subdivision or local authority thereof, the Central Bank of that other Contracting State or any financial institution wholly owned by that government, shall be exempt from tax in the first-mentioned Contracting State."

② Agreement Between the Government of the People's Republic of China and the Government of the United Kingdom of Great Britain and Northern Ireland for the Avoidance of Double Taxation and the Prevention of Fiscal Evasion with Respect to Taxes on Income and on Capital Gains, Article 11, Para. 3:"Notwithstanding the provisions of paragraph 2, interest arising in a Contracting State and derived by the Government of the other Contracting State, a political subdivision or local authority thereof, the Central Bank of that other Contracting State or any agency of, or entity wholly owned by, that Government, or by any other resident of that other Contracting State with respect to debt-claims of that resident which are financed, guaranteed or insured by the Government of that other Contracting State, a political sub-division or local authority thereof, the Central Bank of that other Contracting State or any agency of, or entity wholly owned by, that Government, shall be exempt from tax in the first-mentioned Contracting State."

源股份有限公司"(以下简称"炼石有色")。①

炼石有色主营钼精粉,属有色金属矿采选子行业。公司目前拥有一座矿山和一个选矿厂,日采选能力合计5000吨,年采选能力合计130万吨。公司的全资子公司成都航宇超合金技术有限公司(以下简称"成都航宇")属航空航天器及设备制造行业,项目投产后的主要产品为航空发动机和燃气轮机用含铼高温合金叶片。航空工业的快速发展,带动飞机发动机的需求量和产量迅速增长。另外,燃气轮机是分布式能源的核心装备,含铼高温合金叶片的市场供应缺口很大,有着广阔的市场前景。近年来,炼石有色逐渐从一家集原矿开采、铼金属提炼提纯、含铼高温合金冶炼、叶片制造、叶片维修与回收为一体的全产业链的铼材料公司向下游航空发动机研发、生产及维修业务进军。随着子公司成都航宇的建立,炼石有色依托于自身独有的铼金属资源,形成了颇具规模的航空产业制造体系与较完善的产品结构和产业链,业务收入来源更加丰富,具备较强的市场竞争能力。

作为本次交易收购主体的上市公司子公司为炼石投资有限公司(以下简称"炼石HK")。该公司于2013年1月29日在香港成立。公司成立之时,注册股本为港币50000元,分为50000股,每股面值为港币1元。炼石矿业和陕西力加投资有限公司(以下简称"陕西力加")分别承购其中49%和51%股份。

2016年10月4日,炼石矿业将其持有的炼石HK 49%股份转予炼石有色。同日,陕西力加将其持有的炼石HK 51%股份转予炼石有色。

2. 目标公司

本次交易的目标公司为Gardner Aerospace Holdings Limited(以下简称"G.L公司"),股东为BECAP Gardner 1 Limited、BECAP Gardner 2 Limited以及6名自然人股东(包括Nicholas James Guttridge、Kenneth Ian Worth、Nicholas Ian Burgess Sanders、Anthony Geoffrey Millington、Carl Anthony Moffat、Laurence Tony Ford)。

G.L公司的注册地点在英格兰和威尔士,它的经营范围为:使用软金属、硬金属及进口金属加工、制造及处理从小型到大型、从简单到复杂的航空零部件,同时提供工具包、子组件、主要部件和维修服务。该公司在全球范围内的员工超过1450人,共有10处生产基地,主要位于邻近的核心飞机制造商客户所在地以及一些低成本国家(如波兰、印度),其产品价格具有较强的竞争力。

---

① 2018年11月,炼石有色更名为"炼石航空科技股份有限公司"(以下简称"炼石航空")。炼石航空的经营范围为:飞机零部件、航空发动机及其零部件、燃气轮机零部件、无人机及系统、超高温合金的研发、制造、销售、维修及相关技术服务,有色金属矿产的开发、冶炼、贸易,货物及技术进出口业务。

(二) 跨境并购目的与过程

1. 跨境并购目的

受国家钢铁行业去产能的影响,钼精粉的市场价格处于低位,产品成本与价格倒挂。与此同时,炼石有色积极拓展新业务,着力布局航空制造业相关产业。炼石有色管理层经过与 G.L 公司若干回合的谈判,决定通过其香港全资子公司炼石 HK 收购 G.L 公司 100％股权。

2. 跨境并购过程

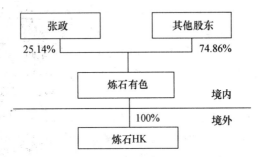

图 10-2　跨境并购前炼石有色股权架构图

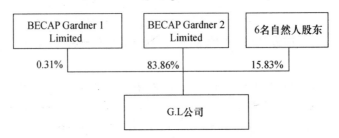

图 10-3　跨境并购前 G.L 公司股权架构图

2016 年 11 月 17 日,炼石有色召开第八届董事会第十四次会议,审议通过了收购和相关附属文件的议案。

2017 年 1 月 23 日,国家发展和改革委员会外资司下发项目信息报告的确认函。

2017 年 3 月 15 日,国家发展和改革委员会下发项目备案通知书,对该交易活动予以备案。

2017 年 4 月 11 日,炼石有色召开第八届董事会第十七次会议,审议通过了该笔交易的购买报告书以及与本次交易相关的议案。

2018 年 12 月 19 日,国家外汇管理局陕西省分局消息:日前,炼石有色(已更名为"炼石航空")完成了对英国 G.L 公司 100％股权的并购。该并购项目涉及资金总额3.26亿英镑(折合人民币约为279336.36万元,汇率参照当天中国人民银行发布的英镑兑人民币汇率中间价1英镑兑人民币8.5686元计算)。

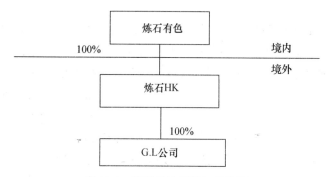

图10-4 跨境并购后股权架构图

以下根据炼石有色的招股说明书,结合国际税收理论,列举了多种税收筹划方案(未必是实际存在或发生的)以供参考。

二、炼石有色直接收购G.L公司税收方案

炼石有色直接进行跨境并购,即直接从两个公司和6名自然人股东手中收购其持有的G.L公司100%股权。收购结束后股权架构为:

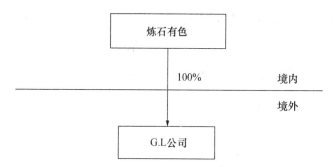

图10-5 炼石有色直接收购G.L公司股权架构图

(一)G.L公司不存在位于中国境内的全资子公司

在直接控股架构下,炼石有色未来会分得来自G.L公司的股息、红利等权益性投资收益。根据《企业所得税法》第23、24条的规定,居民企业从其直接或者间接控制的外国非居民企业分得的来源于中国境外的股息、红利等权益性投资收益,外国企业在境外实际缴纳的所得税税额中属于该项所得负担的部分,可以作为该居民企业的可抵免境外所得税税额,从其当期应纳税额中抵免,抵

免限额为该项所得依照中国《企业所得税法》规定计算的应纳税额;超过抵免限额的部分,可以在以后五个年度内,用每年度抵免限额抵免当年应抵税额后的余额进行抵补。①

假设当年炼石有色的净利润为 1000 万元,G.L 公司的净利润为 500 万元,在按照英国税法缴纳企业所得税后,将剩余资金全部分给炼石有色。当年英国企业所得税的主要税率为 20%,且税法中对于预提税的规定为:不论股息汇入的企业所在国是否与英国签订了税收协定,这部分跨境分配的股息在英国都不需要缴纳预提所得税。因此,炼石有色对于来自境内所得和境外子公司的汇回利润都需要在中国缴纳 25% 的企业所得税,抵免限额为 125 万元,而在英国已缴纳的税额为 100 万元,并未超过抵免限额,应纳税额为 275 万元。

此外,G.L 公司还拥有其他海外全资子公司。根据 125 号文和 84 号文,企业在境外取得的股息所得,在按规定计算该企业境外股息所得的可抵免所得税额和抵免限额时,由该企业直接或者间接持有 20% 以上股份的外国企业,限于五层外国企业,即第一层:企业直接持有 20% 以上股份的外国企业;第二层至第五层:单一上一层外国企业直接持有 20% 以上股份,且由该企业直接持有或通过一个或多个符合 125 号文第 6 条规定持股方式的外国企业间接持有总和达到 20% 以上股份的外国企业。假设当年炼石有色的净利润为 1000 万元,G.L 公司的净利润为 500 万元,G.L 公司在英国的一个下属全资子公司的净利润为 100 万元,则 G.L 公司在中国缴纳企业所得税时应纳税额中可抵免的税额为 120 万元。

(二) G.L 公司存在位于中国境内的全资子公司

G.L 公司存在位于中国境内的全资子公司(以下简称"g.l 公司")时,控股模式为:

由前述分析可知,G.L 公司及其海外子公司汇回境内的股息红利可以进行直接或者间接抵免,从而减轻一定的税收负担。然而,此时 g.l 公司处于中国境内,所取得收入产生的企业所得税缴纳义务并不符合《企业所得税法》及其

---

① 《企业所得税法》第 23 条规定:"企业取得的下列所得已在境外缴纳的所得税税额,可以从其当期应纳税额中抵免,抵免限额为该项所得依照本法规定计算的应纳税额;超过抵免限额的部分,可以在以后五个年度内,用每年度抵免限额抵免当年应抵税额后的余额进行抵补:(一)居民企业来源于中国境外的应税所得;(二)非居民企业在中国境内设立机构、场所,取得发生在中国境外但与该机构、场所有实际联系的应税所得。"

第 24 条规定:"居民企业从其直接或者间接控制的外国企业分得的来源于中国境外的股息、红利等权益性投资收益,外国企业在境外实际缴纳的所得税税额中属于该项所得负担的部分,可以作为该居民企业的可抵免境外所得税税额,在本法第二十三条规定的抵免限额内抵免。"

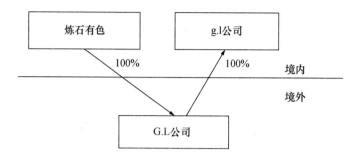

图 10-6　G.L 公司存在位于中国境内的全资子公司时的股权架构图

实施条例规定的"在境外实际缴纳的所得税"。因此,炼石有色在取得自 g.l 公司以股息形式逐层汇回的利润时,需要就取得的股息全额缴纳 25% 的企业所得税,而且无法享受税收抵免待遇,从而加重了 G.L 公司的税收负担。同时,根据《中国—英国税收协定》第 10 条,如果股息受益所有人是缔约国另一方居民,则所征税款在受益所有人是公司并直接拥有支付股息的公司至少 25% 资本的情况下,不应超过股息总额的 5%。因此,g.l 公司在境内盈利后分配利润时还需要代扣代缴 G.L 公司所需要承担的 5% 的预提所得税。

当 G.L 公司存在位于中国境内的全资子公司时,炼石有色在成功收购后,后续还可进行股权架构的进一步优化,以减轻企业税收负担。比如,炼石有色可以直接购买 G.L 公司所持有的 g.l 公司部分甚至全部股权,形成如下的股权架构:

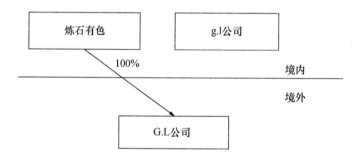

图 10-7　炼石有色直接控股 g.l 公司后的股权优化图

(三)股权转让的相关税负测算

1. 转让过程中的税负

G.L 公司转让 g.l 公司股权至炼石有色的这一行为,实际上是非居民企业直接向一家居民企业转让其所持有的另一家居民企业的股权。59 号文第 7 条规定,非居民企业向与其具有100%直接控股关系的居民企业转让其拥有的另一居民企业股权,同时符合第5条的规定,即可适用特殊性税务处理规定。因此,若该转让过程被税务机关认定为可以适用特殊性税务处理规定的情况,则交易双方可以按特殊性税务处理规定,对交易中的股权支付暂不确认有关资产的转让所得或损失,获得递延纳税的税收优惠;若被税务机关认定为不符合特殊性税务处理规定的适用情况,则需要适用一般性税务处理规定。按照《企业所得税法》的规定,G.L公司需要就所持有的g.l公司股份的市场公允价格计算转让收入,缴纳企业所得税,税率为5%。

2. 转让后的税负

炼石有色和g.l公司是母子公司的关系。根据《企业所得税法》第26条的规定,符合条件的居民企业之间的股息、红利等权益性投资收益为免税收入。因此,若炼石有色取得来自g.l公司的股息、红利收入,则可以不缴纳企业所得税,减轻了企业整体的税收负担。

无论G.L公司是否有位于中国境内的全资子公司,在该控股模式下,炼石有色都可以以股权或资产转让作为退出方式:如果以股权转让方式退出,则应关注英国是否要求其就股权转让缴纳资本利得税;如果以资产转让方式退出,则应关注英国对资产转让收益或损失的企业所得税处理,转让不动产可能涉及的财产税、资本利得税,以及转让资产可能产生的流转税。同时,炼石有色应在中国就股权或资产转让所得缴纳企业所得税。此外,炼石有色还可以以清算方式退出,即注销海外子公司。不过,这种方式需要重点关注注销前当地各类税款的清算和缴纳,除了需要关注企业本身的税款外,还需要确保正确履行对债权人、股东、员工等所产生税款的代扣代缴义务。一般情况下,只有在企业清缴税款之后,当地政府才能批准其注销。

(四)税收筹划方案风险分析

该方案的税务风险点在于对于适用特殊性税务处理规定的认定,也是对于合理商业目的的认定。根据59号文的规定,同时符合下列条件的,才能适用特殊性税务处理规定:(1)具有合理的商业目的,且不以不缴、少缴或者延迟缴纳税款为主要目的;(2)收购行为发出的企业购买的目标企业的股权不低于该企业全部股权的75%,且收购过程中采用股权支付的金额必须超过或者等于交易总额的85%;(3)收购后的连续12个月内不改变被收购企业原来的实质性经营活动;(4)若采用股权支付,则收购后取得股权的被收购企业的主要股东在连续12个月内没有转让所取得的股权。

7号公告第3条列明了几项判断是否具有合理商业目的应综合考虑的因

素,为税务机关工作人员提供了较为统一的标准,提高了企业、群众对于税务机关工作的监督作用,也为纳税人提供了可供参考的规定,减少了纳税人在财产转让交易活动中的不确定性。具体而言,该条规定:"判断合理商业目的,应整体考虑与间接转让中国应税财产交易相关的所有安排,结合实际情况综合分析以下相关因素:(一)境外企业股权主要价值是否直接或间接来自于中国应税财产;(二)境外企业资产是否主要由直接或间接在中国境内的投资构成,或其取得的收入是否主要直接或间接来源于中国境内;(三)境外企业及直接或间接持有中国应税财产的下属企业实际履行的功能和承担的风险是否能够证实企业架构具有经济实质;(四)境外企业股东、业务模式及相关组织架构的存续时间;(五)间接转让中国应税财产交易在境外应缴纳所得税情况;(六)股权转让方间接投资、间接转让中国应税财产交易与直接投资、直接转让中国应税财产交易的可替代性;(七)间接转让中国应税财产所得在中国可适用的税收协定或安排情况;(八)其他相关因素。"

三、炼石有色间接控股G.L公司(单层海外架构)税收方案

(一)G.L公司不存在位于中国境内的全资子公司

香港采用地域来源原则征税,即只对来自香港的利润及收入征税。在单层海外架构下,炼石HK是在香港设立的中间控股公司,G.L公司汇给炼石HK的股息红利在香港不用纳税。这在一定程度上递延了投资收益的纳税时间。境外孙公司返还的利润可以储存在香港子公司,当有其他新项目需要进行投资时,可以直接以香港子公司的名义和资金进行交易。另外,这还可以减少将该利润汇回炼石有色需缴纳的企业所得税,有助于提高炼石有色海外资金的整体利用效率。

根据《内地和香港特别行政区关于对所得避免双重征税和防止偷漏税的安排》第10条第2款的规定,股息也可以在支付股息的公司是其居民的一方,按照该一方法律征税。但是,如果股息受益所有人是另一方的居民直接拥有支付股息公司至少25%资本的公司,那么所征税款不应超过股息总额的5%。

因为炼石有色直接持有炼石HK全部股份,所以当炼石有色需要就从炼石HK分回的股息、红利纳税时,可以享受税收协定优惠。同时,因为香港对向境外支付的股息不征收预提所得税,所以该项所得在香港也不缴税。

此外,因为炼石有色从境外分回的是股息、红利,所以需要进一步考虑间接抵免。炼石有色持有炼石 HK 100％股权,符合间接抵免的要求。但是,炼石 HK 在香港因享受税收优惠而未缴纳利得税,其抵免金额为零。因此,在内地原本应享受免税待遇的股息、红利仍需要纳税,进而导致香港的税收优惠未发生实质效用。然而,内地与香港的税收安排又不存在税收饶让的规定。因此,炼石有色从炼石 HK 取得股息、红利时,需要全额缴纳企业所得税,其直接抵免额和间接抵免额都为零。

(二) G.L 公司存在位于中国境内的全资子公司

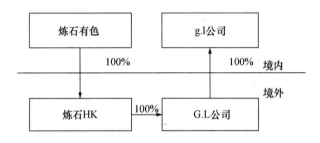

图 10-8　G.L 公司存在位于中国境内的全资子公司时的股权架构图

在这种情况下,虽然 G.L 公司汇给炼石 HK 的股息、红利在香港不用纳税,但是 g.l 公司不仅需要承担 25％的企业所得税,而且在进行利润分配时还需要代扣代缴 G.L 公司所需要承担的 5％的预提所得税。这虽然满足五层的间接抵免层级,但是仍然不满足《企业所得税法》及其实施条例所规定的"在境外实际缴纳的所得税"。所以,在炼石有色计算企业所得税税额时,仍然不能进行抵免。但是,可以对股权架构进行适当的调整,与单层海外架构一样,调整为由炼石有色直接控股 g.l 公司的模式。

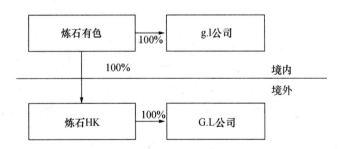

图 10-9　G.L 公司存在位于中国境内的全资子公司时的股权优化图

股权转让后的税负情况与单层海外机构下 G.L 公司转让所持有的 g.l 公司 100% 股权一样。炼石有色和 g.l 公司是母子公司的关系,炼石有色取得的来自 g.l 公司的股息、红利收入符合《企业所得税法》第 26 条的规定,属于免税收入,不用缴纳企业所得税。

但是,股权转让过程中的税务处理可能有所不同。59 号文第 7 条规定了可选择适用特殊性税务处理规定的条件,其中前两项是:非居民企业向其 100% 直接控股的另一非居民企业转让其拥有的居民企业股权,没有因此造成以后该项股权转让所得预提税负担变化,且转让方非居民企业向主管税务机关书面承诺在 3 年(含 3 年)内不转让其拥有受让方非居民企业的股权;非居民企业向与其具有 100% 直接控股关系的居民企业转让其拥有的另一居民企业股权。然而,G.L 公司向炼石有色转让其所拥有的 g.l 公司股权,属于孙公司向母公司转让股权,不属于非居民企业向其 100% 直接控股的另一非居民企业转让股权,即不满足上述两项适用特殊性税务处理规定的条件。

所以,在这种架构下进行的股权转让行为适用一般性税务处理规定:G.L 公司应确认转让 g.l 公司股权、资产后的所得或者损失;炼石有色取得 g.l 公司股权后,计税基础应以市场价格为基础确定,且 G.L 公司需要就所持有的 g.l 公司股权的市场公允价格计算转让收入,缴纳企业所得税,税率为 5%。

最后,无论 G.L 公司是否存在位于中国境内的全资子公司,在单层中间控股公司模式下,炼石有色在未来如果想转让 G.L 公司股权,可以直接通过香港子公司进行操作。

(三) 税收筹划方案风险分析

第一,对 G.L 公司的受益所有人身份认定的税务风险。根据中国与其他国家和地区签订的税收协定,非居民企业只有在被认定为受益所有人时才能享受税收协定中规定的股息、红利等的低税率。国家税务总局 2018 年 2 月 3 日发布的 9 号公告第 2 条规定:"判定需要享受税收协定待遇的缔约对方居民(以下简称'申请人')'受益所有人'身份时,应根据本条所列因素,结合具体案例的实际情况进行综合分析。一般来说,下列因素不利于对申请人'受益所有人'身份的判定:(一) 申请人有义务在收到所得的 12 个月内将所得的 50% 以上支付给第三国(地区)居民,'有义务'包括约定义务和虽未约定义务但已形成支付事实的情形。(二) 申请人从事的经营活动不构成实质性经营活动。实质性经营活动包括具有实质性的制造、经销、管理等活动。申请人从事的经营活动是否具有实质性,应根据其实际履行的功能及承担的风险进行判定。申请人从事的具有实质性的投资控股管理活动,可以构成实质性经营活动;申请人从事不构成实质性经营活动的投资控股管理活动,同时从事其他经营活动的,如果其他经营活动不够显著,不构成实质性经营活动。(三)缔约对方国家(地区)对有关所得不征税或免税,或征税但实际税率极低。(四)在利息据以产生和支付的贷款合同之外,存在债权人与第三人之间在数额、利率和签订时间等方面相近的其他贷款或存款合同。(五)在特许权使用费据以产生和支付的版权、专利、技术等使用权转让合同之外,存在申请人与第三人之间在有关版权、专利、技术等的使用权或所有权方面的转让合同。"

第二,对香港子公司的居民企业认定的税务风险。82号文第2条规定:"境外中资企业同时符合以下条件的,根据企业所得税法第二条第二款和实施条例第四条的规定,应判定其为实际管理机构在中国境内的居民企业(以下称非境内注册居民企业),并实施相应的税收管理,就其来源于中国境内、境外的所得征收企业所得税。(一)企业负责实施日常生产经营管理运作的高层管理人员及其高层管理部门履行职责的场所主要位于中国境内;(二)企业的财务决策(如借款、放款、融资、财务风险管理等)和人事决策(如任命、解聘和薪酬等)由位于中国境内的机构或人员决定,或需要得到位于中国境内的机构或人员批准;(三)企业的主要财产、会计账簿、公司印章、董事会和股东会议纪要档案等位于或存放于中国境内;(四)企业1/2(含1/2)以上有投票权的董事或高层管理人员经常居住于中国境内。"

第三,与特别纳税调整相关的税务风险。根据《国家税务总局关于印发〈特别纳税调整实施办法(试行)〉的通知》《国家税务总局关于发布〈特别纳税调查调整及相互协商程序管理办法〉的公告》等文件,对于存在以下避税安排的企业,税务机关可以启动一般反避税调查:滥用税收优惠、滥用税收协定、滥用公司组织形式、利用避税港避税、其他不具有合理商业目的的安排。《企业所得税法》第41条规定:"企业与其关联方之间的业务往来,不符合独立交易原则而减少企业或者其关联方应纳税收入或者所得额的,税务机关有权按照合理方法调整。"第47条规定:"企业实施其他不具有合理商业目的的安排而减少其应纳税收入或者所得额的,税务机关有权按照合理方法调整。"

四、炼石有色间接控股 G.L 公司（多层海外架构）

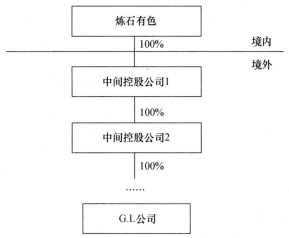

图 10-10　炼石有色在多层海外架构下间接控股 G.L 公司

（一）G.L 公司不存在位于中国境内的全资子公司

中国香港和卢森堡的税收协定规定，卢森堡公司向香港公司的股息分派不需要缴纳预提税。因此，许多"走出去"的中国企业在搭建多层海外交易架构时，将中间控股公司选在了中国香港和卢森堡。

当 G.L 公司把取得的利润汇回香港时，由于卢森堡规定对于与本国有税收协定的国家（地区）和公司，股息分红可以享受免税优惠，并且香港只对来自本地区的利润及收入征税，因此炼石 HK 实际来源于香港境外的收入完全为 G.L 公司分派的利润。炼石有色对于从炼石 HK 分回的股息、红利，在香港不用缴纳预提所得税。

（二）G.L 公司存在位于中国境内的全资子公司

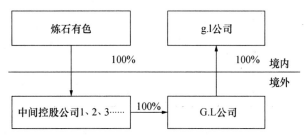

图 10-11　G.L 公司存在位于中国境内的全资子公司时的股权架构

对于这种情况,也可以采用前述方法改变控股结构,g.1公司变更为直接控股的境内子公司,炼石有色所取得来自 g.1 公司的股息、红利收入可以免税,一定程度上减轻炼石有色的税收负担。

但是,本案例所涉及国家(地区)之间的税收协定中,对于预提所得税的规定都是不超过5%,并且都有向境外支付的股息不征收预提所得税的政策。若 G.L 公司的注册地在意大利,那么根据《中国—意大利税收协定》的规定,预提所得税的征收比率最大为10%,意味着 g.1 公司在进行利润分配时需要代扣代缴 G.L 公司所需要承担的10%的预提所得税。所以,若 G.L 公司为意大利居民企业,那么为了减轻集团整体税负,可以利用中间控股公司对 G.L 公司所持 g.1 公司股权进行收购,由中间控股公司直接持有 g.1 公司100%股权,收购后的预提所得税由10%降到5%。股权转让实质上是一家非居民企业向另一家非居民企业转让持有的居民企业股份,不符合59号文第7条规定的特殊性税务处理的认定条件;同时,G.L 公司需要就所持有的 g.1 公司股权的市场公允价格计算转让收入,缴纳企业所得税,税率为5%。

最后,在多层中间控股公司模式下,炼石有色公司在未来如果想转让 G.L 公司股权,可以通过任一中间控股公司进行操作,决策因素在于审批时间和审批速度、《中国—英国税收协定》中规定的征收率是否相对优惠等。

(三)税收筹划方案风险分析

该方案存在的税务风险与单层控股架构下 G.L 公司存在位于中国境内的全资子公司的情况一样,不仅有对于 G.L 公司的受益所有人身份认定的风险,也有对于在中国香港、卢森堡设立的公司是否会被认定为非境内注册居民企业而与境内居民企业承担一样的纳税义务的风险。

另外,还要考虑受控外国企业的风险。根据《特别纳税调整实施办法(试行)》第76、77条的规定,受控外国企业是指由居民企业或者由居民企业和居民个人在股份、资金等方面具有实际经营管理权的,设立在实际税负低于中国税法规定的税率水平的50%的国家(地区),主要目的是对利润不作分配或减少分配的外国企业。若中国股东单层直接或多层间接单一持有外国企业10%以上有表决权股份,且共同持有该外国企业50%以上股份,则可认为中国居民企业对该外国企业有实际经营管理权。《企业所得税法》规定,上述利润中属于中国居民企业的部分,应当计入该居民企业的当期应纳税所得额,缴纳企业所得税。同时,当采用多层海外公司股权架构时,还需要注意中间持股公司的层级不能过多(最多不超过5层),并且满足持股20%以上的要求,否则可能造成底层公司所纳税款无法抵免的情况。①

五、税收方案比较分析

(一) G.L 公司不存在位于中国境内的全资子公司

直接控股:不需要缴纳预提所得税,利润汇回境内需要补缴企业所得税。

间接控股(单层海外控股公司):不需要缴纳预提所得税,利润汇回境内需要补缴企业所得税。

间接控股(多层海外控股公司):不需要缴纳预提所得税,利润汇回境内需要补缴企业所得税。

表 10-2 G.L 公司不存在位于中国境内的全资子公司时相关交易架构的税负(%)分析

		直接控股	间接控股(单层)	间接控股(多层)
G.L 公司	税前利润	100	100	100
	所得税	20	20	20
	税后利润	80	80	80
	预提税	0	0	0
卢森堡公司	分得股息	/	/	80
	所得税	/	/	0
	预提税	/	/	0
炼石 HK	分得股息	/	80	80
	所得税	/	0	0
	预提税	/	0	0
炼石有色	现金股利	80	80	80
	补缴	5	5	5

(二) G.L 公司存在位于中国境内的全资子公司

直接控股:转让过程中适用特殊性税务处理规定或者一般性税务处理规定,其中适用特殊性税务处理规定时,暂不确认股权所得;适用一般性税务处理规定时,G.L 公司按 5% 缴纳预提税。股权转让后,股息、红利免税。

间接控股(单层海外控股公司):适用一般性税务处理规定,G.L 公司按 5% 缴纳预提税。股权转让后,股息、红利免税。

间接控股(多层海外控股公司):适用一般性税务处理规定,G.L 公司按

---

① 参见戚琪:《跨国并购架构下的企业所得税税收筹划策略研究》,广东财经大学 2018 年硕士学位论文。

5%缴纳预提税。股权转让后,股息、红利免税。股权转让过程中,若适用特殊性税务处理规定,则暂时不用纳税;若适用一般性税务处理规定,则G.L公司需要就取得的转让境内股权所得按5%缴纳预提税。

(三) 炼石有色退出阶段

直接控股:炼石有色需要在中国境内就股权或资产转让所得按25%的税率缴纳企业所得税。

间接控股(单层海外控股公司):炼石有色不需要在中国境内纳税。

间接控股(多层海外控股公司):炼石有色不需要在中国境内纳税。

仅就应缴纳的企业所得税而言,在运营阶段,中国香港、英国均对来源于本地区和本国以外的股息所得不征税,对向境外支付的股息也不征收预提所得税;卢森堡的国内税法规定卢森堡公司向与卢森堡签有双边税收协定的国家(地区)的税收居民支付股息无须缴纳股息预提所得税。因此,本案例比较特殊,无论直接控股还是间接控股,无论G.L公司在中国境内是否有全资子公司,在运营过程中,炼石有色承担的税负是一样的,都是25%。

在投资退出阶段,只有在直接控股模式下,炼石有色才需要在中国缴纳25%的企业所得税。如果炼石有色通过设立海外中间控股公司,间接控股G.L公司,则可以选择处置目标公司或者海外中间控股公司的股权,更具有灵活性,并且能降低收回投资的潜在税负。选择搭建税务架构需要考虑的因素还有潜在的税务风险。例如,本案例中,直接控股模式下的税务风险点在于对合理商业目的的认定,判定的标准十分复杂、烦琐。对此,企业需要准备很多详细材料和证明以供税务机关查阅登记。若还是没办法认定具有合理商业目的,那就是对人力、财力的浪费。单层海外控股公司的模式下,有两个税务风险点:一是G.L公司的受益所有人身份认定。二是香港子公司是否会被税务机关认为是非境内注册居民企业或者被税务机关展开一般反避税调查。G.L公司是在英国注册且经营多年的老牌企业,对其受益所有人的身份证明所用时间不会太长。香港子公司是在2013年依据香港法律合法成立并有效存续的有限责任公司,是一个独立的法人实体,被认定为非境内注册居民企业或者被进行反避税调查的可能性不大。多层海外控股公司的模式下,税务风险点在于卢森堡公司是否会被认定为非境内注册居民企业。如果卢森堡公司的决策权在中国,企业主要财产、档案、账簿等都存放于中国,则很有可能被认定为居民企业,与境内注册居民企业承担相同税负。这样,就失去了设立中间控股公司的意义。另外,由于卢森堡提供普遍的税收优惠供跨国公司用于经常性避税活动,容易被认为实际税率较低,因此卢森堡公司存在较大的成为"受控外国公司"的风险。

就本案例而言,炼石有色想要收购英国 G.L 公司,采用香港单层中间控股公司的交易架构是一个较好的选择。这不仅是因为香港公司早已是一个独立的法人实体,在一定程度上可以规避潜在的税务风险,有利于现金在全球范围内的有效调动,还因为它考虑到了未来投资退出的灵活性。现实中,炼石有色也是采用这种模式收购 G.L 公司的。

第十一章
跨境并购税收风险防控研究

近年来,中国"走出去"企业跨境并购引起的税务纠纷比较棘手,不仅导致企业遭受巨额损失,而且损害国家战略投资形象,不利于中国经济更高质量地发展。尽职调查是避免引起税收纠纷、防控税收风险的重要手段。跨境并购税务尽职调查主要是对目标公司的财务、税收、合规、商务等方面进行深入细致的摸底调查。税收风险是客观存在的,也是可以规避和防范的。防范税收的关键在于,充分了解跨境并购阶段可能存在的任何税收风险点,提前做好跨境并购税收风险防控工作。

第一节 跨境并购税收风险研究

一、跨境并购过程税收风险分析

国内外学者大致将跨境并购过程分为三个阶段,即并购实施前的准备阶段、并购实施中的实务阶段、并购实施后的整合阶段。并购实施前的准备包括:筛选目标公司,然后根据实际情况设计并购方案,组织相关人员与目标公司洽谈、商议,确定并购方案。实务阶段是从协议签订、开展并购、并购交割到产权转移。依据设计方案分流程实施并购实务后,并没有真正收获利润,还需进行并购后的整合。整合不仅是关于目标公司人力、财力、物力的整合,还包括下一步的打算:是继续经营目标公司以获得长期利润,还是低价买入,高价卖出,从而取得短期利益。跨境并购税收理论落后于实务发展,学界并未形成统一的理论。总体上,跨境并购税收风险研究按照并购过程可以分为三个阶段,即跨境并购实施前的税务尽职调查、跨境并购过程中税收的因素考量、跨境并购完成后的税收风险防控。

跨境并购是一项纷繁复杂的工作,要面对陌生的环境和诸多不确定性。著名管理咨询公司麦肯锡的统计数据显示,只有20%的并购活动能达成公司决策层的预期目的。在80%的失败交易中,有40%的交易看上去完成了并购,取得了目标公司的控制权,但是由于没有充分重视并购中的涉税事项,没有单独筹划并购过程中的税务问题,致使并购方承担了本该由目标公司承担的税务成本,造成了巨大的财产损失。跨境并购中的税收风险更增加了跨境并购的难度,由于税收存在强制性、无偿性等特征,在经济属性上属于企业的费用支出,会减少企业的既得利益,增加成本。另外,跨境并购涉及不同国家间的政治、经济、文化差异,各国的税法也千差万别。一般来说,发达国家的税法与税收制度比较健全,对企业的税务要求也比较高;发展中国家的税法与税收制度则较为宽松,却可能伴随贸易限制、地方保护等诸多不确定因素,提升了潜在的税务风险。另外,企业财务人员处理涉税事项时,遵循的是企业自行制定的财务管理制度,这些制度与企业所在国的税收政策往往存在一定差异,因此容易导致税务未达事项。

二、跨境并购分阶段税收风险分析

(一)跨境并购交易前的税收风险

跨境并购交易前,目标公司产生的交易事项、所在地税收政策、财务信息披露无疑使并购方在决策过程中面临信息不对称。若在跨境并购交易开始前没有对目标公司的涉税事项进行评估、约定,那么并购方在并购过程中可能面临诸多税务风险。

目标公司存在历史经营期税收风险。由于税收的滞后性,在跨境并购交易尚未发生前,目标公司产生的涉税事项一般被纳入财务核算,到特定纳税时点申报缴税。从并购开始到结束这段时间内,不排除目标公司与其关联方产生关联交易,从而造成并购方在并购完成后的额外税负。由于各个行业、企业的税务问题不一,因此税务尽职调查的侧重点也有所不同。比如,工业生产企业需重点关注免税进口设备、出口环节增值税退税、税务优惠的适用性等问题,房地产行业需重点关注土地增值税预缴和清算、企业所得税预缴和清算、收入确认等问题,消费品行业需重点关注消费税、广告宣传费用扣除、礼品赠送等问题,科技创新企业需重点关注高新资格认定、转让定价安排等问题。

(二)跨境并购交易中的税收风险

跨境并购交易过程本身往往会引起并购双方的纳税义务。并购方倾向于资产并购,被并购方倾向于股权并购。税后价格被视为并购的真正交易价格。

股权投资架构所涉及的境外税收影响主要取决于目标公司所在国家(地区)、中间控股公司(如有)以及并购方所在国家(地区)的税收法规以及双边税收协定。[①]

1. 交易实施路径的税收风险

跨境并购交易实施中,主要有直接并购和间接并购。在不同的并购路径之下,税负差异较大。比如,中国企业并购澳大利亚企业,如果采用直接并购方式,那么并购方在中国或澳大利亚可能面临双重征税风险。如果并购方在新加坡设立中间控股公司进行并购,由于新加坡对于境外所得不征收所得税,因此该中间层转让所得暂不缴纳企业所得税。

2. 交易支付方式的税收风险

中国对并购交易支付方式缺乏明确规范的法律要求,很多交易采用口头约定的形式直接进行巨额资金转账支付。同时,一些公司集团内的各个实体之间的资金往来没有规范的支付程序。如果当地的税务机关与金融机构之间的信息交换体系健全,资金无偿划转这种不规范的支付方式将产生税收风险。比如,境内某公司先在香港注册 A 公司,再由香港 A 公司在美国注册 B 公司,并购资金从境内公司打到 B 公司,当即就会被美国税务机关下达征税单据。根据美国税法,关联方无偿使用境外公司划转资金的,关联方所在地有权对划转公司征税。

(三) 跨境并购交易完成后的税收风险

跨境并购交易完成后的税收风险,是指并购方获得目标公司的资产或者股权后,在经营过程中面临的融合、整合所造成的税收风险。比如,并购后,企业将面临融合、整合操作过程不规范等税收风险。若该问题无法及时得到有效解决,将会导致并购无法达到预期的效果,进而给并购方造成一定的税务风险。

在企业会计核算中,税费一般被作为费用处理。不同国家的税制设置不同,如果在并购交易测算中不能准确核算税收成本,并购交易将会产生额外的费用。比如,某公司在收购一家澳大利亚公司时,连带其地产项目一同收购。在交易测算中,项目的财务估值具有较大盈利空间。但是,并购方在交易完成后计算成本费用时发现,忽略了澳大利亚的印花税。

---

① 参见覃思:《我国企业海外并购的税务风险及其对策研究》,上海海关学院 2016 年硕士学位论文。

三、跨境并购税收风险类型

(一) 反避税风险

随着经济全球化的发展,越来越多的跨国企业通过全球一体化的经营模式和复杂的税收筹划规避纳税,造成对各国和地区税基的侵蚀。为此,世界主要经济体发起了反避税的行动计划,在全球掀起打击反避税浪潮。中国参与其中。自2006年以来,中国的反避税调查发展迅速,特别是适用新的所得税法以后,反避税案件的调查力度显著加大。2009年,国家税务总局发布《特别纳税调整实施办法(试行)》,用于税务机关对企业的转让定价、预约定价安排、成本分摊协议、受控外国企业、资本弱化以及一般反避税等特别纳税调整事项的管理。根据反避税工作的发展需要,国家税务总局又对相应条款进行了更新。2014年,国家税务总局发布了《一般反避税管理办法(试行)》,从资本弱化、转让定价等多个方面规范一般反避税管理。

一般反避税管理中,税务机关主要关注两个要素:(1) 是否具有合理商业目的;(2) 是否减少应纳税收入或所得额。税务机关在评估一项安排的合理商业目的时,需要根据个案的具体情况,综合考虑各方面因素,重点判断该安排的经济实质。此外,税务机关还要关注税收利益,包括寻求减免税以及推迟缴纳税款。

受控外国公司(CFC)就是在避税地建立的一个具有独立法人身份的公司分支。它利用所在国或地区的免税待遇,积累各项资金收益,并避免资金流转回母公司,从而一直享受延期缴纳所得税的待遇。OECD发布的《有害税收竞争报告》就对该问题作了说明并对成员国提出要求:对于国内税法的相关规定,可放宽对法人居民的管理;而对于国际税法条例,可对应缩小相关条例的权属范围。很多国家为了解决CFC避税活动而专门制定了相关法律法规。中国《企业所得税法》及其实施条例都对此问题作了明文规定,要求在实际税率远小于25%的国家和地区,企业并非由于合理的经营需要而对利润分配或分配有问题的,应当将这部分利润归属于居民企业,依法缴纳企业所得税。《特别纳税调整实施办法(试行)》又对CFC的相关规定作了改进。中国居民虽然拥有经CFC进行海外收购的权利,但是由此所获利润如果被主管税务机关进行纳税调整,那么所得利润就要在中国税务机关缴纳税款。

根据国际税收的相关政策,一旦启用了一般反避税条款,中国税务机关将以《一般反避税管理办法(试行)》作为行动准则与判断依据,判断企业商业行为是否符合反避税的情形,是否需要对其作出纳税调整。非居民企业进行跨境并购,非常容易被税务机关利用"穿透"原则对其进行征税。因此,企业进行跨境并购应做好相应的税收筹划和税收风险防控工作。

(二) 相关税收政策不明确产生的风险

由于国际税收协定和国内税法中对于"受益所有人"没有明确的界定,因此在实际税收征管中,关于"受益所有人"容易发生涉税争议。国家税务总局2018年2月3日发布的9号公告规定,受益所有人是指对所得或所得据以产生的权利或财产具有所有权和支配权的人。从这一定义可以看出,受益所有人对于所得的所有权和支配权是最重要的判定因素。在子公司对于一笔所得具有所有权和支配权,而母公司对于子公司的权利和财产具有所有权和支配权的情况下,该笔所得的受益所有人究竟是子公司还是母公司很难判定。9号公告对于判定"受益所有人"身份给出了判定标准和不利判定因素,税务机关工作人员在税收征管中应结合具体案例的实际情况进行综合分析。但是,在实际操作过程中,各方对此有着不同的解读。例如,同一个非居民企业向两个不同地区的主管税务机关申请享受税收协定中"受益所有人"优惠待遇,两个主管税务机关给出完全不同的处理结果,一个同意认定为"受益所有人"并享受优惠税率,而另一个则不同意。这就造成了同案不同判的两难局面。

自2020年1月1日起施行的《非居民纳税人享受协定待遇管理办法》第3条规定:"……非居民纳税人自行判断符合享受协定待遇条件的,可在纳税申报时,或通过扣缴义务人在扣缴申报时,自行享受协定待遇,同时按照本办法的规定归集和留存相关资料备查,并接受税务机关的后续管理。"由此可见,税务机关对将非居民企业认定为"受益所有人"已由核准制转为备案制。这是按照"放管服"的要求,便利企业享受税收优惠。虽然企业在享受税收优惠时的程序更加简便,但是将会面临后续税收风险管理的查核。因此,企业应严格评估自身是否真正属于"受益所有人",并留存足够的证明资料备查。如果企业不被税务机关认定为"受益所有人",则将不能享受税收协定的优惠安排,还需要按照相应的税法全额缴税。

(三) 成立分支机构可能面临的税收风险

非居民企业可以通过在境内设立分支机构,由境内公司向分支机构分配股息、红利,从而享受《企业所得税法》规定的免税优惠,然后将利润汇回总公司。由于分支机构与总公司之间的资金流动属于内部资金划转范畴,中国税法没有对其征税的相关规定,因此达到了节税目的。这种方式存在一定风险,首先就是企业必须证明分支机构汇回的股息、红利属于自身股权应得的收入。分支机构一般是非法人身份,股权事实上是由总公司持有的。在这种情况下,证明股权由分支机构持有是非常困难的。税务机关通常会从以下几个方面进行考虑:投资该股权的资金来源;该股权占该分支机构总资产的比例;常设机构对该部分股权是否拥有处分权;常设机构对汇回的股息、红利是否拥有自由支配权;等等。再者,如果非居民企业试图通过设立分支机构与其子公司构建实际联系,从而进行免税的税收筹划,则非居民企业可能被主管税务机关认为是中国境内的常设机构,将会面临就其全球所得纳税的法律风险。

(四)资本弱化的税收风险

跨境并购中,并购方为了避开境内监管规定,通常使用现金支付方式。由于存在巨额现金支付需求,并购方往往通过债务融资方式筹集现金,而这可能使其面临资本弱化和滥用税收协定的法律风险。资本弱化是母公司用债务资金取代股权融资,企业资本中的债务资本占比过高,会不适当增加利息税前扣除额,减少税收金额。导管融资,是指母公司在第三方设立控股公司,通过该公司为目标公司所在国的并购方提供贷款服务,从而申请享受双边税收协定中关于减免利息预提税的优惠待遇。

针对利用资本弱化进行避税的问题,中国采用固定比例法进行纳税调整,固定比例法主要是对企业从其关联方接受的债权性投资与权益性投资的比例作出规定。《财政部 国家税务总局关于企业关联方利息支出税前扣除标准有关税收政策问题的通知》区分不同行业,对关联债资比作出规定。其中,金融企业为 5∶1,其他企业为 2∶1。超过比例部分的利息支出不得在税前扣除。

(五)国际双重征税的风险

跨境并购中涉及不同国家和地区的税收规制,由此可能产生国际双重征税问题。国际税收领域经常会出现经济性双重征税和法律性双重征税。经济性双重征税是因经济实体的组成结构以及所获金额的经济活动而产生的。比如,企业的利润先要缴纳企业所得税,将股息具体分给各个股东后,还要对每个股东分得的股息征收个人所得税,这就是经济性双重征税。法律性双重征税,是指不同国家和地区对同一纳税人进行的多次征税。出现这种现象的原因是,纳税人需在属地管辖范围内缴税,还必须向实行属人管辖的税务机关缴税。比如,中国境外子公司向境内母公司汇回股息、红利时,先要在东道国缴纳股息预提税,股息、红利汇回境内后,还应在中国缴纳企业所得税,因为东道国税收实行的是属地管辖原则,而中国企业所得税实行全球征税原则。

首先,跨境并购导致法律性国际双重征税是因为收购公司居住国与增值资产所在国不是同一国家,在资金流动过程中,两国可能对同一项资金进行征税,从而发生双重征税行为。其次,并购行为实际上是公司构成要件的重新组合。不同国家的组合标准不同,如果在被转移资产所在国被认定为一般重组,则不能享受税收递延待遇;如果在收购公司居住国被认定为特殊重组,则能享受税收递延待遇。并购发生时,并购行为没有被双重征税。但是,收购公司随后对应税资产进行处置时,可能导致享受税收递延待遇的部分资金仍需继续在收购公司居住国缴纳税款。两国的征税时间不同,并且税收抵免有一定的时间限制,从而产生国际双重征税问题。

第二节 跨境并购税收风险控制策略

由于各国税制、税收征管存在差异,国际税收协定较为复杂,以及跨境并购会计处理与税务处理不同等原因,税务风险成为企业境外并购面临的主要障碍之一。"走出去"企业应当密切关注国际税收规则的新变化,谨慎考虑项目计划、交易等各阶段的税收风险,将风险识别、风险应对贯穿于跨境并购项目全流程。基于此,本节尝试提出建立企业跨境并购税收风险控制策略的基本思路,以期为"走出去"企业开展跨境并购提供有益的借鉴。

一、跨境并购分阶段税收风险控制策略

(一)跨境并购前税收风险控制策略

企业在开展跨境并购前应进行全面的税务尽职调查,充分获取目标公司的税务信息,辨别目标公司在并购交易前可能存在的税务风险,找出目标公司运营模式或历史交易中潜在的税务问题,并为并购过程中的并购管理、并购筹划、并购架构的设计等作准备,避免出现替卖方"买单"的情况。跨境并购税务尽职调查的工作流程与国内项目存在较大的差异。通常,税务尽职调查围绕以下几个方面展开:(1)了解目标公司所在国家、地区的主要税种,以及东道国税收优惠政策及相应的税务处理方式。此外,还要了解东道国的税款追征年限,以确定税务尽职调查的审阅期间和股权转让协议中税收赔偿的最低年限。(2)当目标公司为集团公司且子公司分布在多个国家或地区时,需要根据实际情况确定实施税务尽职调查的子公司数量及调查范围。(3)目标公司过去是否存在税务重组或重组计划,对于估值的影响,以及是否需要增加相应的特别法律保护条款;目标公司的管理层留任方法与股权激励计划;基于目标公司并购后的整合和运营战略,与卖方共同协商对于历史期间股权激励计划的税务处理方

式,或考虑设立新的税务优化股权激励计划。① (4)目标公司日常运营中可能存在的涉税风险点,以及其他相关的重大交易风险,如重大的投资交易和资本运作项目,是否会产生重大的税务风险;对风险进行具有可操作性的量化评估,设定风险级别,明确对应风险的区间、数量级。

因此,并购前税务尽职调查应尽可能收集更多信息,查找出所有可能涉及的税务问题。对于可以明确列出的问题,应制定详细的控制措施。对于不能明确列出的问题,应在并购协议中增设保障性条款、补充陈述或担保条例,做到既着眼于当下,又防患于未然。

(二)跨境并购过程中税收风险防范策略

1. 搭建科学有效的税务架构

无论是现金并购还是股权并购,在设计并购方案时,都应将税收作为其中一个关键因素单独加以考虑。跨境并购税收面临多个国家的税收征管实践问题,有中国的、东道国的,还可能涉及中间控股公司所在国。

在取得目标公司股权的同时,并购企业减少税负的方法应考虑两个因素:(1)有效性。一般来说,评价并购有效的普遍原则是,在实现利润最大化的同时,力争风险最小化。然而,鱼和熊掌不可兼得,高利润必然伴随着高风险。通过有效的税务架构,在低税负的国家收取并购财务利息,在高税负的国家将利息费用作为税前扣除项目进行扣除,无疑能从整体上降低税负,从制度设计上保证将来取得利润的成本较低。(2)弹性。跨境并购股权架构的设计,无论是用于并购后的持续经营,还是盈利退出后的资本运营,都应做到随机应变。若是日常性的长期经营、长期持有,分派股息、红利时税负较低,那么应当考虑中间控股公司的选址。如果目标公司属于美国资产,那么可以在瑞士、卢森堡等国注册中间控股公司,因为这些国家与美国所签双边税收协定约定的所得税预提税率是5%。若是仅仅作为溢价性的短期盈利,在收购1—2年内运用资本运作将并购资产卖出,则应当保证在IPO时,股权转让的所得税税率较低。此时,可以考虑进行资产重组,以便提升整体价值,或单独在当地寻找投资者进行运作。

2. 考虑不同国家的受控外国公司制度

中国税法规定,由国内控制的海外公司设定的实际税负低于所得税税率50%,非正常需要不作利润分配或减少利润分配的,应将当期利润计入境外业

---

① 参见潘卫:《"一带一路"政策下中国企业跨境并购税务风险防范措施探讨》,载《中国国际财经(中英文)》2019年第3期。

务收入，缴纳企业所得税。此举无疑对通过设立中间环节并购投资的企业提出了更高要求。受控外国公司制度的推出大大影响了一些采用间接投资方式的企业。中国企业时常投资一些海外的控股公司，可以获得丰厚的利润，同时也需要缴纳一部分企业所得税。中国企业常常将巴哈马、开曼群岛等低税率国家或地区作为海外投资对象，在这些国家或地区设立中间控股公司，再由中间控股公司开展对外投资业务。受控外国公司使这类投资方式受到了局限，母公司应考虑相应的反避税风险。实操中，在避税地注册的中间控股公司，经税务稽核不从事实质性经营活动的，可以被认定为以避税为主要存在目的，属于受控外国公司。因此，如果将中间控股公司注册为当地投资公司，将部分投资收益或利润用于避税地的投资，形成实质经营，则可能被认定为"正常经营需要"，无须在汇回利润时缴纳企业所得税。

3. 规范并购协议税收事项

并购协议是规范交易双方权利义务的关键法律要件，其中含有并购交易条款、相关陈述与保证条款、承诺条款、协议解除条款等。并购方应尽可能与目标公司就税务处理达成一致意见，将意见体现在并购协议中；分歧较大的，应该在协议中注明解决方式；无法达成一致意见的，可以利用协议中的补充条款进行事前约定予以控制，作为补充说明。并购协议中的财税条款应通过并购方财税人员审核，再由专业税务师进行规范，做到条款简单明确。

4. 关注双边税收协定中的税收饶让款项

中国与外国的双边税收协定缺乏统一的税收协定范本。中国在签署对外税收协议时往往以 OECD 范本或者 UN 范本为参考，结合两国谈签情况书写双边税收协定。中国企业应对特殊目的公司所在地、东道国（地区）与中国内地之间签署的税收协定的特别规定格外关注，充分利用税收协定有效避免双重征税。中国企业在进行境外投资时，也会了解东道国的税收优惠政策。若想让这些政策惠及企业，避免回国后的征税风险，需要充分运用税收协定中的税收饶让款项。

2009 年 5 月 14 日签订的《中华人民共和国政府和埃塞俄比亚联邦民主共和国政府对所得避免双重征税和防止偷漏税的协定》第 23 条第 3 款规定："在本条中，产生于缔约国一方的营业利润，根据该国的法律和规章，在限定期间内被免税或减税，则该营业利润在该国被减免的税收应在该营业利润的受益所有人为其居民的缔约国一方纳税时抵免。"如果中国企业到埃塞俄比亚投资创办公司，该企业根据当地的优惠政策可减免税收，如少缴纳 100 万元的税款。该企业将利润汇回中国时，根据中国税法计算的税款可减免 100 万元。如果上述税收协定中没有税收饶让款项，那么该企业向中国纳税时不能减免在东道国享受的100万元税款优惠。

5. 关注转让定价,避免税收法律风险

近年来,转让定价政策一直是各国(地区)关注的一个避税问题。中国《特别纳税调整实施办法(试行)》对转让定价作了相关规定。转让定价方法可以分为五种,分别是可比非受控价格法、再销售价格法、成本加成法、交易净利润法、利润分割法。其中,可比非受控价格法可以适用于所有类型的关联交易;再销售价格法主要适用于再销售者未对商品进行改变外形、性能、结构或更换商标等实质性增值加工的简单加工或单纯购销业务;成本加成法通常适用于有形资产的购销、转让和使用,劳务提供和资金融通的关联交易;交易净利润法通常适用于有形资产的购销、转让和使用,无形资产的转让和使用以及劳务提供等关联交易;利润分割法通常适用于各参与方关联交易高度整合且难以单独评估各方交易结果的情况。因此,中国企业进行境外并购投资时,应关注东道国的国内税法规定,在遵守国际税收协定的同时,也要按照国内税法要求及时纳税,避免产生不必要的税收法律风险。具体而言:

第一,识别有形资产购销中的转让定价风险。

在有形资产购销方面,目标企业与关联企业之间可能存在转让定价风险,识别该类风险的关键是看目标企业与关联企业之间的货物、商品购销贸易的定价是否符合独立交易原则。这可从以下三个方面进行:(1)目标企业从其关联方购入的材料成本是否过度高于行业平均水平或者当地平均市场价格。如果是,应具有合理理由,如所购产品在质量、技术、生产工艺等方面对目标企业具有经济价值和经济利益;否则,将存在采购成本定价不合理的风险。(2)目标企业向其关联方销售的货物、商品的售价是否过度低于行业平均水平或者当地平均市场价格。如果是,应具有合理理由,如购货方将会给予目标企业其他业务上的经济补偿,所售产品在质量、技术、生产工艺等方面存在瑕疵等;否则,将存在销售价格定价不合理的风险。(3)目标企业的利润水平是否与行业平均水平保持动态的匹配。目标企业存在成本倒挂、长期亏损、微利或者跳跃性盈利的,将存在极大的转让定价风险。

第二,识别无形资产转让中的转让定价风险。

无形资产的转让包括土地使用权、版权(著作权)、专利、商标、客户名单、营销渠道、商业秘密和专用技术等特许权,以及工业品外观设计或实用新型等工业产权的所有权转让和使用权的提供业务。识别目标企业与关联企业转让无形资产的风险,关键是看该交易是否符合独立交易原则和交易的经济实质。这可从两方面进行考虑:(1)关联方取得的经济利益是否与交易标的无形资产的经济权归属相匹配,是否与关联方在集团内部承担的功能、风险及资产水平相一致。如果关联方并没有对交易标的无形资产的价值创造做出实质性贡献,且其获得的高额经济利益流入与其现有的资产规模、功能、风险均不匹配,则存在极大的转让定价风险。(2)交易本身是否具有经济实质,即目标企业支付的成本费用是否能够为企业带来实际的经济利益,是否与目标企业在集团内承担的功能、风险相一致。如果交易标的无形资产没有充分的经济价值,无法为目标企业带来实际的经济利益流入,则目标企业也会存在极大的转让定价风险。①

另外,还需要关注资金融通关联交易的转让定价风险,识别的关键是看资金拆借和担保是否符合独立交易原则,如利率水平的设置是否合理。提供劳务关联交易的转让定价风险也不容忽视。根据《个人所得税法实施条例》,劳务包括从事设计、装潢、安装、制图、化验、测试、医疗、法律、会计、咨询、讲学、翻译、审稿、书画、雕刻、影视、录音、录像、演出、表演、广告、展览、技术服务、介绍服务、经纪服务、代办服务以及其他劳务。识别该类风险的是看关键交易的经济实质。

(三)跨境并购完成后税收风险防控

1. 从企业整合方面防控税收风险

并购完成后,并购方和目标企业将会整合企业资源,重点是对资产与业务进行整顿。在资产整合领域,重点是针对目标企业的现有资产进行调整,区分优质资产和不良资产,对于符合公司战略发展需要的,应由母公司直接进行管理;对于盈利能力强但不符合需要的,可以继续由并购方经营;对于不良资产,应及时通过外包、租赁或原股东回购等方式进行剥离。同时,对于股权交割日(并购方享有目标企业权益承担义务的日期)的实物资产,展开清查;对于不能获得发票但已经入账的资产,应该归结为盘盈资产处置;对于处理不当的资产,展开财务整顿;对于权属模糊的资产,展开剥离操作。此外,还应加强投资管理、存货管理、资金管理以及应收账款管理等,降低出现风险的可能性,以保障企业健康持续地发展。

2. 整合企业人力资源

并购完成后,在做好资产整合的同时,还应做好人力资源整合。并购方应与公司原有经营管理人员积极接触,以防止并购整合过程中人员大规模流失。一旦人员大量流失,企业就无法正常运营。此外,还应建立彼此的信任,强化凝聚力,实现人合、力合、事合、心合。

---

① 参见刘天永:《跨境并购的税务尽职调查》,载《中国外汇》2017年第2期。

3. 外派员工个人所得税风险防控

并购完成后,并购方外派员工的个人所得税申报和抵免的规则应提前做好通知和安排,以便于员工安心工作。外派员工的个人申报主要涉及境内单位代扣代缴和境外单位代扣代缴后再回境内办理申报抵补。

2018 年修正的《境外所得个人所得税征收管理暂行办法》第 7 条规定:"纳税人受雇于中国境内的公司、企业和其他经济组织以及政府部门并派往境外工作,其所得由境内派出单位支付或负担的,境内派出单位为个人所得税扣缴义务人,税款由境内派出单位负责代扣代缴。其所得由境外任职、受雇的中方机构支付、负担的,可委托其境内派出(投资)机构代征税款。上述境外任职、受雇的中方机构是指中国境内的公司、企业和其他经济组织以及政府部门所属的境外分支机构、使(领)馆、子公司、代表处等。"自 2019 年 1 月 1 日起,中国开始实行综合与分类相结合的第七次修正后的《个人所得税法》。如果外派员工的个人所得税是由境内单位扣缴的,那么该名员工可以在次年个税汇算清缴期内自行汇算。如果外派员工的个人所得税是由境外单位代扣代缴的,根据《财政部税务总局关于境外所得有关个人所得税政策的公告》第 3 条的规定,居民个人在一个纳税年度内来源于中国境外的所得,依照所得来源国家(地区)税收法律规定在中国境外已缴纳的所得税税额允许在抵免限额内从其该纳税年度应纳税额中抵免。该公告还规定税收抵免可以追溯 5 年。某些国家或地区与中国的纳税年度计算方法不同,如印度的纳税年度是 3 月 31 日至次年 4 月 1 日。该公告第 9 条规定:"居民个人取得境外所得的境外纳税年度与公历年度不一致的,取得境外所得的境外纳税年度最后一日所在的公历年度,为境外所得对应的我国纳税年度。"

二、跨境并购应对税收风险的其他策略

(一)熟悉投资东道国税收政策

当前,世界各国税收政策千差万别,税种、税率、优惠政策、税收管辖权等各不相同。随着 OECD 推出 BEPS 行动计划,各国不断更新完善国内税收法律法规,以防止国际双重征税和逃避税。"走出去"企业进行境外投资决策时,需要提前熟悉东道国的税制,了解并掌握东道国税法对投资项目的规定以及相关税收协定。东道国的税收信息可以从其政府网站上获取,也可以借助国际上知名的信息提供商,如荷兰财政文献局的信息产品等。此外,还应甄别东道国与中国税制的差异,提前了解税制差别对企业境外投资可能产生的影响。例如,企业在境外投资前,需要提前了解在东道国投资经营将会涉及的税种,并对预

计税收成本进行准确的测算,提前预计成本中的税负金额;事先了解东道国税法与中国税法中的税收管辖权重叠程度,探索如何避免双重征税;熟悉东道国与中国的税收协定,并将各国的税收优惠政策的影响纳入税收成本测算范畴;掌握东道国与中国税法中对资本弱化、转让定价、受控外国公司等避税措施的限制,在熟悉反避税规定的前提下,合理设置股权投资架构,降低税收成本。

在收集东道国税收信息后,需要企业内部的财务、税务人员进行初步的整理与测算。因此,企业需要培养精通财务、税收、外语的复合型税务风险管理人才。国际税收环境复杂多变,企业在境外投资初期需要做大量筹划准备工作,此时单靠企业内部人员进行税收风险管理可能力不从心。为此,企业可以借助经验丰富的专业机构,聘请国际知名咨询公司、会计师事务所、税务师事务所、律师事务所等中介机构,对境外投资税收风险进行调查与评估。企业财税人员与专业机构人员组成工作小组,既要关注企业日常经营活动,也要深入研究东道国企业经营状况、经营内容、税收政策以及政治、军事、社会、经济、文化等,将各种影响因素综合起来分析,从而设计出最优的税收筹划方案,将税收成本和风险降到最低。

(二)保存真实完整的税收资料备查

随着各国反避税法规日益完善,"走出去"企业在境外投资时,无论是否刻意进行税收筹划,都可能面对反避税调查的税收风险,因此应提前做好预案以减少风险。企业除了熟悉东道国税收法律法规之外,还要建立完善的资料备份制度,保存关联交易、资本结构、利润分配、日常经营、财务账本等重要的同期资料。在境外投资的企业被确定为反避税调查对象时,应积极配合有关国家税务当局的调查,根据要求提供相应资料。如果能够提供详细的资料证明境外关联交易的价格符合独立交易原则,合理举证和抗辩,以最大限度地争取税务机关对公司交易行为的认可,申诉抗辩反避税成功的可能性就较大。在境外投资的企业与主管税务机关因"受益所有人"规定不明确发生涉税争议时,企业需要提供以下证明材料:对方税务机关出具的税务身份证明、分配利润的相关合同数据或协议、中介机构出具的相关鉴证、投资出资证明等文件。由此可见,保持税收资料真实完整非常重要。

(三)加强跨国集团税收风险管理

税收风险管理应被纳入集团公司的决策管理之中,因为税收风险管理在公司的经营活动与投融资活动中都发挥着不可替代的重要作用。企业在跨境重组之前,应将税收筹划作为重要部分纳入集团公司整体预算管理范围。在税务管理中，总部与下属机构的权力集中与下放问题值得注意。税收筹划活动的理论和实践依据是税法及其管理办法和细则，一切都要本着合法合规且适用的原则进行。因此，总部应依据地方税务部门的具体规定，考虑到下属机构的利益诉求，对税收筹划活动进行构思；同时，也应下放一定权力与义务给下属机构，以使其具有主动筹划的积极性和灵活行事的能力，为减轻企业的整体税负而作出努力。

加强非居民企业与母公司的沟通非常重要。境内母公司在境外收购当地公司时，往往约定在某种程度上保留当地公司的管理层，或者所在国国籍人员必须占据管理层总人数的一定比例，而这些当地管理者不一定能够与母公司顺畅地沟通集团总体战略，很可能因为双方沟通不畅等本可避免的因素而导致在税务方面存在巨大风险。在税收方案的选择和税收筹划方面，作为子公司的非居民企业有必要主动与母公司进行沟通，保持经营方向上的一致。从成本最小化、收益最大化原则出发，若非居民企业不主动与其母公司沟通，则有必要在一定程度上通过撤换领导等方式加强对子公司的管控力度，从而保证双方存在长效和紧密的联系。

（四）重视利用税收协定规避风险

中国与各国和地区签订双边或者多边税收协定，或者加入某些国际性组织，执行统一的税制，除了加强政府税收管理以及减少反避税行为发生外，还为纳税人提供了必要的税收服务，尽可能地降低"走出去"企业的税务负担。"走出去"企业要特别重视税收协定，利用税收协定避免双重征税。境外投资的企业业务涉及多个国家和地区，为了避免不同税收管辖权重叠造成的重复征税，企业应了解中国与东道国签订的税收协定，尽可能争取享受协定中的优惠待遇。

"走出去"企业还应运用法律武器保护自身合法权益，如无差别待遇和相互协商程序主要是用来解决涉税争议的。境外投资的企业在缔约国受到不公平的税收待遇或者税负水平比缔约国本国企业更重时，可以向缔约国税收机构提出申诉，申请双方税务机关协商解决。当中国境内企业开展境外投资受到东道国税务机构调查，并可能导致重复征税或者遭遇其他税收歧视待遇时，根据《税收协定相互协商程序实施办法》（国家税务总局公告2013年第56号），通过所在辖区的税务主管机关向国家税务总局提起税务相互协商申请，由国家税务总局与缔约国税务机关通过相互协商解决税务纠纷。协商程序是境外投资的企业解决税收争端、抗辩税收调查的有力机制。"走出去"企业遇到跨国投资的税务纠纷时，应积极寻求解决办法，还可以运用税收事先裁定、向当地法院起诉等方式维护自身合法权益,与当地企业开展良性竞争。

(五)完善企业税务人员队伍建设

跨国企业应加强内部税务人员队伍建设,通过加强自身税务人员的工作能力,提高企业防控税收风险的水平。部分非居民企业不重视财税部门工作建设,不太重视财务部门的人员充足配备以及人员的组成结构问题,直接依靠境内税务人员处理涉及多个境外公司的税收问题。有的非居民企业甚至不设置专门的财务部门,依靠一些兼职会计处理财税问题,或者由临聘人员解决财税问题。

针对非居民企业税务人员参差不齐的状况,需要加强企业内部税务人员的招聘和培养。首先,非居民企业从招聘开始,应挑选财税专业人才,重点考查应聘人员对于非居民企业纳税义务和责任的理解;对于不同行业的非居民企业,还应分别考查不同的税务处理、纳税申报时间、所需资料等知识。其次,在选拔完成之后,要定期对税务人员进行考核,强化税务人员的素质,提高企业涉税管理的能力和质量,从而形成为企业发展贡献力量的强大推动力。最后,通过对税务人员进行定期培训和继续教育,使税务人员学会以税务机关工作人员的视角看问题,促进税务人员处理涉税事宜的水平和办事效率,进而提高税务人员的业务水平。

(六)加强与主管税务机关沟通

税务机关对于税收政策的解读比企业更为权威,并且税务机关长期执法,对于税收征管的把握更为精准。因此,企业应加强与主管税务机关沟通,了解税收政策。目前,中国税务机关重视提升纳税服务水平,优化税收营商环境。企业与税务机关的沟通可以通过热线电话12366、官方微信公众号、官方网站等途径进行,及时准确地获知政策解答口径。

1. 加强与本国主管税务机关沟通

企业开展跨境并购重组涉及的税收问题较为复杂。在并购开始前,企业就可以与主管税务机关进行沟通,咨询税收事项。在并购进行过程中,与主管税务机关的及时沟通可以使企业获得一些非常有利的信息,如最新法律法规的及时推送、税务备案的办理程序或一些手续的简便办理方式等。若企业打算进行跨境重组税收筹划,也应该及时与主管税务机关进行沟通,征询其意见,避免税收筹划失败造成不必要的税收负担。比如,2014年,按照当时中国和德国的双边税收协定,中国居民企业向德国居民企业分配股息、红利需要代扣代缴10%的预提税。双方企业界向主管税务机关反映了企业税收负担重等情况。中国与德国政府启动双边税收谈判,于 2014 年 3 月签订了新的税收协定。新的税收协定规定,如果德国非居民企业拥有中国居民企业 25% 以上股权,则中国居民企业向德国企业分配股息、红利时只需缴纳 5% 的预提税。双方主管税务机关经过谈判,帮助"走出去"企业降低了税收成本。

2. 加强与东道国主管税务机关沟通

"走出去"企业应加强与东道国主管税务机关沟通,以便于第一时间熟悉东道国的税制设计和税收征管;同时,还应熟悉东道国税收争议解决办法,如在东道国有无税收事先裁定机构或税务法院等机构专门解决税收法律争议。在东道国,企业应注意与三类主体做好沟通交流:一是主管税务机关。若与东道国主管税务机关沟通不畅,企业很有可能因为不熟悉当地税收政策而发生漏税差税行为,从而受到惩罚,给企业带来税收风险并造成企业经济上的损失。另外,东道国给予投资方的税收优惠政策可能有变化,企业及时与当地主管税务机关沟通,可以尽快熟悉优惠政策,还可以防止政策方面的变动给企业带来的不利。二是税务从业人员。企业开展跨境并购时,应加强对本企业财税工作人员的培训指导,还应及时与税务师等专门从事财税工作的人员沟通,加强对跨境税收的风险防控。三是业务关联方。企业在进行税收业务安排、签订合同、风险控制等环节中,应加强与业务关联方的沟通,以实现企业税收利益最大化,但是应注意转让定价风险。

在经济全球化日益深入的背景下,在"一带一路"倡议下,在中美贸易战日益激化的情势下,中国市场应该更加开放,积极吸引外资,同时支持中国企业"走出去",在全球开展贸易投资,增加人民币结算能力,建立国际化的经营规模,分担市场风险。① "走出去"企业借助跨境并购优质资产,能够获取先进的技术经验,提高企业的市场竞争力,分担企业的投资风险,并促进企业技术升级和自主创新能力的培养,这对中国企业的长远发展具有十分重大的实践价值。同时企业也面临着政治、经济、财税等方面不可预测的风险。因此,企业在实施跨境并购时,应更加注重税收管理和风险防控,积极应对复杂多变的国际税收环境。

第三节 跨境并购税收风险案例分析

株洲旗滨集团股份有限公司是一家在上证 A 股上市的大型企业集团,股

---

① 参见潘卫:《"一带一路"政策下中国企业跨境并购税务风险防范措施探讨》,载《中国国际财经(中英文)》2019 年第 3 期。

票代码:601636。漳州旗滨玻璃有限公司(以下简称"漳州旗滨")是其下属企业,是中国福建省一家玻璃生产企业。在"一带一路"倡议下,漳州旗滨开始了"走出去"的发展探索,先后数次进行跨境并购活动,极大提高了企业的整体实力,为企业"走出去"积累了宝贵的经验。漳州旗滨通过区位确定、方案规划等一系列并购前的筹划准备工作,对马来西亚的南方节能玻璃(马来西亚)有限公司(以下简称"南方节能")实施并购活动,成功地把南方节能变为全资子公司,并更名为旗滨集团(马来西亚)玻璃有限公司(以下简称"马来西亚旗滨"),增强了旗滨集团的生产能力,拓宽了企业在东南亚地区的市场,提高了企业的海外影响力。

一、本案例中存在的税收风险

南方节能被漳州旗滨并购之后,开始进行玻璃制品的生产。在马来西亚及其周边国家,玻璃的销售市场广阔,发展前景良好。漳州旗滨为了扩大马来西亚旗滨的生产规模,对其生产设备及厂房等基础设施进行更新换代,以马来西亚旗滨的名义向中国国家开发银行福建分行(以下简称"国开行")贷款8亿元用于基础建设。该笔贷款已经通过国开行的审批,以转账形式打入马来西亚旗滨的银行账户。

在马来西亚旗滨准备向国开行支付贷款利息时,马来西亚税务机关要求马来西亚旗滨按照10%的税率缴纳利息预提税,共计3400万元。这超过了漳州旗滨的预期成本,使得企业负担沉重。依据马来西亚公司所得税法的规定,税务机关有权向经营管理机构在境内的企业征收不低于10%的利息预提税。根据《中华人民共和国政府和马来西亚政府关于对所得避免双重征税和防止偷漏税的协定》(以下简称《中国—马来西亚税收协定》)第11条第4款的规定,缔约国一方政府从缔约国另一方取得的利息,在该缔约国另一方应免予征税。根据该条第5款的规定,"政府"在中国是指中华人民共和国政府,并包括:(1)地方政府;(2)中国人民银行、中国银行总行和中国国际信托投资公司;(3)缔约国双方主管当局随时可同意的,由中华人民共和国政府拥有其全部资本的机构。据此,国开行不能免税。因为两国之间缺少免除相应利息税的款项,所以马来西亚旗滨并不能享受税收优惠,将导致漳州旗滨承担过多的税收负担。

漳州旗滨立即就有关税收问题寻求中国税务机关的支持。国家税务总局按照"放管服"的工作精神,以中国企业的合法利益为首要原则,立即启动中国和马来西亚双边协商机制,致函马来西亚税务机关,要求协商解决漳州旗滨所属企业的预提税问题,并要求对《中国—马来西亚税收协定》进行补充和完善,扩大企业可以受益的范围。漳州旗滨派出企业代表全程参与双边税收协定的

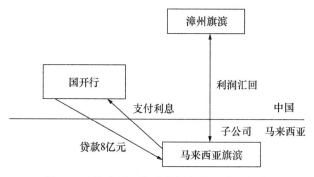

图 11-1 马来西亚旗滨股权架构和交易架构

谈判,并就漳州旗滨自身的税收问题向中国和马来西亚双方税务机关作出说明。两国税务机关经过多轮谈判和协商,决定对双边税收协定进行补充,增加包括国开行在内的 7 家中方银行和 7 家马来西亚银行,在税收协定内享受免除利息预提税的优惠。漳州旗滨企业依据修改后的税收协定向马来西亚税务机关申请免除利息预提税,成功实现了节税 3400 万元。

二、本案例在税收法律方面的启示

(一) 与税务机关沟通,解决涉税问题

"一带一路"倡议提出之后,中国政府为企业"走出去"营造了良好的营商环境,积极为企业提供服务。截至 2019 年 5 月 31 日,国家税务总局发布了中国居民赴 89 个国家的税收投资指南。税务机关深入解读投资政策,排除盲点误区,助力中国企业更好地"走出去"。在本案例中,漳州旗滨遇到东道国税务机关的查处时没有选择妥协,而是向中国税务机关寻求帮助,积极配合税务机关的调查。中国企业在"走出去"的过程中会遇到各种风险,在自身不能够化解风险的情况下,应积极联系本国税务机关寻求帮助。即使在境外遇到税收问题,仍然可以积极主动地向境内主管税务机关寻求解决办法。漳州旗滨通过省级主管税务机关向国家税务总局反映涉税问题,启动了双边相互磋商程序(MAP),通过修改议定书的形式将国开行加入税收协定可以享受利息免税的款项中,从而享受到利息免税待遇。

中国税务机关是"走出去"企业的坚强保障,坚决维护"走出去"企业的合法利益。"走出去"企业与东道国税务机关发生涉税争议问题时,要时刻与中国税务机关进行沟通,积极寻求帮助,以解决税收争议,尽量将损失降到最低程度。

（二）熟悉并运用税收优惠安排

《中国—马来西亚税收协定》的签订时间较早，内容没有及时更新，导致企业享受税收优惠的范围受到限制。国开行不属于协定规定的可以享受利息免税的银行，致使马来西亚旗滨需要多缴纳 3400 万元利息预提税。所以，"走出去"企业需要多关注双边税收协定，尽量使自己可以享受协定规定的优惠政策，避免承担额外的税收风险。

（三）修订完善税收协定

《中国—马来西亚税收协定》是在 1985 年签订的，除在 2000 年补充了关于海运和空运的免税规定外，其他条款都没有进行更新。[①] 在经济全球化的背景下，双边税收协定的滞后性导致企业享受的税收优惠不能及时体现，企业在"走出去"的道路上遇到了阻碍。因此，为了更好地服务"走出去"企业，中国税务机关应及时对有关国家的双边税收协定进行补充和更新，对相关条款结合两国经济合作情况、企业发展情况进行商定，尽可能补充企业可能涉及的条款，从而有效解决冲突，维护中国企业的利益，为中国企业在"一带一路"沿线国家的发展保驾护航。

---

① 参见吴孝杰：《一带一路背景下我国企业海外并购中的税务风险防范研究》，湖南大学 2018 年硕士学位论文。

第十二章
跨境并购税收法律制度存在的问题和完善建议

在中国持续深化改革开放,加快推进企业"走出去"的政策指引下,"一带一路"倡议之"五通"为"走出去"企业提供了各方面的便利。中国企业对外投资增长迅速,"走出去"步伐明显加快,由此产生的税收法律风险成为发展道路上的一道障碍。因此,完善中国跨境并购税收法律制度体系尤为迫切。

第一节 跨境并购税收法律制度存在的问题

一、国内关于企业跨境并购的税收政策不够完善

企业跨境并购在中国兴起的时间较晚,学界和实务界对于跨境并购仍在研究之中,关于企业跨境并购的法律法规仍在不断完善之中,尤其是税收法律政策持续更新完善,对于跨境并购中争议较大的税收法律问题逐步明确,如对于"受益所有人"的认定、中国税收居民身份证明的开具等。但是,很多关于跨境并购的税收法律制度是以部门规章或暂行办法等形式出台的,由于法律位阶较低,缺乏关于跨境并购较为具体和细化的税收政策指引。跨境并购涉及商务投资、外汇管制、证券监管等多部门协调管理,缺乏整体的跨境并购税收法律体系的构建。

由于跨境并购的税收法律体系不完善,缺乏相应的税收优惠政策,因此在国家层面不能体现对外投资的引导作用。地方税收优惠政策存在一定的随意性,一般根据资金性质和地域进行区分,对于行业之间的并购重组缺乏足够的

优惠与扶持。① 在地方政府成为独立经济利益主体的情况下，为了减轻财政负担，会出现地方政府积极鼓励本地区的并购活动，阻挠跨境、跨地区并购行为的现象。对非本地企业并购本地企业，地方政府可能设置一定的障碍，如抬高并购价格、行政干预等。

二、国际税收协定不完善的问题

中国与一些国家的税收协定签订时间较早，在当时的时代背景下，缺乏对税收体系的总体规划，税收协定上存在很多局限性，一些配套设施未能跟上税收协定的规划。

（一）中国企业无法充分享受东道国的低税率

中国对企业所得征税采用综合所得税制，境外子公司对境内母公司分配股息仍然需要按照国内税法25%的税率纳税，已缴纳税款可以抵免，不足部分应补税。很多"一带一路"沿线国家的所得税税率都低于25%。按照中国现行的限额抵免制度，即使中国子公司在东道国可以享受低于国内税率的税收优惠，境外子公司将利润汇回境内母公司时仍要补缴税额。

这与发达国家的参股豁免制度在企业承担的税负成本上有很大的差距。发达国家在境外的子公司如果参股比例达到规定要求，那么它汇回本国的股息就可以享受免税待遇。比如，美国2017年颁布的《劳动与就业法案》明确规定了参股豁免制度，即美国境内母公司持有境外子公司至少10%的股权比例，持股期限满365天，可以就境外子公司汇回境内母公司的股息免税。德国、法国、意大利等国均有参股豁免制度。

（二）税收饶让条款不足

税收饶让抵免主要指的是缔约国另一方居民已经在国外获得了税收减免优惠，该优惠部分视同已经缴纳所得税，给予其同等的税收抵免待遇，允许其用这部分被减免的外国税款抵免在本国应缴纳的税款。也就是说，中国企业在境外开展生产经营，享受了东道国给予的税收减免，如果该企业将经营利润汇回中国，按照中国税法缴税，仍然可以享受境外给予的税收减免。这里的税收饶让制度，可以理解为税收抵免制度的补充，使跨境投资者能够真正享受到东道国税收优惠的政策红利，减少跨境投资者在东道国投资的税收负担。

在国际税收协定中，税收饶让的规定有两种：一种是缔约国双方给予相互饶让抵免，另一种是缔约国单方给予抵免。中国纳税人从来源国取得的所得按

---

① 参见梁露：《我国企业并购税收法律制度的完善分析》，载《现代商业》2017年第19期。

照税收协定中规定的税率给予税收饶让,在一定程度上解决了国际重复征税。

表 12-1　中国与相关国家税收饶让条款

税收饶让条款	相关国家
双方饶让适用	普通饶让抵免: 马来西亚、泰国、巴基斯坦、保加利亚、塞浦路斯、马耳他、韩国、印度、越南、牙买加、毛里求斯、巴布亚新几内亚、马其顿、塞舌尔、爱尔兰、葡萄牙、古巴、阿曼、突尼斯、古巴、斯里兰卡、墨西哥、特立尼达和多巴哥、摩洛哥、文莱、沙特阿拉伯 投资所得定率抵免: 意大利(股息:10%;利息:10%;特许权:15%) 捷克(股息:10%;利息:10%;特许权:20%) 巴基斯坦(股息:15%;利息:10%;特许权:15%;技术服务费:15%) 塞浦路斯(股息:10%;利息:10%;特许权:10%) 马耳他(股息:10%;利息:10%;特许权:20%) 韩国(股息:10%;利息:10%;特许权:10%) 越南(股息:10%;利息 10%;特许权:10%) 牙买加(股息:5%;利息:7.5%;特许权:10%) 葡萄牙(股息:10%;利息:10%;特许权:10%) 科威特(股息:10%~20%;利息:20%;特许权:20%)
对方国家给予单方饶让适用(即对方国家居民从中国取得的所得由对方国家单方给予饶让)	日本(股息:饶让已到期;利息:10%;特许权:20%) 法国(股息:根据投资比例,分别按10%和20%饶让;利息:20%;特许权:20%) 比利时(股息:15%;利息:10%;特许权:15%) 丹麦(股息:10%;利息:10%;特许权:20%) 新加坡(股息:根据投资比例分别按10%和20%饶让;利息:20%;特许权:20%) 加拿大(股息:根据投资比例分别按10%和15%饶让;利息:10%;特许权:20%;合营企业股息不征税) 荷兰(利息:10%;特许权:15%) 波兰(股息:10%;利息:10%;特许权:10%) 瑞士(利息:10%;特许权:10%) 西班牙(股息:15%;利息:10%;特许权:15%) 奥地利(股息:10%;利息:10%;特许权:20%) 匈牙利(股息:20%) 卢森堡(股息:10%;利息:10%;特许权:10%) 冰岛(股息:根据投资比例分别按5%和10%饶让;利息:10%;特许权:10%) 阿联酋(股息 20%;利息 20%;特许权:20%)

资料来源:国家税务总局网站。

中国对外签订的税收协定中,对于税收饶让条款的设定较为缺乏(具体如表 12-1 所示),这就使中国"走出去"企业在东道国享受的税收优惠落空。即使东道国提供了大量的免税或减税的税收优惠,这些税收优惠在中国也得不到抵免。实际上,中国企业无法享受投资目的国的税收优惠。

三、跨国并购中应纳税所得额的计算问题

跨境并购中涉及不同国家的税制设计,不同国家计算应纳税所得额的方法不同,由此产生的双重征税问题主要通过税收抵免制度予以解决。依据125号文和84号文的规定,企业不能准确计算境外应纳税所得额、可抵免境外所得税税额、境外所得税的抵免限额等有关项目,在相应国家(地区)缴纳的税收不得在该企业当期应纳税额中抵免,也不得结转以后年度抵免。根据125号文的规定,在计算境外应纳税所得额时,企业为取得境内、境外所得而在境内、境外发生的共同支出,应按合理比例进行分摊。根据《企业境外所得税收抵免操作指南》的规定,共同费用的分摊可采用资产比例、收入比例、员工工资支出比例、其他合理比例。上述分摊比例确定后应报主管税务机关备案,无合理原因不得改变。实际执行中,企业在境外发生的费用扣除存在操作上的问题,如境外发生的费用需要哪些凭证资料才能扣除、扣除限额是多少、别国的发票和报表如何认定等。国内现有的税收抵免规定无法准确指引居民企业计算其境外并购投资所得。

四、境内外纳税期间不匹配引发国际双重征税

跨境并购中,经常发生因居住国和来源国的法定纳税期间不一致而导致的双重征税问题。

(一)跨境并购目标公司的股东个人可能面临双重征税问题

如果同一笔收益因纳税人先后为两个国家的居民而在不同纳税期间被分别征税,将导致双重征税。《OECD范本及注释》(2017)讲解了一个典型案例:目标公司的股东A为R1国居民,在并购交易中取得境外收购企业支付的股票期权,并从中获得应税收益。R1国在A被授予股票期权时,即对该笔收益征税。随后,A又成为R2国居民。按照R2国的规定,要对A当期的收益征税,即对A在行使该股票期权时取得的收益再一次征税。A在其分别作为R1国和R2国居民的不同时期的同一笔收益两次被征税。虽然A并非同时为R1国和R2国居民,但是由于R1国和R2国设置的纳税期间不同,导致同一笔收入被重复征税。

（二）税收递延待遇引发的国际重复征税问题

跨境并购中，目标公司在转让资产的过程中，可能因在居住国或来源国中某一国获得递延税收待遇而没有当期应税收益。但是，这种转让行为享受的税收递延被另一国的税法视为当期应税收益而征税，使得该目标公司无法享受两国之间消除重复征税的税收抵免待遇，最终导致双重征税。

这里以资产并购为例，以中美两国为背景，说明税收递延引发的国际重复征税问题。A 是一家美国的居民企业，它在中国拥有常设机构 B。同时，A 在美国境内有另一个全资子公司 C。现 A 将 B 转让给 C，获得 C 的股权对价。根据《中华人民共和国政府和美利坚合众国政府关于对所得避免双重征税和防止偷漏税的协定》（以下简称《中国—美国税收协定》）第 12 条第 2 款，转让缔约国一方企业在缔约国另一方的常设机构取得的收益，可以在该缔约国另一方征税。因此，中国作为常设机构所在地国亦有权对上述并购交易所得进行征税。依据 59 号文第 5 条、第 6 条、第 7 条的规定，此项交易不满足获得税收递延待遇的条件，因而需即期征税。同时，依据美国相关法典，这样的资产转移交易能够获得税收递延待遇，即增值被保留在被转移的资产中，直到 C 再次处置该资产时才应缴税。假定常设机构 B 的账面价值是 100 美元，并购交易发生时的市场价值是 500 美元。当交易发生时，美国递延征税，但是中国会对并购产生的 400 美元所得进行征税。根据《中国—美国税收协定》第 22 条，美国应允许其居民企业 A 在对此项资产转让所得缴纳的美国税收中抵免向中国缴纳的所得税，以消除国际重复征税。同时，依据《美国国内收入法典》第 904 条，抵免法适用的前提是一个应税事件于同一纳税年度在国内与国外发生。

中国关于并购重组税收递延的法律政策可能导致双重征税。59 号文第 4 条第 1 款规定："企业由法人转变为个人独资企业、合伙企业等非法人组织，或将登记注册地转移至中华人民共和国境外（包括港澳台地区），应视同企业进行清算、分配，股东重新投资成立新企业。企业的全部资产以及股东投资的计税基础均应以公允价值为基础确定。"按照该规定，目标企业在丧失中国法律上的法人资格时，需要当期纳税；如果境外新企业所在国不是当期纳税，享受税收递延待遇，那么目标企业要以被转让资产的公允市场价值为计税基础缴纳企业所得税，却无法在其新居民国获得税收抵免待遇。

五、税收协定不够明确具体

中国对外签订的税收协定的具体内容和适用范围存在较多的差异，部分款项的含义不够明确。尤其是对近年来出现的新经济形态，很多 20 世纪八九十年代签订的税收协定不能给予准确的税收指引,在实际税收征管中往往容易引发税收争议。各国政府一般会通过谈判或协商的方式解决国际税务争端,如果谈判和协商长时间无法解决税务争端,不仅无法保护"走出去"企业的合法权益,而且会给双方带来巨大的经济损失和时间成本。2008 年,OECD 范本首次提出,为了有效解决税收协定中的税收争议,可以建立强制性仲裁机制。《实施税收协定相关措施以防止税基侵蚀和利润转移的多边公约》(以下简称《BEPS 多边公约》)第 16 条的规定,如果某人认为缔约管辖区一方或双方所采取的措施导致或将导致对其的征税不符合被涵盖税收协定的规定,该人可不考虑各缔约管辖区国内法律的救济办法,将案件提交缔约管辖区任何一方主管当局。该项案情必须在不符合被涵盖税收协定规定的征税措施第一次通知之日起三年内提出。上述主管当局无法单方面解决税收纠纷时,可以同缔约管辖区另一方主管当局通过协商或谈判的方式解决纠纷。如双方达成协议,缔约管辖区国内法律有关时限的规定对其执行没有约束力。《BEPS 多边公约》第 19 条对强制性有约束力的仲裁作出规定,即如果某人认为缔约管辖区一方或者双方采取的措施导致或将导致对该人的征税不符合协定规定,可以由缔约管辖区一方主管当局审核该案,双方主管当局在两年内就该案的解决达成协议,仲裁裁决为最终裁定。同时,《BEPS 多边公约》第 20—25 条对仲裁员的任命、仲裁程序的保密、仲裁之前的案件解决、仲裁程序的类型、同意不同意的解决方式、仲裁程序的费用作了详细规定,很好地解决了仲裁员的公正、独立性以及启动仲裁程序的时限等问题。中国目前签订的税收协定中还没有引入强制性税收仲裁条款。[①]

OECD 与税收征管论坛(FTA)2017 年开展的一项调查显示,超过 60% 的受访跨国公司认为,公司所得税和增值税方面的确定性对企业的投资和选址决策具有极为重要的影响,而税收征管的相关问题(特别是税收执法、税法解释、税收争议解决)是导致税收不确定性的主要因素。"走出去"企业可以选择通过向中国和对方主管税务当局提出签订双边预约定价安排,就未来一段期间(以及追溯年度)关联交易的定价原则和计算方法达成一致,从而取得在当地的税收确定性。双边预约定价安排也是中国"管理—服务—调查"三位一体的反避税防控体系中"服务"的重要内容。然而,由于受人员数量、案件流程等方面的客观条件所限,与发达国家相比,中国的谈签效率还不能完全满足"走出去"企业的需求,导致越来越多的"走出去"企业面临东道国的税收审计调查。

---

① 参见马清兰:《中国与"一带一路"沿线国家税收协定研究》,首都经济贸易大学 2018 年硕士学位论文。

第二节　跨境并购税收法律制度的完善建议

一、完善关于跨境并购的税收政策

（一）完善跨境并购税收法律体系

1. 构建科学的资本利得税体系

虽然中国目前对于资本利得没有设立单独的税种，但是资本利得以多种形式被计征税款，尤其是企业所得税的税基基本上已涵盖资本利得。在中国企业跨境并购过程中，由于资本利得税规定的不足，企业面临被双重征税的问题。根据现行《企业所得税法》的规定，境外子公司在东道国缴纳企业所得税后汇回境内母公司的股息需要缴纳股息预提税。由于部分国家的企业所得税税率比中国高，抵免时间有5年的限制条件，"走出去"企业在境外缴纳的企业所得税可能无法完全抵免。相比之下，境内子公司向母公司支付股息免税。这样的税制设计加重了"走出去"企业的税收负担，增加了企业生产成本，极大削弱了中国企业在国际市场上的竞争力。中国应构建科学合理的资本利得税体系，从而顺应减税降费的方针政策，以利于贯彻"轻税"原则，通过税收制度构建，助推中国企业跨境并购；鼓励企业通过兼并重组等方式，进一步优化资产，提升综合竞争力；通过企业跨境并购，整合全球资源，完善现代产业链，实现现代企业跨境并购的税收规制目标。

2. 完善企业长期投资税收优惠政策

为了促进企业转型升级，中国出台了一系列税收优惠政策，根据国家产业政策、区域发展政策，设置税收制度以及相应的税收优惠政策，如软件行业税收优惠政策、粤港澳大湾区个人所得税优惠政策等。在跨境并购企业税收政策方面，中国跨境并购企业已经向东道国缴纳企业所得税和个人所得税，对在一定时期内国家鼓励发展的海外投资项目，应在税收上给予优惠政策倾斜。对于中国企业投资境外，尤其是投资"一带一路"沿线国家相关项目，建议对企业的投资所得按照投资年限进行减计扣除，对于投资时间较长的项目，在企业收回投资所得时给予较高的抵扣率。比如，对于投资时间长、收效慢的项目，如果投资时间在10年以上，企业收回投资所得时，可以进行一定比例的税收抵扣。

3. 完善消除国别税制差异的税收政策

由于不同国家的税制设计存在差异，因此可能造成双重征税问题。我们建议对"一带一路"沿线国家出台有针对性的税收优惠政策。2019年，国家税务总局出台了《关于哈萨克斯坦超额利润税税收抵免有关问题的公告》(国家税务总局公告 2019 年第 1 号)。这主要是由于部分"走出去"企业反映,哈萨克斯坦针对签订地下使用合同的企业的所得,除征收企业所得税外,还征收超额利润税。由于超额利润税未直接命名为所得税,是否可以作为企业所得税性质税款抵免,目前没有明确规定。国家税务总局根据《企业所得税法》及其实施条例、125 号文、《国家税务总局关于发布〈企业境外所得税收抵免操作指南〉的公告》、84 号文等有关规定,明确企业在哈萨克斯坦缴纳的超额利润税,属于企业在境外缴纳的企业所得税性质的税款,应按规定纳入可抵免境外所得税税额范围,计算境外税收抵免。

4. 完善企业并购免税政策

随着市场经济发展的不断深入,企业并购重组已经成为一种重要的经济行为,也是优化中国产业结构和企业组织结构的重要方式,可以实现资本和技术的优化配置。在完善企业税收制度过程中,要建立健全企业并购免税制度,通过明确标准和条件的方式,推动现代企业并购税收制度改革。在所有者权益持续方面,要对免税并购支付方式进行合理调整,适当放宽非股权支付额的比例。在非股权支付额度上,要根据资本利得数额征税。在所有者权益持续性方面,要进一步明确时间节点,如果有企业违反时间标准,可以通过取消免税待遇的方式进行规制。在企业经营标准上,要保证经营活动的持续性,保障人力资源运行情况,同时可以通过调整税收制度的方式,防止企业恶意裁员造成员工的大量失业,引起社会性问题。在经营领域与范围上,可以通过税收规制的方式,保障经营的持续性和稳定性。[①] 通常情况下,在经历并购行为后,并购企业从事目标公司的经营活动至少应在 3 年以上,其经营行为才被认为具有持续性。

(二)细化涉税政策操作规程以支持企业发展

在维护国家利益的前提下,应积极推动双边税收协定谈签,在以后签订的税收协定中适当增加跨境并购的税收优惠政策,补充完善税收饶让款项,确保企业在东道国享受的税收优惠可以在回国后继续享受。同时,还应加强国际税收协调与合作,防止滥用税收协定。对于不同国家的税种之间存在差异的情况,建议出台税收抵免的优惠政策,降低"走出去"企业的税负,用税收手段支持企业投资"一带一路"项目。

---

① 参见梁露:《我国企业并购税收法律制度的完善分析》,载《现代商业》2017 年第 19 期。

(三)增强跨境并购重组税收激励政策的实效性

目前,中国对企业跨境并购的税收激励不多,甚至设置了较高的门槛。中国给予企业的税收优惠是正面列举式的税收激励措施,申报手续烦琐,优惠力度不大。一些企业为了快速开展跨境并购,可能不去申请这些费时耗力的优惠。在实操中,对跨境并购交易的税收征管,应注重"实质重于形式"原则,明确并购交易中是相异资产的交换还是相同资产与权益的互换,从而堵塞企业借资产重组之名而行节税之实的漏洞,最终达到理想税制的效果,即一方面是税收激励的实效性,另一方面是高度尊重自由的市场经济运作。

二、完善国际税收优惠制度

自1983年9月与日本首签避免双重征税协定以来,截至2020年4月,中国已对外正式签署4个多边税收条约、107个避免双重征税协定,其中101个协定已生效;内地与香港、澳门两个特别行政区签署了避免双重征税安排,大陆与台湾签署了避免双重征税协议(尚未生效)。① 由于客观条件的限制等原因,中国在谈签税收协定时,往往以吸引投资的目的权衡条款得失,在某种程度上忽视了海外投资发展所需的税收优惠政策扶持。在这些税收协定中,中国作出税收饶让承诺的不多,使得中国企业在投资东道国获得的税收优惠待遇真正落到实处的也不多,在一定程度上抑制了企业海外并购投资的积极性。

(一)完善国际双边税收协定

中国应尽快与现有协定国商谈修订协定,不仅是对税收饶让,还应对税务互助、情报交换、国际协调等其他方面作出全面、对等的安排,以便为中国企业开展跨境并购活动提供更有效的涉税服务。当然,税收协定的谈签可能需要国家间长期的磋商。为了满足"一带一路"建设需求,建议对"走出去"企业开展调研,了解企业的实际需求,以国内法的形式出台支持对外投资并购的税收优惠政策。2020年6月1日,中共中央、国务院印发《海南自由贸易港建设总体方案》,明确规定:"优化税收政策安排。从本方案发布之日起,对注册在海南自由贸易港并实质性运营的鼓励类产业企业,减按15%征收企业所得税。对在海南自由贸易港设立的旅游业、现代服务业、高新技术产业企业,其2025年前新增境外直接投资取得的所得,免征企业所得税。"

---

① 参见《税收条约》,http://www.chinatax.gov.cn/n810341/n810770/index.html,最后访问时间:2020年5月21日。

(二) 进一步扩大中国对外签订的税收协定的覆盖范围

在与中国有贸易往来的国家中,还有部分国家未与中国签署双边税收协定。为了促进中国企业对外投资并购的发展,中国未来应与更多的对外直接投资的东道国签订双边税收协定,以维护"走出去"企业在国民待遇和最惠国待遇以及投资安全、国有化与补偿、资本撤出与利润汇回、解决争端机制等问题上的利益。① 针对中国企业境外并购的各项税收优惠政策应该与境内企业重组的税收政策统一、协调,确保"走出去"企业与境内企业平等地享受税收优惠政策。

(三) 完善数字经济税收政策

在数字经济时代,许多科技企业依靠其强大的技术研发能力,通过分析所收集到的各种数据信息,创造了巨大的商业价值,获得了诸多收入和利润。但是,利用数据产生的交易隐蔽性、交易双方与纳税平台企业分属不同税源地、缺乏价值量化标准等问题,对建立在传统税收制度上的税收政策及征管体系形成了巨大挑战。更有甚者,互联网企业与生俱来的跨境渗透特点造成全球各地区的税收不均。因此,数据税问题也逐渐成为全球监管的重点。近年来,欧盟、七国集团、OECD 等国际组织纷纷把数据税作为议题进行商讨和研究,其背后更是对当前国际数字经济产业链、供应链、价值链、创新链以及利益竞争格局的重塑。比如,法国在 2017 年 7 月通过了一项法案,拟向大型互联网企业征收营业额的 3%作为数据税,但是很快就遭到了美国的报复措施。特朗普政府启动了"301 调查",并对法国的进口产品通过加征关税的方式实施反制。最后,在双方一番博弈及协商后,法国暂停实施税收法案。这反映了国家之间的利益竞争,更体现了数据要素驱动的税收衡量标准的不统一。

当前,互联网经济发达,境外企业可以通过访问目标企业在来源地的 IP 地址和境内平台服务器的方式促成交易,无须实际到场。对此,OECD 财政事务委员会颁布了《电子商务中常设机构定义的使用说明——关于范本第 5 条注释的修改稿》,进一步探讨了非居民企业的网址和服务器是否构成建立常设机构要件作了明确说明。OECD 财政事务委员会认为,如果非居民企业能够自行调配和管控境内服务器,那么非居民企业在境内建立常设机构就成为可能。

(四) 降低税收抵免门槛

84 号文规定了不分国(地区)不分项的税收抵免规定。在国际税改的浪潮

---

① 参见王仁荣:《跨国公司跨境并购法律问题研究》,复旦大学 2012 年博士学位论文。

下,84 号文扩大了间接抵免股权架构的层级,比之前的税收政策更为优惠。在美国企业所得税涉外税制的优惠中,股权抵扣的层级为六级,对于持股比例的规定比较容易满足企业需求。美国税收居民的境外已缴企业所得税如要获得抵免,需满足最低股权要求,即美国母公司必须持有第一层外国子公司至少10%有表决权的股份;对于多层抵免,外国公司必须直接持有下层外国公司10%以上有表决权的股份,且美国母公司间接持有的外国子公司(从第二层到第六层)股权必须至少为 5%,间接持股比例由各层级持股比例相乘计算而来。此外,第四、五、六层的外国子公司必须属于受控外国公司,且美国母公司必须持有受控外国公司 10%以上有表决权的股份。[①] 建议中国对境外所得的税收抵免给予更为优惠的条件,如减低持股比例、扩大可抵扣的股权架构等。实操中,有的跨国企业股权架构甚至达到 17 层。因此,应在充分调研跨国企业实际情况的基础上,制定税收抵免政策。

(五)完善税收饶让条款

中国国内法并没有关于税收饶让的规定,只是在部分税收协定中对税收饶让制度作出明确规定,这使得中国企业在缔约国另一方难以享受税收优惠。"走出去"企业在境外东道国享受税收优惠之后,回国后还要继续按照《企业所得税法》缴税,亦无法享受国内对于部分行业的税收优惠。"走出去"企业面临因补税而增加的税收负担。建议在以后谈签的税收协定中增加税收饶让款项。考虑到谈签税收协定所需时间较长且数量多,可以出台国内税收法规,制定税收饶让款项,并与相关法律的条款相结合,使税收协定条款与中国税法相互融通。[②] 建议完善税收饶让政策体系时与国情相适应,建立合理的评估体系,使"走出去"企业享受到真正的税收优惠。

三、中国消除跨境并购双重征税问题的对策

(一)境外应纳税所得额的计算

对于境外企业应纳税所得额,可参考境外企业实际纳税额进行核定。鉴于 125 号文以及《企业所得税法》规定的将境外所得调整为中国应纳税所得额在实际操作中存在困难,可以参考境外机构所在国税务部门认可的将应纳税所得

[①] 参见崔晓静、张涵:《美国国际税改法案对中国的冲击及应对》,载《河南师范大学学报》(哲学社会科学版)2018 年第 1 期。

[②] 参见马清兰:《中国与"一带一路"沿线国家税收协定研究》,首都经济贸易大学 2018 年硕士学位论文。

额作为计算境内应纳税额的依据，对中国居民企业投资成立的全资境外机构的所得税采取核定征收管理办法。当然，前提是，境外机构所在国（地区）不是中国法律法规认定的避税港或低税国家（地区），或者允许提供境外中介机构的审计报告，并以报告中确认的所得为确认其境外所得的依据，再按照中国税法计算应纳税所得额。

（二）关于递延纳税问题的税收政策建议

对于纳税期间不匹配造成的双重征税问题，建议在税收协定中通过"特别规定"予以解决。实践中，有两种解决方法可供参考：(1) 不少国家在税收协定中规定专门的协商递延规则。例如，《美国—加拿大税收协定》第 13 条第 8 款①、《美国—荷兰税收协定》第 14 条第 8 款②，允许并购资产所在国税务当局与并购企业签订协议，约定推迟确认跨国并购产生的所得。(2) 也有国家在税收协定中规定所谓的"开关式"（switch-over）规则。例如，《法国—西班牙税收协定》在遵循来源国征税权原则的基础上，作出居住国经申请具有优先权的特别规定，即如果并购中发生的某种转让行为被居民国税法认定为免税交易并给予税收递延待遇，那么经纳税人申请，来源国对该转让所得或收益不予征税，从而直接阻止来源国行使征税权。"开关式"规则由居民国纳税人直接提出递延申请，比第一种通过双方缔约国税收主管当局之间的协商谈判达成递延协议要

---

① Convention Between the United States of America and Canada with Respect to Taxes on Income and Capital, Article XIII, Para. 8: "Where a resident of a Contracting State alienates property in the course of a corporate organization, reorganization, amalgamation, division or similar transaction and profit, gain or income with respect to such alienation is not recognized for the purpose of taxation in that State, if requested to do so by the person who acquires the property, the competent authority of the other Contracting State may agree, in order to avoid double taxation and subject to terms and conditions satisfactory to such competent authority, to defer the recognition of the profit, gain or income with respect to such property for the purpose of taxation in that other State until such time and in such manner as may be stipulated in the agreement." 参见 https://www.irs.gov/pub/irs-trty/canada.pdf，最后访问时间：2019 年 8 月 13 日。

② Convention Between Canada and France for the Avoidance of Double Taxation and the Prevention of Fiscal Evasion with Respect to Taxes on Income and on Capital, Article 14, Para. 8: "Where a resident of one of the States alienates property in the course of a corporate organization, reorganization, amalgamation, division or similar transaction and profit, gain or income with respect to such alienation is not recognized or is deferred for the purpose of taxation in that State. Then any tax that would otherwise be imposed by the other State with respect to such alienation will also be deferred to the extent and time as such tax would have been deferred if the alienator had been a resident of the other State, but no longer and in no greater amount than in the first-mentioned State provided that such tax can be collected upon a later alienation and the collection of the amount of tax in question upon the later alienation is secured to the satisfaction of the competent authority of both of the States. The competent authorities of the States shall develop procedures for implementing this paragraph." 参见 https://www.irs.gov/pub/irs-trty/nether.pdf，最后访问时间：2019 年 8 月 13 日。

简便、高效,更加有助于消除跨国并购重组中因纳税期间不匹配而引发的双重征税问题。但是,"开关式"规则要求来源国彻底放弃对未来发生在本国的转让所得或收益的税收管辖权。来源国之所以作出这样的让步,一般基于以下理由:两国的经济发展水平基本相同,投资存量相似,设置的企业所得税制度类似,尤其是对于免税并购交易的适用要件有相似的规定,具有长期、友好的税收合作关系。①

(三) 循序渐进地推动跨境税收协调

很多双边税收协定谈签的时间较早,与现在的经济管理实践存在不相容的地方。现阶段,中国推出的粤港澳大湾区建设、海南自由贸易区等区域经济发展的框架涉及不同的税收政策规定,国家税务总局通过出台统一的税收政策进行协调。

为了支持粤港澳大湾区建设,解决内地与港澳台税制差异,《财政部 税务总局关于粤港澳大湾区个人所得税优惠政策的通知》(财税〔2019〕31号,以下简称"31号文")于2019年3月14日发布。国际上和中国对于"人才"并无统一适用的判定标准,不同地区、不同行业对于"人才"的需求和界定各不相同。为了更好地满足大湾区的实际需要,31号文规定,在大湾区工作的境外高端人才和紧缺人才的认定办法,按照广东省、深圳市的有关规定执行。这样,就使优惠政策与地方的实际需求相吻合,能更好地发挥政策的激励效果。不同地区、行业对于"人才"的需求和界定各不相同。31号文是中国协调不同税制差异,运用国内税法进行规制的良好经验。建议在以后的国际税收管理中,对于税收协定中定义不明确的款项,专门出台税收法规政策,统一执行口径。

(四) 放宽税收抵免期限

目前,中国规定的税收抵免期限是5年。由于境外投资的时间长、见效慢,企业在境外缴纳的税款可能在5年内不能完全抵免。因此,可以适当放宽抵免期限。比如,在符合一定条件时,税收抵免期限可以延长到10年。抵免期限的放宽既可以消解部分国际重复征税问题,又可以在一定情形下绕过同期递延等各类救济程序以提高效率。

四、引入仲裁条款以解决涉税争议

缔约国双方在税收协定的执行过程中,由于规定不明确、征纳双方理解不

---

① 参见刘淼:《我国跨国并购所得税制度的缺陷与完善》,载《税务研究》2011年第5期。

同等原因,容易产生税收争议,通常体现在税收协定适用范围、执行过程以及相关解释等方面,主要有如下特点:第一,缔约国双方是存在国际税收争议的两大主体。第二,国际税收争议的内容是缔约国双方关于税收协定的适用和解释。第三,解决国际税收争议的结果不具有普遍适用性。目前,大部分国家在解决国际税收争议时,较常用的手段是相互协商程序。但是,国际税收争议的内容越来越复杂,通过相互协商程序已经不足以解决问题。因此,越来越多的国家选择引入强制性仲裁条款以解决涉税争议。

强制性仲裁条款作为相互协商程序的补充,已经得到许多国家的认可。在推进"一带一路"建设的过程中,中国与沿线国家之间的经贸往来频繁,也必然面临越来越多的税收争议。为了切实解决税收争议,中国在与沿线国家签订税收协定时,也有必要引入强制性仲裁条款。引入强制性仲裁条款比相互协商程序对纳税人更有利,纳税人通过强制性仲裁程序能够掌握主动权和话语权,保护自身的合法权益。

五、完善税收征管服务制度

(一)建立税务信息共享机制

税务机关在处理"走出去"企业税务时,仅靠纳税申报信息是不能满足实际征管需求的。中国税务机关缺少相应的信息系统用于比对核实企业境外投资收益情况。比如,在CFC税制下,企业在申报年度所得税时,需要提交《企业年度关联业务往来报告表》,其中要求持有外国企业股份的中国居民企业填写《对外投资情况表》。但是,税务机关并没有建立核查纠错制度。如果企业实际拥有外国企业股权而不填写,那么税务机关没有途径比对核实相关信息的准确性,存在税收征管漏洞。根据《金融账户涉税信息自动交换多边主管当局的协议》(以下简称《CRS多边主管当局间协议》)第七章的规定,主管当局必须在签署协议或本国执行(CRS)的国内法准备就绪后,立即向OECD发出通知,并载明愿意与之进行信息交换的《CRS多边主管当局间协议》签署国名单。只有在协议对两个国家均生效,且OECD发现两个国家递交的通知中均将对方列入信息交换伙伴国名单时,达成合意并"配对"成功的两个国家才能以《CRS多边主管当局间协议》为基础开展涉税信息自动交换。也就是说,虽然目前《CRS多边主管当局间协议》已经拥有数量庞大的签署国,但是签署该多边协议并不意味着签署国有义务与所有其他签署国自动交换涉税信息。《CRS多边主管当局间协议》仅为各国开展自动信息交换提供必要的法律框架和平台支持,与谁交换、何时交换仍由各国自主决策,取决于双方的共同意愿。即便匹配成功,各国也有权通知OECD随时修改伙伴国名单,进而解除匹配关系。因此,在国内税收征管中,应将商务部、国家外汇管理局、证监会等部门关于对外投资的信息进行归集,建立网络税收管理系统与中国"走出去"企业对外投资信息共享机制,弥补税收征管漏洞,同时减少双重征税问题的发生。

(二)继续提高跨境并购税收服务水平

第一,优化对"走出去"企业的税收服务工作,积极为"走出去"企业提供各国税法、税收协定以及国际税收动态等方面的信息服务。商务部和中国国际贸易促进委员会积极服务于中国企业开展对外投资贸易活动,举办过多场国际商贸交流活动,为企业提供了大量商机。在企业开展对外贸易时,税负水平的高低直接影响企业的国际竞争力。建议国家税务总局与中国国际贸易促进委员会加强国际交流合作,利用国际商会的号召力,对"走出去"企业开展涉外税收方面的政策培训,帮助企业防控境外投资的税收风险,同时通过讲解税收优惠政策帮助企业享受政策红利。鉴于很多"走出去"企业对境外税收政策缺乏清楚的认识,并且涉外税收人才匮乏,税务机关应充分培养涉外税收方面的人才,为"走出去"企业提供准确的税收指导。

第二,制定"走出去"企业境外投资税收服务指南。跨境并购税收政策既有国家层面的,也有各个地方出台的政策规定,为了便利"走出去"企业熟知税收政策和操作办法,建议省级税务机关制定明确的、统一的、规范的企业境外投资税收服务指南,涉及企业申报纳税流程、税收抵免事项、风险管理制度等。

结　语

随着全球经济一体化的发展,中国企业进一步朝国际化和市场化的方向发展,积极推进"一带一路"建设,为企业"走出去"开展国家产能和装备制造合作提供了宽广的平台,有序有效地促进企业"走出去"进行境外并购活动也将成为中国对外直接投资战略的重点。与此同时,BEPS行动计划对塑造和深化国际税收合作提出了新的框架和要求,这对中国进一步扩大境外投资规模、提高海外资源利用效率,进而促进国内资源有效整合和技术升级具有重要影响。在国际税收协调方面,中国有计划地吸收BEPS行动计划最终报告中的意见和建议。为了促进"走出去"企业在全球开展并购投资,中国税务机关充分参与全球税收治理,妥善地协调平衡各方的税收利益诉求。中国还将在国际层面进一步深入参与BEPS行动计划的调整塑造和具体实施。跨境并购作为对外直接投资的重要方式,已经成为最重要和最具有深远影响的国际经济活动之一,给越来越多的经济体带来了机遇和挑战,也给学术界带来了新的研究热点。作为发展中国家,中国跨境并购发展迅速,对中国跨境并购税收法律制度研究具有重要的理论和现实意义。

在机遇与挑战并存的背景下,"走出去"企业迫切需要树立国际税收意识,了解国际税收惯例,熟悉税收协定内容,主动利用税收协定规定的互惠待遇和运用双边税收协商程序,降低涉税成本,解决税收争议。同时,应主动和熟练地运用东道国救济方式,维护并争取自身涉税权益最大化。中国企业在借助"一带一路"倡议积极"走出去"时,要及时了解子公司所在国税务机关落实BEPS行动计划成果的进展,评估使用现有股权架构的中间控股公司的经营实质和享受税收协定优惠的确定性,充分考虑合同安排与交易实质相匹配,加强子公司的经营功能和风险承担能力。国家在进行税收协定顶层设计时,应加强国际税收协调与合作,以响应构建人类命运共同体的号召。税收政策应符合"走出去"企业的实际需求,使中国经济的发展成果惠及更多的国家和人民,为构建人类命运共同体奉献智慧和力量。

附录一
跨境并购法律法规

以下法律法规既包括现行有效的法律规范,也包括已经失效的法律规范。中国有规模的跨境并购业务走过了近三十年的历程,我们在此将不同时期的跨境并购法律法规罗列出来,以供广大读者研究、参考。

一、企业所得税

(一) 基本法律

1.《中华人民共和国外商投资企业和外国企业所得税法》(中华人民共和国主席令第45号),1991年4月9日公布,自1991年7月1日起施行;根据《中华人民共和国企业所得税法》,自2008年1月1日起废止。

2.《中华人民共和国外商投资企业和外国企业所得税法实施细则》(中华人民共和国国务院令第85号),1991年6月30日公布,自1991年7月1日起施行;根据《中华人民共和国企业所得税法》,已失效。

3.《国家税务局关于〈关联企业间业务往来税务管理实施办法〉的通知》(国税发〔1992〕237号),1992年10月29日发布;根据《国家税务总局关于发布已失效或废止的税收规范性文件目录的通知》(国税发〔2006〕62号),自2006年4月30日起废止。

4.《中华人民共和国企业所得税暂行条例》(中华人民共和国国务院令第137号),1993年12月13日发布,自1994年1月1日起施行;根据《中华人民共和国企业所得税法实施条例》,自2008年1月1日起废止。

5.《中华人民共和国企业所得税法实施条例》(中华人民共和国国务院令第512号),2007年12月6日公布,自2008年1月1日起施行;2019年4月23日,中华人民共和国国务院令第714号公布,对《中华人民共和国企业所得税法实施条例》部分条款予以修改。

6.《中华人民共和国企业所得税法》(中华人民共和国主席令第23号),2018年12月29日公布并施行。

(二)征收管理

1.《财政部 国家税务总局关于企业关联方利息支出税前扣除标准有关税收政策问题的通知》(财税〔2008〕121号),2008年9月19日发布并执行。

2.《国家税务总局关于印发〈特别纳税调整实施办法(试行)〉的通知》(国税发〔2009〕2号),2009年1月8日发布,自2008年1月1日起执行。

3.《国家税务总局关于印发〈非居民企业所得税源泉扣缴管理暂行办法〉的通知》(国税发〔2009〕3号),2009年1月9日发布,自2009年1月1日起执行;根据《国家税务总局关于非居民企业所得税源泉扣缴有关问题的公告》(国家税务总局公告2017年第37号),自2017年12月1日起废止。

4.《财政部 国家税务总局关于企业清算业务企业所得税处理若干问题的通知》(财税〔2009〕60号),2009年4月30日发布,自2008年1月1日起执行。

5.《国家税务总局关于印发〈中华人民共和国企业清算所得税申报表〉的通知》(国税函〔2009〕388号),2009年7月17日发布并执行。

6.《国家税务总局关于加强非居民企业股权转让所得企业所得税管理的通知》(国税函〔2009〕698号),2009年12月10日发布,自2008年1月1日起执行;根据《国家税务总局关于非居民企业所得税源泉扣缴有关问题的公告》(国家税务总局公告2017年第37号),自2017年12月1日起废止。

7.《国家税务总局关于企业股权投资损失所得税处理问题的公告》(国家税务总局公告2010年第6号),2010年7月28日发布,自2010年1月1日起执行。

8.《国家税务总局关于非居民企业所得税管理若干问题的公告》(国家税务总局公告2011年第24号),2011年3月28日发布,自2011年4月1日起施行。

9.《国家税务总局关于发布〈税收协定相互协商程序实施办法〉的公告》(国家税务总局公告2013年第56号),2013年9月24日发布,自2013年11月1日起施行。

10.《国家税务总局关于企业所得税应纳税所得额若干问题的公告》(国家税务总局公告2014年第29号),2014年5月23日发布。

11.《国家税务总局关于非货币性资产投资企业所得税有关征管问题的公告》(国家税务总局公告2015年第33号),2015年5月8日发布。

12.《国家税务总局关于修改〈非居民企业所得税核定征收管理办法〉等文

件的公告》(国家税务总局公告 2015 年第 22 号),2015 年 4 月 17 日发布,自 2015 年 6 月 1 日起施行。

13.《国家税务总局关于资产(股权)划转企业所得税征管问题的公告》(国家税务总局公告 2015 年第 40 号),2015 年 5 月 27 日发布,自 2014 年 1 月 1 日起施行。

14.《国家税务总局关于规范成本分摊协议管理的公告》(国家税务总局公告 2015 年第 45 号),2015 年 6 月 16 日发布,自 2015 年 7 月 16 日起施行。

15.《国家税务总局关于做好居民企业报告境外投资和所得信息工作的通知》(税总函〔2015〕327 号),2015 年 6 月 18 日发布。

16.《国家税务总局关于境内机构向我国银行的境外分行支付利息扣缴企业所得税有关问题的公告》(国家税务总局公告 2015 年第 47 号),2015 年 6 月 19 日发布,自 2015 年 7 月 19 日起施行。

17.《国家税务总局关于完善关联申报和同期资料管理有关事项的公告》(国家税务总局公告 2016 年第 42 号),2016 年 6 月 29 日发布,自 2016 年 1 月 1 日起施行。

18.《国家税务总局关于完善预约定价安排管理有关事项的公告》(国家税务总局公告 2016 年第 64 号),2016 年 10 月 11 日发布,自 2016 年 12 月 1 日起施行。

19.《国家税务总局关于发布〈特别纳税调查调整及相互协商程序管理办法〉的公告》(国家税务总局公告 2017 年第 6 号),2017 年 3 月 17 日发布,自 2017 年 5 月 1 日起施行。

20.《国家税务总局关于非居民企业所得税源泉扣缴有关问题的公告》(国家税务总局公告 2017 年第 37 号),2017 年 10 月 17 日发布,自 2017 年 12 月 1 日起施行。

(三)优惠政策

1.《财政部 国家税务总局关于享受企业所得税优惠政策的新办企业认定标准的通知》(财税〔2006〕1 号),2006 年 1 月 9 日发布并执行。

2.《国家税务总局关于缴纳企业所得税的新办企业认定标准执行口径等问题的补充通知》(国税发〔2006〕103 号),2006 年 7 月 13 日发布并执行;根据《国家税务总局关于公布全文失效废止 部分条款失效废止的税收规范性文件目录的公告》(国家税务总局公告 2011 年第 2 号),已废止。

3.《国务院关于实施企业所得税过渡优惠政策的通知》(国发〔2007〕39 号),2007 年 12 月 26 日发布并执行。

4.《国家税务总局关于外商投资企业和外国企业原有若干税收优惠政策取消后有关事项处理的通知》(国税发〔2008〕23号),2008年2月27日发布并执行。

5.《国家税务总局关于简化判定中国居民股东控制外国企业所在国实际税负的通知》(国税函〔2009〕37号),2009年1月21日发布并执行。

6.《国家税务总局关于发布〈企业境外所得税收抵免操作指南〉的公告》(国家税务总局公告2010年第1号),2010年7月2日发布并施行。

7.《国家税务总局关于非居民企业股权转让适用特殊性税务处理有关问题的公告》(国家税务总局公告2013年第72号),2013年12月12日发布并施行。

8.《国家税务总局关于发布〈非居民纳税人享受税收协定待遇管理办法〉的公告》(国家税务总局公告2015年第60号),2015年8月27日发布,自2015年11月1日起施行;根据《国家税务总局关于发布〈非居民纳税人享受协定待遇管理办法〉的公告》(国家税务总局公告2019年第35号),自2020年1月1日起废止。

9.《国家税务总局关于企业境外所得适用简易征收和饶让抵免的核准事项取消后有关后续管理问题的公告》(国家税务总局公告2015年第70号),2015年10月10日发布并施行。

10.《财政部 税务总局 国家发展改革委 商务部关于境外投资者以分配利润直接投资暂不征收预提所得税政策问题的通知》,财税〔2017〕88号,2017年12月21日发布,自2017年1月1日起执行;根据《财政部 税务总局 国家发展改革委 商务部关于扩大境外投资者以分配利润直接投资暂不征收预提所得税政策适用范围的通知》(财税〔2018〕102号),自2018年1月1日起废止。

11.《财政部 税务总局关于完善企业境外所得税收抵免政策问题的通知》(财税〔2017〕84号),2017年12月28日发布,自2017年1月1日起执行。

12.《国家税务总局关于境外投资者以分配利润直接投资暂不征收预提所得税政策有关执行问题的公告》(国家税务总局公告2018年第3号),2018年1月2日发布,自2017年1月1日起执行;根据《国家税务总局关于扩大境外投资者以分配利润直接投资暂不征收预提所得税政策适用范围有关问题的公告》(国家税务总局公告2018年第53号),自2018年1月1日起废止。

13.《财政部 税务总局 国家发展改革委 商务部关于扩大境外投资者以分配利润直接投资暂不征收预提所得税政策适用范围的通知》(财税〔2018〕102号),2018年9月29日发布,自2018年1月1日起执行。

(四) 并购重组

1.《国家税务总局关于外商投资企业和外国企业转让股权所得税处理问题的通知》(国税函〔1997〕207号),1997年4月17日发布并执行;根据《国家税务总局关于公布全文失效废止 部分条款失效废止的税收规范性文件目录的公告》(国家税务总局公告2011年第2号),已失效。

2.《国家税务总局印发〈关于外商投资企业合并、分立、股权重组、资产转让等重组业务所得税处理的暂行规定〉的通知》(国税发〔1997〕71号),1997年4月28日发布;根据《税务部门现行有效失效废止规章目录》(中华人民共和国国家税务总局令第23号),已失效。

3.《国家税务总局关于印发〈关联企业间业务往来税务管理规程〉的通知》(国税发〔1998〕59号),1998年4月23日发布,自1997年1月1日起执行;根据《国家税务总局关于发布已失效或废止的税收规范性文件目录的通知》(国税发〔2006〕62号),自2006年4月30日起废止。

4.《国家税务总局关于印发〈企业改组改制中若干所得税业务问题的暂行法规〉的通知》(国税发〔1998〕97号),1998年6月24日发布;根据《税务部门现行有效、失效、废止规章目录》(国家税务总局令第23号),已废止。

5.《国家税务总局关于印发〈企业所得税税前扣除办法〉的通知》(国税发〔2000〕84号),2000年5月16日发布,自2000年1月1日起执行;根据《税务部门现行有效失效废止规章目录》(国家税务总局令第23号),自2010年11月29日起失效。

6.《国家税务总局关于企业股权投资业务若干所得税问题的通知》(国税发〔2000〕118号),2000年6月21日发布;根据《国家税务总局关于公布全文失效废止 部分条款失效废止的税收规范性文件目录的公告》(国家税务总局公告2011年第2号),已失效。

7.《国家税务总局关于企业合并分立业务有关所得税问题的通知》(国税发〔2000〕119号),2000年6月21日发布;根据《国家税务总局关于公布全文失效废止 部分条款失效废止的税收规范性文件目录的公告》(国家税务总局公告2011年第2号),已失效。

8.《国家税务总局关于外国投资者并购境内企业股权有关税收问题的通知》(国税发〔2003〕60号),2003年5月28日发布,自2003年1月1日起执行;根据《国家税务总局公告关于公布全文失效废止 部分条款失效废止的税收规范性文件目录的公告》(国家税务总局公告2011年第2号),已失效。

9.《国家税务总局关于印发〈关联企业间业务往来预约定价实施规则〉(试

行)的通知》(国税发〔2004〕118号),2004年9月3日发布并执行;根据《国家税务总局关于印发〈特别纳税调整实施办法(试行)〉的通知》(国税发〔2009〕2号),自2008年1月1日起废止。

10.《国家税务总局关于境外注册中资控股企业依据实际管理机构标准认定为居民企业有关问题的通知》(国税发〔2009〕82号),2009年4月22日发布,自2008年1月1日起执行。

11.《财政部 国家税务总局关于企业重组业务企业所得税处理若干问题的通知》(财税〔2009〕59号),2009年4月30日发布,自2008年1月1日起执行。

12.《国家税务总局关于企业清算所得税有关问题的通知》(国税函〔2009〕684号),2009年12月4日发布并执行。

13.《国家税务总局关于发布〈企业重组业务企业所得税管理办法〉的公告》(国家税务总局公告2010年第4号),2010年7月26日发布,自2010年1月1日起施行。

14.《财政部 国家税务总局关于促进企业重组有关企业所得税处理问题的通知》(财税〔2014〕109号),2014年12月25日发布,自2014年1月1日起执行。

15.《财政部 国家税务总局关于非货币性资产投资企业所得税政策问题的通知》(财税〔2014〕116号),2014年12月31日发布,自2014年1月1日起执行。

16.《国家税务总局关于非居民企业间接转让财产企业所得税若干问题的公告》(国家税务总局公告2015年第7号),2015年2月3日发布并施行。

17.《国家税务总局关于企业向境外关联方支付费用有关企业所得税问题的公告》(国家税务总局公告2015年第16号),2015年3月18日发布并施行;根据《国家税务总局关于发布〈特别纳税调查调整及相互协商程序管理办法〉的公告》(国家税务总局公告2017年第6号),自2017年5月1日起废止。

18.《财政部 国家税务总局关于企业改制上市资产评估增值企业所得税处理政策的通知》(财税〔2015〕65号),2015年6月23日发布,执行期限为2015年1月1日至2018年12月31日。

19.《国家税务总局关于企业重组业务企业所得税征收管理若干问题的公告》(国家税务总局公告2015年第48号),2015年6月24日发布,自2015年1月1日起施行。

20.《国家税务总局关于税收协定中"受益所有人"有关问题的公告》(国家税务总局公告2018年第9号),2018年2月3日发布,自2018年4月1日起施行。

(五) 反避税

1.《国家税务总局关于执行〈企业会计制度〉需要明确的有关所得税问题的通知》(国税发〔2003〕45号),2003年4月24日发布,自2003年1月1日起执行;根据《国家税务总局关于公布全文失效废止 部分条款失效废止的税收规范性文件目录的公告》(国家税务总局公告2011年第2号),已失效。

2.《国家税务总局关于如何理解和认定税收协定中"受益所有人"的通知》(国税函〔2009〕601号),2009年10月27日发布;根据《国家税务总局关于税收协定中"受益所有人"有关问题的公告》(国家税务总局公告2018年第9号),自2018年4月1日起废止。

3.《财政部 国家税务总局关于企业境外所得税收抵免有关问题的通知》(财税〔2009〕125号),2009年12月25日发布,自2008年1月1日起执行。

4.《国家税务总局关于居民企业报告境外投资和所得信息有关问题的公告》(国家税务总局公告2014年第38号),2014年6月30日发布,自2014年9月1日起施行。

5.《国家税务总局关于特别纳税调整监控管理有关问题的公告》(国家税务总局公告2014年第54号),2014年8月29日发布并施行;根据《国家税务总局关于发布〈特别纳税调查调整及相互协商程序管理办法〉的公告》(国家税务总局公告2017年第6号),自2017年5月1日起废止。

6.《一般反避税管理办法(试行)》(国家税务总局令2014年第32号),2014年12月2日发布,自2015年2月1日起施行。

二、个人所得税

(一) 基本法律

1.《中华人民共和国个人所得税法》,1980年9月10日第五届全国人民代表大会第三次会议通过,根据1993年10月31日第八届全国人民代表大会常务委员会第四次会议《关于修改〈中华人民共和国个人所得税法〉的决定》第一次修正,根据1999年8月30日第九届全国人民代表大会常务委员会第十一次会议《关于修改〈中华人民共和国个人所得税法〉的决定》第二次修正,根据2005年10月27日第十届全国人民代表大会常务委员会第十八次会议《关于修改〈中华人民共和国个人所得税法〉的决定》第三次修正,根据2007年6月29日第十届全国人民代表大会常务委员会第二十八次会议《关于修改〈中华人民共和国个人所得税法〉的决定》第四次修正,根据2007年12月29日第十届全国人民代表大会常务委员会第三十一次会议《关于修改〈中华人民共和国个人所得税法〉的决定》第五次修正,根据2011年6月30日第十一届全国人民代表大会常务委员会第二十一次会议《关于修改〈中华人民共和国个人所得税法〉的决定》第六次修正,根据2018年8月31日第十三届全国人民代表大会常务委员会第五次会议《关于修改〈中华人民共和国个人所得税法〉的决定》第七次修正。

2.《中华人民共和国个人所得税法实施条例》,1994年1月28日中华人民共和国国务院令第142号发布,根据2005年12月19日《国务院关于修改〈中华人民共和国个人所得税法实施条例〉的决定》第一次修订,根据2008年2月18日《国务院关于修改〈中华人民共和国个人所得税法实施条例〉的决定》第二次修订,根据2011年7月19日《国务院关于修改〈中华人民共和国个人所得税法实施条例〉的决定》第三次修订,2018年12月18日中华人民共和国国务院令第707号第四次修订。

(二)股票、期权

1.《财政部 国家税务总局关于个人股票期权所得征收个人所得税问题的通知》(财税〔2005〕35号),2005年3月28日发布,自2005年7月1日起执行。

2.《国家税务总局关于个人股票期权所得缴纳个人所得税有关问题的补充通知》(国税函〔2006〕902号),2006年9月30日发布并执行。

3.《国家税务总局关于阿里巴巴(中国)网络技术有限公司雇员非上市公司股票期权所得个人所得税问题的批复》(国税函〔2007〕1030号),2007年10月9日发布;根据《国家税务总局关于公布全文失效废止 部分条款失效废止的税收规范性文件目录的公告》(国家税务总局公告2011年第2号),已失效。

4.《财政部 国家税务总局关于股票增值权所得和限制性股票所得征收个人所得税有关问题的通知》(财税〔2009〕5号),2009年1月7日发布并执行。

5.《国家税务总局关于非居民个人股权转让相关政策的批复》(国税函〔2011〕14号),2011年4月出具。

6.《财政部 国家税务总局关于上市公司高管人员股票期权所得缴纳个人所得税有关问题的通知》(财税〔2009〕40号),2009年5月4日发布并执行;根据《财政部 国家税务总局关于完善股权激励和技术入股有关所得税政策的通知》(财税〔2016〕101号),自2016年9月1日起废止。

7.《财政部 国家税务总局关于完善股权激励和技术入股有关所得税政策的通知》(财税〔2016〕101号),2016年9月20日发布,自2016年9月1日起施行。

(三) 优惠政策

1.《财政部 国家税务总局关于中关村、东湖、张江国家自主创新示范区和合芜蚌自主创新综合试验区有关股权奖励个人所得税试点政策的通知》(财税〔2013〕15号),2013年2月25日发布,自2012年1月1日起执行。

2.《财政部 国家税务总局关于中关村、东湖、张江国家自主创新示范区和合芜蚌自主创新综合试验区有关研究开发费用加计扣除试点政策的通知》(财税〔2013〕13号),2013年2月26日发布,自2012年1月1日起至2014年12月31日执行。

3.《财政部 国家税务总局 科技部关于中关村国家自主创新示范区有关股权奖励个人所得税试点政策的通知》(财税〔2014〕63号),2014年8月30日发布,自2014年1月1日起施行。

4.《财政部 国家税务总局关于推广中关村国家自主创新示范区税收试点政策有关问题的通知》(财税〔2015〕62号),2015年6月9日发布,自2015年1月1日起执行。

5.《财政部 国家税务总局关于将国家自主创新示范区有关税收试点政策推广到全国范围实施的通知》(财税〔2015〕116号),2015年10月23日发布,自2016年1月1日起执行。

6.《国家税务总局关于股权奖励和转增股本个人所得税征管问题的公告》(国家税务总局公告2015年第80号),2015年11月16日发布,自2016年1月1日起施行。

7.《财政部 国家税务总局关于完善股权激励和技术入股有关所得税政策的通知》(财税〔2016〕101号),2016年9月20日发布,自2016年9月1日起施行。

8.《国务院关于印发个人所得税专项附加扣除暂行办法的通知》(国发〔2018〕41号),2018年12月13日发布,自2019年1月1日起施行。

9.《财政部 税务总局关于个人所得税法修改后有关优惠政策衔接问题的通知》(财税〔2018〕164号),2018年12月27日发布,自2019年1月1日起执行。

(四) 申报缴纳

1.《国家税务总局关于印发〈个人所得税全员全额扣缴申报管理暂行办法〉的通知》(国税发〔2005〕205号),2005年12月23日发布,自2016年1月1

日执行;根据《国家税务总局关于发布〈个人所得税扣缴申报管理办法(试行)〉的公告》(国家税务总局公告2018年第61号),自2019年1月1日起废止。

2.《国家税务总局关于进一步推进个人所得税全员全额扣缴申报管理工作的通知》(国税发〔2007〕97号),2007年8月14日发布并执行。

3.《国家税务总局关于加强股权转让所得征收个人所得税管理的通知》(国税函〔2009〕285号),2009年5月28日发布并执行;根据《国家税务总局关于发布〈股权转让所得个人所得税管理办法(试行)〉的公告》(国家税务总局公告2014年第67号),自2015年1月1日起废止。

4.《国家税务总局关于股权转让所得个人所得税计税依据核定问题的公告》(国家税务总局公告2010年第27号),2010年12月14日发布,自2011年1月14日起施行;根据《国家税务总局关于发布〈股权转让所得个人所得税管理办法(试行)〉的公告》(国家税务总局公告2014年第67号),自2015年1月1日起废止。

5.《国家税务总局关于发布〈股权转让所得个人所得税管理办法(试行)〉的公告》(国家税务总局公告2014年第67号),2014年12月7日发布,自2015年1月1日起施行。

6.《财政部 国家税务总局关于个人非货币性资产投资有关个人所得税政策的通知》(财税〔2015〕41号),2015年3月20日发布,自2015年4月1日起施行。

7.《国家税务总局关于个人非货币性资产投资有关个人所得税征管问题的公告》(国家税务总局公告2015年第20号),2015年4月8日发布,自2015年4月1日起施行。

8.《财政部 税务总局关于2018年第四季度个人所得税减除费用和税率适用问题的通知》(财税〔2018〕98号),2018年9月7日发布,自2018年10月1日起执行。

9.《国家税务总局关于全面实施新个人所得税法若干征管衔接问题的公告》(国家税务总局公告2018年第56号),2018年12月19日发布,自2019年1月1日起施行。

10.《国家税务总局关于发布〈个人所得税扣缴申报管理办法(试行)〉的公告》(国家税务总局公告2018年第61号),2018年12月21日发布,自2019年1月1日起施行。

11.《财政部 税务总局关于非居民个人和无住所居民个人有关个人所得税政策的公告》(财政部 税务总局公告2019年第35号),2019年3月14日发布,自2019年1月1日起施行。

12.《国家税务总局关于发布〈非居民纳税人享受协定待遇管理办法〉的公告》(国家税务总局公告2019年第35号),2019年10月14日发布,自2020年1月1日起实施。

三、增值税、印花税

1.《中华人民共和国印花税暂行条例》(中华人民共和国国务院令第11号),1988年8月6日发布,自1988年10月1日起施行;2011年1月8日,根据《国务院关于废止和修改部分行政法规的决定》(国务院令第588号)修订。

2.《中华人民共和国增值税暂行条例》,1993年12月13日中华人民共和国国务院令第134号公布,2008年11月5日国务院第34次常务会议修订通过,根据2016年2月6日《国务院关于修改部分行政法规的决定》第一次修订,根据2017年11月19日《国务院关于废止〈中华人民共和国营业税暂行条例〉和修改〈中华人民共和国增值税暂行条例〉的决定》第二次修订。

3.《国务院关于废止〈中华人民共和国营业税暂行条例〉和修改〈中华人民共和国增值税暂行条例〉的决定》(中华人民共和国国务院令第691号),2017年11月19日发布并施行。

四、其他法律

1.《国家体改委、国家计委、财政部、国家国有资产管理局关于企业兼并的暂行办法》(体改经〔1989〕38号),1989年2月19日发布并施行。

2.《关于出售国有小型企业产权的暂行办法》(体改经〔1989〕39号),1989年2月19日发布并施行;根据2016年1月1日发布的《国家发展和改革委员会关于废止部分规章和规范性文件的决定》(中华人民共和国国家发展和改革委员会令第31号),已失效。

3.《财政部关于印发〈企业兼并有关财务问题的暂行规定〉的通知》(财工字〔1996〕224号),1996年8月20日发布并执行;根据2008年1月31日发布的《财政部关于公布废止和失效的财政规章和规范性文件目录(第十批)的决定》,已废止。

4.《中国证券监督管理委员会关于涉及境内权益的境外公司在境外发行股票和上市有关问题的通知》(证监发行字〔2000〕72号),2000年6月9日发布并执行;根据2003年11月20日发布的《中国证券监督管理委员会关于废止部分证券期货规章的通知(第四批)》,已废止。

5.《指导外商投资方向规定》(中华人民共和国国务院令第346号),2002

年 2 月 11 日发布,自 2002 年 4 月 1 日起施行。

6.《上市公司股东持股变动信息披露管理办法》(中国证券监督管理委员会令第 11 号),2002 年 9 月 28 日发布,自 2002 年 12 月 1 日起施行;根据 2006 年 7 月发布的《上市公司收购管理办法》,已废止。

7.《外国投资者并购境内企业暂行规定》(对外贸易经济合作部、国家税务总局、国家工商行政管理总局、国家外汇管理局令 2003 年第 3 号),2003 年 3 月 7 日发布,自 2003 年 4 月 12 日起施行。(已被修订,新名称为《关于外国投资者并购境内企业的规定》,2006 年 8 月 8 日发布,自 2006 年 9 月 8 日起施行。)

8.《国家外汇管理局关于境内居民通过境外特殊目的公司融资及返程投资外汇管理有关问题的通知》(汇发〔2005〕75 号),2005 年 10 月 21 日发布,自 2005 年 11 月 1 日起实施;根据 2014 年 7 月 4 日发布的《国家外汇管理局关于境内居民通过特殊目的公司境外投融资及返程投资外汇管理有关问题的通知》(汇发〔2014〕37 号),已失效。

9.《关于外国投资者并购境内企业的规定》(中华人民共和国商务部、国务院国有资产监督管理委员会、国家税务总局、国家工商行政管理总局、中国证券监督管理委员会、国家外汇管理局令 2006 年第 10 号),2006 年 8 月 8 日发布,自 2006 年 9 月 8 日起施行。

10.《中国人民银行 财政部 国家税务总局关于采用国外汇款方式缴纳税款缴库有关事项的通知》(银发〔2008〕379 号),2008 年 12 月 23 日发布并执行。

11.《国家税务总局关于加强税种征管促进堵漏增收的若干意见》(国税发〔2009〕85 号),2009 年 4 月 29 日发布。

12.《关于外国投资者并购境内企业的规定》(中华人民共和国商务部令 2009 年第 6 号),2009 年 6 月 22 日发布。

13.《国家外汇管理局关于发布〈境内机构境外直接投资外汇管理规定〉的通知》(汇发〔2009〕30 号),2009 年 7 月 13 日发布。

14.《国家外汇管理局关于进一步改进和调整直接投资外汇管理政策的通知》(汇发〔2012〕59 号),2012 年 11 月 19 日发布,自 2012 年 12 月 17 日实施;根据 2015 年 5 月 4 日发布的《国家外汇管理局关于废止和修改涉及注册资本登记制度改革相关规范性文件的通知》(汇发〔2015〕20 号)修改。

15.《国务院关于进一步优化企业兼并重组市场环境的意见》(国发〔2014〕14 号),2014 年 3 月 24 日发布。

16.《国家外汇管理局关于境内居民通过特殊目的公司境外投融资及返程投资外汇管理有关问题的通知》(汇发〔2014〕37 号),2014 年 7 月 4 日发布并实施。

17.《上市公司收购管理办法》,2006年5月17日中国证券监督管理委员会第180次主席办公会议审议通过,根据2008年8月27日中国证券监督管理委员会《关于修改〈上市公司收购管理办法〉第六十三条的决定》、2012年2月14日中国证券监督管理委员会《关于修改〈上市公司收购管理办法〉第六十二条及第六十三条的决定》、2014年10月23日中国证券监督管理委员会令第108号中国证券监督管理委员会《关于修改〈上市公司收购管理办法〉的决定》修订。

18.《工业和信息化部关于放开在线数据处理与交易处理业务(经营类电子商务)外资股比限制的通告》(工信部通〔2015〕196号),2015年6月19日发布并执行。

19.《国家外汇管理局关于进一步推进外汇管理改革完善真实合规性审核的通知》(汇发〔2017〕3号),2017年1月26日发布并施行。

20.《国务院办公厅转发证监会关于开展创新企业境内发行股票或存托凭证试点若干意见的通知》(国办发〔2018〕21号),2018年3月22日转发。

21.《中华人民共和国公司法》,1993年12月29日第八届全国人民代表大会常务委员会第五次会议通过,根据1999年12月25日第九届全国人民代表大会常务委员会第十三次会议《关于修改〈中华人民共和国公司法〉的决定》第一次修正,根据2004年8月28日第十届全国人民代表大会常务委员会第十一次会议《关于修改〈中华人民共和国公司法〉的决定》第二次修正,2005年10月27日第十届全国人民代表大会常务委员会第十八次会议修订,根据2013年12月28日第十二届全国人民代表大会常务委员会第六次会议《关于修改〈中华人民共和国海洋环境保护法〉等七部法律的决定》第三次修正,根据2018年10月26日第十三届全国人民代表大会常务委员会第六次会议《关于修改〈中华人民共和国公司法〉的决定》第四次修正。

22.《中华人民共和国外商投资法》(中华人民共和国主席令第26号),2019年3月15日通过,自2020年1月1日起施行。

附录二

财政部 国家税务总局关于企业重组业务企业所得税处理若干问题的通知

财税〔2009〕59号

各省、自治区、直辖市、计划单列市财政厅(局)、国家税务局、地方税务局,新疆生产建设兵团财务局:

  根据《中华人民共和国企业所得税法》第二十条和《中华人民共和国企业所得税法实施条例》(国务院令第512号)第七十五条规定,现就企业重组所涉及的企业所得税具体处理问题通知如下:

  一、本通知所称企业重组,是指企业在日常经营活动以外发生的法律结构或经济结构重大改变的交易,包括企业法律形式改变、债务重组、股权收购、资产收购、合并、分立等。

  (一)企业法律形式改变,是指企业注册名称、住所以及企业组织形式等的简单改变,但符合本通知规定其他重组的类型除外。

  (二)债务重组,是指在债务人发生财务困难的情况下,债权人按照其与债务人达成的书面协议或者法院裁定书,就其债务人的债务作出让步的事项。

  (三)股权收购,是指一家企业(以下称为收购企业)购买另一家企业(以下称为被收购企业)的股权,以实现对被收购企业控制的交易。收购企业支付对价的形式包括股权支付、非股权支付或二者的组合。

  (四)资产收购,是指一家企业(以下称为受让企业)购买另一家企业(以下称为转让企业)实质经营性资产的交易。受让企业支付对价的形式包括股权支付、非股权支付或二者的组合。

  (五)合并,是指一家或多家企业(以下称为被合并企业)将其全部资产和负债转让给另一家现存或新设企业(以下称为合并企业),被合并企业股东换取合并企业的股权或非股权支付,实现两个或两个以上企业的依法合并。

(六)分立,是指一家企业(以下称为被分立企业)将部分或全部资产分离转让给现存或新设的企业(以下称为分立企业),被分立企业股东换取分立企业的股权或非股权支付,实现企业的依法分立。

二、本通知所称股权支付,是指企业重组中购买、换取资产的一方支付的对价中,以本企业或其控股企业的股权、股份作为支付的形式;所称非股权支付,是指以本企业的现金、银行存款、应收款项、本企业或其控股企业股权和股份以外的有价证券、存货、固定资产、其他资产以及承担债务等作为支付的形式。

三、企业重组的税务处理区分不同条件分别适用一般性税务处理规定和特殊性税务处理规定。

四、企业重组,除符合本通知规定适用特殊性税务处理规定的外,按以下规定进行税务处理:

(一)企业由法人转变为个人独资企业、合伙企业等非法人组织,或将登记注册地转移至中华人民共和国境外(包括港澳台地区),应视同企业进行清算、分配,股东重新投资成立新企业。企业的全部资产以及股东投资的计税基础均应以公允价值为基础确定。

企业发生其他法律形式简单改变的,可直接变更税务登记,除另有规定外,有关企业所得税纳税事项(包括亏损结转、税收优惠等权益和义务)由变更后企业承继,但因住所发生变化而不符合税收优惠条件的除外。

(二)企业债务重组,相关交易应按以下规定处理:

1. 以非货币资产清偿债务,应当分解为转让相关非货币性资产、按非货币性资产公允价值清偿债务两项业务,确认相关资产的所得或损失。

2. 发生债权转股权的,应当分解为债务清偿和股权投资两项业务,确认有关债务清偿所得或损失。

3. 债务人应当按照支付的债务清偿额低于债务计税基础的差额,确认债务重组所得;债权人应当按照收到的债务清偿额低于债权计税基础的差额,确认债务重组损失。

4. 债务人的相关所得税纳税事项原则上保持不变。

(三)企业股权收购、资产收购重组交易,相关交易应按以下规定处理:

1. 被收购方应确认股权、资产转让所得或损失。

2. 收购方取得股权或资产的计税基础应以公允价值为基础确定。

3. 被收购企业的相关所得税事项原则上保持不变。

（四）企业合并，当事各方应按下列规定处理：

1. 合并企业应按公允价值确定接受被合并企业各项资产和负债的计税基础。

2. 被合并企业及其股东都应按清算进行所得税处理。

3. 被合并企业的亏损不得在合并企业结转弥补。

（五）企业分立，当事各方应按下列规定处理：

1. 被分立企业对分立出去资产应按公允价值确认资产转让所得或损失。

2. 分立企业应按公允价值确认接受资产的计税基础。

3. 被分立企业继续存在时，其股东取得的对价应视同被分立企业分配进行处理。

4. 被分立企业不再继续存在时，被分立企业及其股东都应按清算进行所得税处理。

5. 企业分立相关企业的亏损不得相互结转弥补。

五、企业重组同时符合下列条件的，适用特殊性税务处理规定：

（一）具有合理的商业目的，且不以减少、免除或者推迟缴纳税款为主要目的。

（二）被收购、合并或分立部分的资产或股权比例符合本通知规定的比例。

（三）企业重组后的连续 12 个月内不改变重组资产原来的实质性经营活动。

（四）重组交易对价中涉及股权支付金额符合本通知规定比例。

（五）企业重组中取得股权支付的原主要股东，在重组后连续 12 个月内，不得转让所取得的股权。

六、企业重组符合本通知第五条规定条件的，交易各方对其交易中的股权支付部分，可以按以下规定进行特殊性税务处理：

（一）企业债务重组确认的应纳税所得额占该企业当年应纳税所得额 50% 以上，可以在 5 个纳税年度的期间内，均匀计入各年度的应纳税所得额。

企业发生债权转股权业务，对债务清偿和股权投资两项业务暂不确认有关债务清偿所得或损失，股权投资的计税基础以原债权的计税基础确定。企业的其他相关所得税事项保持不变。

（二）股权收购，收购企业购买的股权不低于被收购企业全部股权的 75%，且收购企业在该股权收购发生时的股权支付金额不低于其交易支付总额的 85%，可以选择按以下规定处理：

1. 被收购企业的股东取得收购企业股权的计税基础，以被收购股权的原有计税基础确定。

2. 收购企业取得被收购企业股权的计税基础，以被收购股权的原有计税基础确定。

3. 收购企业、被收购企业的原有各项资产和负债的计税基础和其他相关所得税事项保持不变。

（三）资产收购，受让企业收购的资产不低于转让企业全部资产的75％，且受让企业在该资产收购发生时的股权支付金额不低于其交易支付总额的85％，可以选择按以下规定处理：

1. 转让企业取得受让企业股权的计税基础，以被转让资产的原有计税基础确定。

2. 受让企业取得转让企业资产的计税基础，以被转让资产的原有计税基础确定。

（四）企业合并，企业股东在该企业合并发生时取得的股权支付金额不低于其交易支付总额的85％，以及同一控制下且不需要支付对价的企业合并，可以选择按以下规定处理：

1. 合并企业接受被合并企业资产和负债的计税基础，以被合并企业的原有计税基础确定。

2. 被合并企业合并前的相关所得税事项由合并企业承继。

3. 可由合并企业弥补的被合并企业亏损的限额＝被合并企业净资产公允价值×截至合并业务发生当年年末国家发行的最长期限的国债利率。

4. 被合并企业股东取得合并企业股权的计税基础，以其原持有的被合并企业股权的计税基础确定。

（五）企业分立，被分立企业所有股东按原持股比例取得分立企业的股权，分立企业和被分立企业均不改变原来的实质经营活动，且被分立企业股东在该企业分立发生时取得的股权支付金额不低于其交易支付总额的85％，可以选择按以下规定处理：

1. 分立企业接受被分立企业资产和负债的计税基础，以被分立企业的原有计税基础确定。

2. 被分立企业已分立出去资产相应的所得税事项由分立企业承继。

3. 被分立企业未超过法定弥补期限的亏损额可按分立资产占全部资产的比例进行分配，由分立企业继续弥补。

4. 被分立企业的股东取得分立企业的股权（以下简称"新股"），如需部分或全部放弃原持有的被分立企业的股权（以下简称"旧股"），"新股"的计税基础应以放弃"旧股"的计税基础确定。如不需放弃"旧股",则其取得"新股"的计税基础可从以下两种方法中选择确定:直接将"新股"的计税基础确定为零;或者以被分立企业分立出去的净资产占被分立企业全部净资产的比例先调减原持有的"旧股"的计税基础,再将调减的计税基础平均分配到"新股"上。

(六)重组交易各方按本条(一)至(五)项规定对交易中股权支付暂不确认有关资产的转让所得或损失的,其非股权支付仍应在交易当期确认相应的资产转让所得或损失,并调整相应资产的计税基础。

非股权支付对应的资产转让所得或损失=(被转让资产的公允价值-被转让资产的计税基础)×(非股权支付金额÷被转让资产的公允价值)

七、企业发生涉及中国境内与境外之间(包括港澳台地区)的股权和资产收购交易,除应符合本通知第五条规定的条件外,还应同时符合下列条件,才可选择适用特殊性税务处理规定:

(一)非居民企业向其100%直接控股的另一非居民企业转让其拥有的居民企业股权,没有因此造成以后该项股权转让所得预提税负担变化,且转让方非居民企业向主管税务机关书面承诺在3年(含3年)内不转让其拥有受让方非居民企业的股权;

(二)非居民企业向与其具有100%直接控股关系的居民企业转让其拥有的另一居民企业股权;

(三)居民企业以其拥有的资产或股权向其100%直接控股的非居民企业进行投资;

(四)财政部、国家税务总局核准的其他情形。

八、本通知第七条第(三)项所指的居民企业以其拥有的资产或股权向其100%直接控股关系的非居民企业进行投资,其资产或股权转让收益如选择特殊性税务处理,可以在10个纳税年度内均匀计入各年度应纳税所得额。

九、在企业吸收合并中,合并后的存续企业性质及适用税收优惠的条件未发生改变的,可以继续享受合并前该企业剩余期限的税收优惠,其优惠金额按存续企业合并前一年的应纳税所得额(亏损计为零)计算。

在企业存续分立中,分立后的存续企业性质及适用税收优惠的条件未发生改变的,可以继续享受分立前该企业剩余期限的税收优惠,其优惠金额按该企业分立前一年的应纳税所得额(亏损计为零)乘以分立后存续企业资产占分立前该企业全部资产的比例计算。

十、企业在重组发生前后连续12个月内分步对其资产、股权进行交易,应根据实质重于形式原则将上述交易作为一项企业重组交易进行处理。

十一、企业发生符合本通知规定的特殊性重组条件并选择特殊性税务处理的,当事各方应在该重组业务完成当年企业所得税年度申报时,向主管税务机关提交书面备案资料,证明其符合各类特殊性重组规定的条件。企业未按规定书面备案的,一律不得按特殊重组业务进行税务处理。

十二、对企业在重组过程中涉及的需要特别处理的企业所得税事项,由国务院财政、税务主管部门另行规定。

十三、本通知自 2008 年 1 月 1 日起执行。

财政部　国家税务总局
二〇〇九年四月三十日

主要参考文献

一、图书

1. 〔美〕Brian J. Arnold、Michael J. McIntyre:《国际税收基础》(第二版),国家税务总局、张志勇等译,中国税务出版社 2005 年版。
2. 邓远军:《公司并购税收问题研究》,中国税务出版社 2008 年版。
3. 董庆铮主编:《外国税制》,中国财政经济出版社 1993 年版。
4. 伏军:《境外间接上市法律制度研究》,北京大学出版社 2010 年版。
5. 〔美〕格雷格·N. 格雷戈里奥、卡琳·L. 纽豪瑟编:《企业并购:逻辑与趋势》,巴曙松、周沅帆、黄碧艳、王华译,北京大学出版社 2009 年版。
6. 雷霆:《美国公司并购重组业务所得税制研究——原理、制度及案例》,中国法制出版社 2014 年版。
7. 李贵英:《国际投资法专论——国际投资争端之解决》,元照出版有限公司 2004 年版。
8. 廖益新主编:《国际税法学》,高等教育出版社 2008 年版。
9. 刘剑文:《税法学》,北京大学出版社 2010 年版。
10. 刘剑文:《新企业所得税法十八讲》,中国税制出版社 2007 年版。
11. 刘剑文主编:《国际税法学》(第二版),北京大学出版社 2004 年版。
12. 申林平:《红筹(VIE 结构)企业回归实务与案例分析》,法律出版社 2016 年版。
13. 申林平主编:《上市公司并购重组解决之道》,法律出版社 2016 年版。
14. 申林平:《中国〈境外直接投资法〉立法建议稿及理由》,法律出版社 2015 年版。
15. 石育斌:《中国私募股权融资与创业板上市实务操作指南》,法律出版社 2009 年版。
16. 《世界税制现状与趋势》课题组编著:《世界税制现状与趋势(2015)》,中国税务出版社 2016 年版。

17. 薛波主编:《元照英美法词典》,法律出版社 2003 年版。
18. 曾华群主编:《国际投资法学》,北京大学出版社 1999 年版。
19. 张朝元、于波、丁旭:《企业上市前改制重组》,中国金融出版社 2009 年版。
20. 张守文:《税法通论》,北京大学出版社 2004 年版。
21. 中国注册税务师同心服务团编:《"一带一路"发展战略涉税问题概览》,中国税务出版社 2015 年版。
22. 朱青编著:《国际税收》(第七版),中国人民大学出版社 2016 年版。

二、报纸和期刊

1. 白怡珺、沈肇章、袁玉斌:《英国脱欧我国资本并购欧洲足球产业财政激励政策》,载《武汉体育学院学报》2017 年第 10 期。
2. 陈瑶:《海外并购涉税风险管理》,载《全国流通经济》2017 年第 23 期。
3. 程蔚、夏亚非:《论跨国并购的税收动因》,载《时代经贸》2008 年第 S1 期。
4. 崔晓静、张涵:《美国国际税改法案对中国的冲击及应对》,载《河南师范大学学报》(哲学社会科学版)2018 年第 1 期。
5. 崔晓静、赵洲:《数字经济背景下税收常设机构原则的适用问题》,载《法学》2016 年第 11 期。
6. 崔晓静:《后 BEPS 时代常设机构定义的新发展》,载《法学评论》2017 年第 5 期。
7. 崔晓静:《中国与"一带一路"国家税收协定优惠安排与适用争议研究》,载《中国法学》2017 年第 2 期。
8. 冯其予:《我国对外投资存量规模升至全球第二》,载《经济日报》2018 年 9 月 29 日第 3 版。
9. 古成林:《对"走出去"企业跨境并购的税务建议》,载《国际税收》2019 年第 2 期。
10. 何茂春、张冀兵:《新丝绸之路经济带的国家战略分析——中国的历史机遇、潜在挑战与应对策略》,载《人民论坛·学术前沿》2013 年第 12 期。
11. 侯旭:《我国企业并购重组的纳税筹划研究》,载《财会学习》2018 年第 2 期。
12. 贾丽智:《解读企业境外所得税收间接抵免新规定》,载《商业会计》2010 年第 6 期。
13. 解宏、李慧心、王莉莉:《中国概念股回归的税收驱动》,载《税务研究》2016 年第 3 期。
14. 金亚萍:《企业跨境并购的涉税问题研究》,载《涉外税务》2009 年第 3 期。

15. 李维萍:《完善我国跨境并购重组的税收政策——借鉴美国税收规则》,载《地方财政研究》2007年第5期。
16. 李香菊、徐含璐:《鼓励我国居民企业境外投资合作的税收政策研究》,载《涉外税务》2011年第5期。
17. 梁俊娇、宗贞:《我国境外上市企业拆除可变利益实体(VIE)结构的税收风险分析》,载《商学研究》2018年第3期。
18. 梁露:《我国企业并购税收法律制度的完善分析》,载《现代商业》2017年第19期。
19. 廖体忠:《国际税收合作迎来明媚阳光——在新的经济背景下解读BEPS行动计划成果》,载《国际税收》2015年第10期。
20. 林俊:《企业海外并购税务风险分析——基于并购阶段视角》,载《财会通讯》2019年第14期。
21. 刘淼:《我国跨国并购所得税制度的缺陷与完善》,载《税务研究》2011年第5期。
22. 刘鹏:《"一带一路"沿线国家的公司税制比较》,载《上海经济研究》2016年第1期。
23. 刘天永:《跨境并购的税务尽职调查》,载《中国外汇》2017年第2期。
24. 苗玉萍:《跨境重组预提所得税特殊税务处理类型分析》,载《注册税务师》2014年第7期。
25. 潘卫:《"一带一路"政策下中国企业跨境并购税务风险防范措施探讨》,载《中国国际财经(中英文)》2019年第3期。
26. 施宏:《非上市公司股权转让:个税征管漏洞怎么堵》,载《中国税务报》2014年9月24日第B03版。
27. 施正文、叶莉娜:《国际税收善治原则及其最新发展》,载《辽宁大学学报》(哲学社会科学版)2016年第3期。
28. 石子云:《美国税制改革对海外直接投资的影响——以中国对美国直接投资为例》,载《对外经贸》2018年第2期。
29. 宋新潮、方敬春、董智、章建良:《拆除VIE模式下的企业税务处理》,载《财务与会计》2016年第4期。
30. 孙占辉:《特殊重组中目标公司股东税收待遇及相关问题》,载《财会月刊》2015年第9期。
31. 唐丽子、韩杰:《兖煤澳洲收购力拓旗下资产》,载《中国外汇》2018年第2期。
32. 王仁荣:《VIE模式:山雨欲来风满楼》,载《学术前沿》2011年第10期。

33. 王文静、褚方圆、刘丽丽:《企业跨境并购税务风险及对策分析——以中国企业"走出去"到哈萨克斯坦为例》,载《国际税收》2017年9期。
34. 王文静:《"一带一路"战略下的跨境税收问题初探——基于公司所得税法和国际税收协定的比较》,载《财经法学》2016年第2期。
35. 吴刚:《浅析中国企业海外并购的发展前景》,载《经济研究导刊》2016年第13期。
36. 谢恩玉:《中资企业跨国并购风险分析及应对措施》,载《国有资产管理》2018年第2期。
37. 许娜:《美国税制改革对全球外国直接投资的影响》,载《国际经济合作》2018年第3期。
38. 杨艳:《基于税务视角的资产收购与股权收购的政策选择及筹划要点》,载《企业改革与管理》2018年第19期。
39. 翟海霞、金思达、马隽、张梦雪:《企业并购中的税收筹划方案研究》,载《现代商业》2018年第16期。
40. 张慧:《跨国企业并购中的国际避税研究》,载《经济师》2017年第7期。
41. 张健:《企业并购重组中的税收筹划方法探析》,载《中国总会计师》2018年第1期。
42. 张静:《企业跨境并购过程中的税收筹划》,载《现代经济信息》2018年第19期。
43. 张雨晨:《中国公司跨国并购中存在的问题与对策分析》,载《法制与经济》2012年第7期。
44. 章潮霞:《企业兼并重组税收优惠政策及税收筹划问题探讨》,载《企业改革与管理》2018年第9期。
45. 赵晋琳:《对我国企业跨境并购重组税收政策的一些看法》,载《涉外税收》2010年第3期。
46. 赵书博:《"一带一路"沿线国家公司所得税优惠制度比较及对我国的启示》,载《财政监督》2017年第15期。
47. 赵涛:《"一带一路"背景下中企跨境并购的策略选择》,载《中国财政》2017年第8期。

三、学位论文

1. 陈丽莉:《跨国并购中税收递延引发的国际重复征税问题研究》,厦门大学2012年硕士学位论文。
2. 刘德伦:《"一带一路"沿线国家公司所得税比较研究》,首都经济贸易大学

2017年硕士学位论文。
3. 马清兰:《中国与"一带一路"沿线国家税收协定研究》,首都经济贸易大学2018年硕士学位论文。
4. 戚琪:《跨国并购架构下的企业所得税税收筹划策略研究》,广东财经大学2018年硕士学位论文。
5. 苏靖宇:《中国企业跨国并购研究——基于优势创造的分析》,上海外国语大学2007年硕士学位论文。
6. 覃思:《我国企业海外并购的税务风险及其对策研究》,上海海关学院2016年硕士学位论文。
7. 陶攀:《中国企业跨境并购的动因及影响研究》,对外经济贸易大学2014年博士学位论文。
8. 王仁荣:《跨国公司跨境并购法律问题研究》,复旦大学2012年博士学位论文。
9. 吴孝杰:《一带一路背景下我国企业海外并购中的税务风险防范研究》,湖南大学2018年硕士学位论文。
10. 向英:《我国海外并购的企业所得税问题研究》,上海交通大学2012年硕士学位论文。
11. 袁晓菲:《中国民营企业跨国并购问题研究》,首都经济贸易大学2015年硕士学位论文。
12. 曾凡珠:《我国免税并购所得税政策研究》,北京交通大学2015年硕士学位论文。
13. 张杨杨:《中国民营企业跨国并购动因与风险防范研究》,首都经济贸易大学2014年硕士学位论文。
14. 张瑶:《税务视角下的中国企业海外并购架构设计研究——以X集团并购项目为例》,上海国家会计学院2018年硕士学位论文。
15. 张雨婷:《企业所得税对跨境并购的影响研究——基于中国上市公司入境并购交易视角》,厦门大学2014年硕士学位论文。
16. 周卿:《"一带一路"战略下中国民营企业跨境并购发展研究》,对外经济贸易大学2018年硕士学位论文。
17. 朱柯宇:《跨境重组税收筹划研究》,云南财经大学2016年硕士学位论文。
18. 朱松胜:《论终止协议控制模式时的所得税监管:问题及完善建议》,浙江大学2017年硕士学位论文。